赵德发 著

學海之鯨

——朱德发传

山东人民出版社·济南

图书在版编目（CIP）数据

学海之鲸：朱德发传/赵德发著. --济南：山东人民出版社，2020. 10
ISBN 978－7－209－12878－0

Ⅰ. ①学… Ⅱ. ①赵… Ⅲ. ①朱德发（1934－2018）—传记 Ⅳ. ①K825. 46

中国版本图书馆 CIP 数据核字（2020）第 189768 号

学海之鲸——朱德发传

XUEHAI ZHI JING——ZHUDEFA ZHUAN

赵德发 著

主管单位 山东出版传媒股份有限公司
出版发行 山东人民出版社
出 版 人 胡长青
社　　址 济南市英雄山路 165 号
邮　　编 250002
电　　话 总编室（0531）82098914
　　　　 市场部（0531）82098027
网　　址 http：//www. sd－book. com. cn
印　　装 济南万方盛景印刷有限公司
经　　销 新华书店

规　　格 16 开（170mm ×240mm）
印　　张 15. 5
字　　数 226 千字
版　　次 2020 年 10 月第 1 版
印　　次 2020 年 10 月第 1 次
ISBN 978－7－209－12878－0
定　　价 36. 00 元

朱德发教授

2012 年 7 月 16 日，朱德发教授在审阅《现代中国文学通鉴》

山东师大中国现当代文学专业 1998 届硕士研究生毕业师生合影
前排导师左起：宋遂良、袁忠岳、朱德发、蒋心焕、王万森

2003 年 9 月 25 日，庆祝朱德发教授从教五十周年座谈会合影留念

序：一部人文学者的精神传奇

张清华

自去载夏秋开始，历经多半年的时间，先生的传记就要玉成了。其间甘苦不易，当是作者最知的，而我们这些旁观者也可以体味一二。

此事最先发起的，是一直在山东师大工作的魏建学兄，还有宗刚、振勇和广梅诸位，我因客居他乡，未曾真正费心操持，更兼德薄才疏，只是幸运地成了第一批读者，唯有先读之快、之感动而已。照理，此序应该由魏兄执笔，众望归也；或是其他一直工作于先生之侧的同门兄弟，或是在学业上更有成就的洪承、兆胜、光芒诸兄，都比我有资格来作序。只是因为著书的作者与我的缘分更长，交集更多些，才责我命笔，便不得已而为之。

溯本求源，缘分要始于1992年春天。那是我平生第一次见到还是青年作家的赵德发，而且本有可能与朱德发先生一起同行。时维四月，我平生第一次有机会参加“文学笔会”，且所在的山东师大中文系有多位老师受到邀请，朱老师、宋遂良先生、袁忠岳先生、武动生老师，还有刚刚留校工作不久的我。但朱老师和宋老师均因临时有事而未能成行。我们三人乘车驱行300多公里，来到了山东最南端的临沭县，参加在临沂市临沭县举办的“沭春笔会”。在会上，我得以结识了著名作家刘玉堂，青年作家赵德发、苗长水等朋友。

笔会好像历时三天，除了开会，我们还寻访和参观了山区的一些村落和景点。那时此处山里的景象还有些荒蛮，但临沂人的淳朴与好客，我们却是真真切切地领悟到了，处处都受到周到细致的接待。尤其是，我们竟然到访了发现“常林钻石”的现场，苍山东麓的那一块曾经灵光乍泄的坡地，而今依然透露着土地那宽厚而不可思议的荒凉。我们还参观了附近的水晶石厂，那位把钻石捐献给了国家的魏姓姑娘，那时就在这个工厂工作。总之观感十分丰富，而老家均在沂蒙山的刘玉堂和苗长水、赵德发几位，则以他们不同风格的热忱，让我们找到了宾至如归的感觉。

玉堂其人幽默诙谐，总是能够活跃气氛；长水平和朴素，说话时嘴角永远带着微笑；德发是个内敛的人，话很少，但是随和，歌儿唱得好，高兴了就会给我们来一曲。玉堂喜欢唱小调，他则喜欢唱民歌，很抒情的那种，嗓音婉转，音准尤好，再加上细腻，于是赢得大家一片喝彩声。

那时我已读过了赵德发轰动一时的短篇小说《通腿儿》。这篇小说讲述了一个悲情的故事，描述了沂蒙山两对青年男女的悲欢离合，他们穷困中的真情令人感慨万端。这篇小说也给他带来了荣誉，给他的谦逊和低调中藏进了更多意气风发的气质。我自然心怀崇敬，从那以后我们的联系一直未曾断过。很快，几年后我又读到了他的长篇力作《缱绻与决绝》，那部以当代乡村社会的变迁为主题的厚重之作，可以说奠定了他在当代文坛的地位。我也很有幸参加了他的长篇小说《君子梦》等作品的研讨会。总之，算是他多年的忠实读者了。

去岁春夏之际，魏建兄向我讲了他的想法，说打算请一位著名作家给朱老师写一部文学传记。请谁呢？打算请赵德发。他说，你想啊，虽说年龄有点代差，但两位大家，“德发写德发”，会成为一段佳话。我自然觉得非常合适，若要作传，非他不可了。但也觉得确有些难为他，因为历来文学传记是个难写的文体，更何况朱老师是一位学者，他老人家的一生虽然成就卓著，但毕竟不像作家，常有大起大落的人生、传奇浪漫的故事。所以要想作传，还是很有难度的一件事。如何把握素材，拿捏处置那么漫长的人生故事，既要有学术性同时又有文学意味，是殊为不易的。不知道他能不能应允？我俩都沉吟良久。

但不想，很快有了好消息，广梅告诉我说，他慨然应允了。我闻之非常感动，立刻打电话向他表达感谢之意。德发兄则十分谦逊地说，一则，朱德发先生是大家，写他的过程是一个宝贵的学习体验的机会；二则，他与朱先生也算是忘年交、老朋友，这算是生命中的一个缘分；三则，他近年也在尝试一些非虚构写作，这与他的写作计划刚好有互补关系。我闻之欣然，感动感谢之意，难以言喻。确乎，赵德发作为书写乡村中国社会的当代作家，他的特色和意义就在于推动了一般意义上的乡土写作，到文化意义上的乡土写作的转型。他是认真研究中国社会问题与乡村文化出路的作家，他的“传统文化三部曲”是从儒释道三个侧面进入中国社会的系统思考，带着这样的理解力和文化素养，去研究朱老师这样一位毕生致力于研究改造中国文化，实践新文化理想的当代学人，一定会有别样的深入与传神之处。

作为晚辈后学，我对于先生的生平经历不能说不了解，但缘于辈分之隔，伦理戒律，先生在学术上给我的印象是相对清晰的，而在生活方面，对我们而言则是相对含混的。所以，我只是大体知晓他童年的一些遭遇，比如幼年丧父，比如做过乡村小学的小先生，还有诸如早年求学时的一些遭际，但这些如何能够成为有意味的故事，成为与他一生的道路、学术的探索，生长于一起的某种冥冥中的必然？我在这部传记中，隐约看到了这中间的草蛇灰线，看到了某种类似“命运”的东西，这大概就是文学的思路和理解了。

从文学动力学的角度看，有社会学分析的路径，有精神分析的看法，但总体来讲，都是试图解释一个人从事一种事业的内在驱力。那么驱动朱老师坚定地从事文学研究，并且促成了他充满批判和反思精神的新文学研究特色的内在支撑，到底是哪些东西呢？我们从此传记中，可以隐隐地看到作者给出的解释逻辑：悲惨的童年遭际，给先生心灵中种下了悲剧体验的种子；孤儿寡母的成长道路，又赋予了他特有的坚强与韧性；少年读书有成，给弱冠之年的先生所带来的价值感，造就了他意气风发、积极乐观的精神；历经长期的蹉跎岁月，又让他逐渐认清了传统文化的积弊；加上他所面对的种种情感的和现实的羁绊与困境，使他与鲁迅和五四一代作家的观念，于不自觉中取得了内在的一致性。当然，这些对于一般人来说或许都是大体雷同或近似的遭际，但在先生这里，还有着种种细节的机缘巧合。他个人生活中的独特际遇，来自现实和人生的种种压抑，加上他多思的禀赋，敢于追问真相和追求真理的精神性格，甚至那些特定的交往友情，还有他所受到的不公正的对待，以及情感生活的饥渴和某种命运中的匮乏，也都构成了他堪称独特的精神动力。

如此我们就看到了一条完整的精神线索，一个性格与命运的逻辑。他的生命轨迹就是这样，从一颗小小的种子开始，经历了那么多偶然的漂泊迁延，那么多的风霜雨雪与荣辱沉浮，终于长成了一棵有着葳蕤生气的树，一棵果实累累的参天大树，或是如作者所描绘的，最终成了一头体量庞大、泽被众人的巨鲸，构成了独属于他的那一番人文风景，或是一部精神传奇。

所以这个传记的基本构架，我以为是抓住了核心和神韵的，没有精神上的汇通与交集，没有对于人生奥义的深切体认，是难以做到的。所以我要为作者内在的笔致，以及驾驭文章脉络的精准和传神而喝彩和感佩。

因此我也自问，是什么赋予了作者与传主之间这样一种息息相通和心心相印？当后来读到作者为全书所加的《引言》中的这段文字的时候，一切都有了答案。他说，他在查阅朱先生的履历时，他发现他们两人竟有着十分相似的经历。从十五岁始，赵德发也在乡村学校任教十年；他与朱先生的婚姻际遇也很相似，都是“父母之命、媒妁之言”，很早就受命订婚了；还有，他与朱先生一样，都是小时上学很少，“却一直努力奋斗，他成为学者，我成为作家”。正是这种相似经历，才使他更超出了作为朋友的视界，真正得以“与朱先生拉近了心理距离，有了为他立传的情感基础”。

这自然也是我们读此传的基础。法国哲学家拉康说，对象也会转换为我们自身的镜像。我想作者在这里某种意义上也是将传主部分地投射为了自身的镜像，或是从传主的人生中看见了自己的经历，才会焕发出真正的理解，以及创作的激情，写出人物的神韵，并且以“理解之同情”，写出一个有灵魂和有体温的人物形象。

在书中，我读到了一个我熟悉的朱先生，也读到了一个经由想象而建立起来的更加清晰的文学人物。这包括他儿时失父的惨痛，与守寡的母亲相依为命的童年，在今天看来难以想象的婚姻，以及多年来两地分居的艰苦生活，还有从一个小学教书先生，一步步成长为杰出的学者的道路。这条漫长的人生之路，经由一个个的点，慢慢变成了一条线，一条跌宕起伏也堪称蔚为壮观的生命长途。这样的一个过程，需要一只真正懂得取舍，能够逢山开路、遇水架桥的手，来进行连缀，变成通途。某种意义上这也像人生本身，在充满迷途和歧路的、类似诗人弗罗斯特所说的那种充满谜一样可能性的人生选择中，一步步实现和完成了自己。在这里，我看见了两个人的精神交会、致意与体恤，看到了他们用文字进行的理解、剖析与对话。

还有与大历史之间的关系。这是这代人人生中最关键的部分，可以说，每一代人都会与自己所处的社会历史之间有命定的关系，但没有哪一代人能够像他们一样，被紧紧地绑在时代的马车之上，很少或者就根本没有自己的选择。所谓大浪淘沙，先生能够从他那个艰难时世中走到后来，能够于困厄和身居末席之时，成为一代宗师，没有改革开放，没有八十年代开启的社会变革与文化开放，是绝无可能的。大历史先是赋予了他艰难困苦，然后又给了他玉汝于成的机缘，这也像是孟夫子说的，天将降大任于斯人也，必先有一系列的设计和磨难，增益其所不能，最终才给予玉成的正果。

但这也还是基于个人的准备，历史的机遇总是给那些有准备的人准备的。没有多年冷板凳上的读与思，没有与生俱来的那份敏感与聪慧，没有命运赋予他的那份反思乃至反抗的精神，没有生活磨砺所给予他的足够的意志、睿智和矢志不渝的坚定，怎么能够厚积而薄发，后来而居上？

这些笔者都不想再展开，读者自可以从书中读出真味。我只是想强调一点，追随先生数十年如我者，深知我们的先生，其灵魂就在于对“五四”精神的体悟、理解、阐发和弘扬。五四者，其师也；鲁迅和那一代筚路蓝缕的思想者，其师也。在常识的意义上，我们知道古今之做大学问者，可能都有其师承，但对于朱先生来说，却并无规制和伦理意义上的师承，他能够成为一代宗师，某种意义上与他童年遭遇的“无父”或“失父”的境遇，也有着命运中的因果关系；然更多的，我以为是他从精神上不断的对“五四”的认同感，这种认同赋予了他终身的激情。一直到晚年，他还在对鲁迅的思想进行阐释，对胡适的文学与学术思想进行研读。可以说，在他的思想结构中，鲁迅和胡适分别代表了他所理解的、同时也是理想的五四精神的两个支柱：批判的和建设的，激情的和理性的，激进主义的和科学主义的，两个思想的引擎。

当然，他也是谦逊和善于学习的人，在他的学术道路中，会有向田仲济先生那一代学者的学习、向同辈学者的学习，甚至还有向年轻人的虚怀若谷的学习。但这一切，最终都汇合于对五四新文化精神的理解与传承中。

传记的后半部分，对于作者而言应是最困难的，生命故事的比重渐渐让位于学术阐释的比重，这是势所必然。但即便如此，作者也试图在这一部分给我们更多感性的讲述。我认为他成功地把握了先生作为一代学人和名师，他的价值与意义、他的工作与奉献。这一“鲸落”的意象，精确地把握了他最后的道路和最终的精神。

每代人都是历史的中间物，所以每代人也都是真理的未完成者。吾爱吾师，但我们也清楚，历史尚在巨大的延续与变换之中，所以，不只真理是未曾穷尽的，思想是未有穷期的，学术是未有终了的，连已有的获得也可能还会失效、蜕变甚或丢失。置身大历史的跌宕之中，有时会更加体味到这一点，对先生之醉心五四精神，会更觉其有先见之明。对这一点，我们这些后来者还有责任，当然同时也会因之而还有着未竟的意义。想到此，未免五味交杂，越是在临近读完这部传记的时候，愈是有许多言不尽意的感慨、感叹。

呜呼，每代人都会成长，也会老去，枯荣总相替，薪尽而火传。学师难，为师者更难，我辈将何以为人师？常将此书置于枕畔，读一读，或许会有更多的体悟与心得，它像一盏灯，也像一面镜子，会照耀我们，照见我们，指引我们。

末了，再对赵德发先生付出的心血深表谢忱，对魏建兄和同门诸位兄弟姐妹的操持表示感佩，也祈愿我们敬爱的师母身体康健，安享福寿天年。

2020 年 6 月 10 日，北京清河居

目　录

序:一部人文学者的精神传奇 / 1

引　言 / 1

第一章　悲惨童年 / 4

第二章　弱冠先生 / 13

第三章　蓬莱烟波 / 25

第四章　曲师景象 / 33

第五章　走进山师 / 46

第六章　聊城时光 / 56

第七章　情系五四 / 64

第八章　著作等身 / 79

第九章　英雄情结 / 101

第十章　爱河行舟 / 113

第十一章　学科建功 / 129

第十二章　讲坛风采 / 148

第十三章　泽被朱门 / 168

第十四章　老当益壮 / 185

第十五章　鲸落沧溟 / 206

《学海之鲸》引文出处 / 228

跋 / 232

附录:首届朱德发五四青年学术奖揭晓,
年轻学者的“五四”研究受关注 / 234

引　言

这部传记，是山东师范大学中国现当代文学国家重点学科约我写的。2018 年秋天，我接到顾广梅教授的电话，她说山师大中国现当代文学学科带头人魏建老师与她商量，想找一位作家写朱德发老师，她马上想到了我，希望我能答应。我知道，刚去世不久的朱德发先生是著名学者，学术成就极高，出版有十卷《朱德发文集》；他还是国家名师，培养出的朱门弟子人才荟萃，用一部传记来展现他的辉煌人生很有必要。但我当时正忙于创作长篇小说《经山海》，那是《人民文学》杂志的约稿，计划年底完成。我对广梅教授说："感谢你们对我的信任，这部传记我可以写，但要等到明年。"她说："好呀，等你忙完再说。"

任务接了下来，我一边写着《经山海》，一边念念不忘《朱德发传》，感觉颇有压力。我知道，学者传记不好写，况且我和朱先生没有多少交往，对他了解不多。最亲密的接触，是 1996 年 12 月去北京参加中国作家协会第五次代表大会的时候。山东代表在济南铁道大酒店集合，在安排的房间临时休息，吃过晚饭后乘坐 10 点发车的 298 次绿皮车进京，省作协带队领导安排我与朱先生同住一屋。一起去开会的人哈哈笑，说这样安排，算是合并同类项了。我想起 1992 年去深圳，看到街边有个“德发公司”的招牌，就没大没小地与朱老师开玩笑：“咱们的门口也可以挂这么一块牌子。”他粲然一笑，看起来很开心。到了房间之后，有人过来找他说话，我们没顾上交谈。仅仅两个小时，退房上车，“德发公司”就解散了。不过，就在我写作这部传记的时候，《山东师范大学学报》（社会科学版）李宗刚主编给我发来一张照片，竟然是那天晚上我与朱先生在房间里的合影，说是整理朱老师照片时发现的。我记不起照相这件事，更记不起是谁拍的，反正我此前从没见到这张照片。2002 年 10 月，山东省作家协会召开第五次代表大会，新一届主席团经选举产生，我与山大的孔范今教授（他当年担任山东大学中文系主任，是我 1988 年至 1990 年就读的山大作家班的组织者与授课者）、山师大的朱德发教授都进入主席团。我对他俩执弟子礼，开会见面时恭恭敬敬称呼“老师”。然而二位老先生参加作协活动的时候并不多，我与朱先生的交往还是很少。

《经山海》完稿后，我查阅朱先生的履历，发现他十几岁就当乡村教师，我的心怦然一动。因为，我也有这样的经历，我从 15 岁到 25 岁，在乡村学校任教 10 年。进一步阅读他的资料，发现我俩的婚姻也很相似，都是“父母之命、媒妁之言”。朱先生是 8 岁定亲，我是 18 岁。在已经提倡晚婚的 20 世纪 70 年代，18 岁也是比较早的。另外一点，就是朱先生和我都是小时候上学很少，却一直努力奋斗，他成为学者，我成为作家。

我这么说，可能有附骥之嫌。但我想为自己辩解：无论从事何种创作，都要调动起创作主体的热情，如果没有热情，作品很难成功。正是因为有相似经历，我才与朱先生拉近了心理距离，有了为他立传的情感基础。

于是，我在 2019 年 3 月 18 日去济南，用十天时间采访了朱先生的家人、他的一些同仁和许多朱门弟子，还采访了山师大党委书记商志晓先生、副校长王洪禹先生。正是春花开满山师校园的时候，也是校园里没有了朱先生的第一个春天，我听取大家满怀深情的讲述，目睹一些弟子回忆恩师时的泪眼，一次次被深深感动。这期间我与中国作家协会副主席、著名作家张炜先生见面，他十分关心这部传记的写作，给予指导，提出建议。4 月中旬，我去北京采访了朱先生的老同学，曾任中共中央委员、黑龙江省委书记的宋法棠先生和他的弟子王兆胜、张清华等人。5月中旬，又到郑州采访朱德发的妹妹朱德玉女士。这期间，我拜读朱德发先生的著作以及与他相关的资料，构思这部传记。7月6日，我去山师大参加朱德发先生教育教学思想研讨会，在听取大家的发言之后，汇报了《学海之鲸——朱德发传》的写作大纲，向与会人员征求意见。7日上午，我随同朱先生的家人和门生去山东福寿园为朱先生扫墓，随后去山东师范大学长清湖校区出席朱德发藏书捐赠暨朱德发藏书室启用仪式。在下午回日照的路上我思绪绵绵，几个月来对朱先生的了解与理解，全部化作了创作激情。次日一早，我正式开始了这部传记的写作。此后，我又在8月中旬去青岛大学采访了朱先生的两位老同事崔西璐先生和冯广廉先生以及几位朱门弟子。在写作过程中，还随时以电话、微信等方式向有关人士进行采访，并搜集和阅读大量资料。

在我采访与写作的过程中，有的文友不理解，说你用这时间和精力写小说有多好，费心巴力地为一个学者写传记，值不值得？我说，值得，非常值得！因为朱先生童年时历经苦难，没上过中学，经过长期拼搏，竟然成为一位杰出学者、国家名师，难能可贵，堪称奇迹。他的进取精神，他的高尚人品，值得大书特书。我甚至庆幸有了此次殊胜之缘，让我的写作生涯有了一段全新的经历。有的老师和朋友跟我开玩笑，说“德发写德发”，我觉得这也是难得的巧合，看来我与朱先生注定有这么一回精神相遇。我来写他，责无旁贷。

感谢朱德发先生，感谢为这部传记的写作给予支持与帮助的人们！

第一章
悲惨童年

1940 年的一个秋日。黄海之滨的烟台港。

太平湾里，船来船往，帆樯历历；烟台山下，店铺林立，人群纷攘。

港口旁边的南北大街上，一辆马车急驰而来。车上坐了一老一少，老的须发花白，满脸是泪；小的身穿孝服，雪白刺眼。到了海边，老汉跳下车，将男孩抱下来，牵着他的小手，跌跌撞撞往码头走。他们走上码头，一直走到尽头，才停下脚来，面向北方挥泪瞭望。

这是祖孙俩，来自八十里之外的蓬莱县东南部的门楼村。老汉叫朱士清，年近古稀；小的是他孙子朱德发，刚刚六岁。他们来到这里，是等候来自大连的客轮，轮船上有他们亲人的灵柩。

朱士清老汉无论如何也想不到他会有这样的厄运：独生儿子朱鸿文才三十六岁，就突然死在了大连。那个年代，胶东的一些年轻人都到辽东半岛闯荡，因为在那里挣钱容易。朱鸿文的舅家表哥早就去了大连，在一家包沙发的小作坊做工，鼓动他去，他就去了。这项工作本来挺好，挣钱不少，然而，朱鸿文前几天却突然得了病，肚子疼得受不了。到医院去看，医生说是阑尾炎，已经化脓穿孔，立即给他动了手术。手术后没几天炎症复发，朱鸿文再去医院开刀，却没能活着出来。

年幼的朱德发当然也不会想到，他会穿着一身孝服来迎接父亲。他以前迎接父亲都是在门楼村头，或自家门口。年轻的父亲回家过年，风尘仆仆，却满面笑容。父亲背着大大的行囊，里面有“年货”，有孝敬老人的东西，有给他和妹妹买的书和玩具。父亲还曾带回一些花花绿绿的碎布和布条子，那是包沙发的下脚料。父亲最后一次回家，背着一个大箱子，进门后打开，里面是个大大的铜喇叭和一个小箱子。箱子上一个把手，父亲用手摇了几圈，拿出一个又圆又薄的黑片子放上去，再把像小孩胳膊一样的东西放上去，在场的人竟然听到有人唱戏！人在哪里？在箱子里？就在大家惊奇不已的时候，父亲向大家讲，这叫留声机，是洋人发明的。我买一架放在家里，给你们解闷。父亲走后，朱德发就经常鼓捣留声机，引得村邻纷纷来听，许多人记不住标准名称，就叫它“洋戏匣子”。这个“洋戏匣子”，给朱家和这个山村带来了许多欢乐。

然而昨天，亲戚去他家说，朱鸿文在大连殁了。这对他家来说是塌天大祸，大人小孩立刻哭成一团。爷爷哭过一阵，让弟弟去雇车。雇到一辆马车，爷爷便带上孙子，连夜赶往烟台……

朱士清的岳父家在福山县，离烟台不远。朱鸿文病逝的消息，是那家人接到电报，立即送达朱家的。电报还传递了这样的消息：死者已经成殓，今天乘船到烟台。

祖孙俩边哭边等，终于等到远远的海平线上现出一缕黑烟。旁边等船的人群中爆发出一阵欢呼：火轮船来了！火轮船来了！此刻，祖孙俩却是恸哭失声。他们泪眼模糊，看着黑烟下方浮出一条船，在浪涛中一点点变大，一点点靠近。

轮船靠上码头，船上的人鱼贯而出，底舱的货物也陆续上岸。当几个年轻汉子抬着一具棺材下来放到码头上时，朱士清老汉扑上去拿脑袋往上撞，别人拉都拉不住，直撞得额头鲜血直流！

这个悲惨的场景，深深印在了朱德发的脑海中。后来，他向亲人们讲了一次又一次，每次都是忍不住哭一回。到了八十多岁又给女儿讲，还是老泪纵横。

据说，当年从胶东去辽东的人，都把家乡称作“海南”，是大海之南的意思。他们还自称“海南丢”，意思是在海南活不下去，海南把他们丢到了海北。他们用胶东话说，把那个“丢”说成四声。这个自称，透露出无限的辛酸。

朱鸿文，不是被“丢”过去的，是他自愿去的。但是，他肯定也把家乡叫作“海南”。他在大连做工的日日夜夜，肯定会思念自己的亲人。工作之余，悠闲的傍晚，他可能会坐在海边，痴痴地看着“海南”，恨不得插上翅膀，飞过万顷碧波。但是，身为男子汉，他要挣钱养家，不能随随便便回去。三十来岁的朱鸿文，是个有担当、有情怀、有格调的男人，从他将留声机背回家这件事上，就可以看得出。据他的孙子朱志成讲，爷爷会武，在大连担任一家武馆的拳脚师。他曾经看过爷爷和徒弟们的合影，爷爷相貌堂堂，英气勃发。

然而，朱鸿文却是躺在棺材里回到“海南”的。下了轮船，他被接上马车，一路颠簸，回到门楼村，埋在了他辛辛苦苦建起的宅院西面，他自家的地里。

朱鸿文是个独子。他结婚后，妻子接连生下四胎，没有一个成活。他和父亲忧心如焚，因为朱家人丁一直不旺，到朱鸿文这里已是几代单传，有烟火断绝之虞。他们去向风水先生求救，风水先生到他家看了看，说你家宅院不该安在这里，这是个绝户地。父子俩一听，立即决定搬家。风水先生勘察一番，认定村子西南角的高岗是个好地方，父子俩就紧张筹备，请人帮工，在这里建起三排房子，一共九间，分为前后两个院子。当时朱家只有老两口和小两口，父子俩建起这么多房屋，可见他们心气之高，也看出他们财力雄厚。我看过朱家老房子的照片，墙的下半部是一块块方方正正的花岗石，门垛、墙角全是青砖，屋顶是水泥瓦，据说当初全由坚硬的“山草”苫起。在二十世纪三十年代，能建起这样好、这样多的房子，普通人家是办不到的。当时他们家有十多亩山地，一头毛驴，另外还有两片山场，不会有多少现金收入，盖房子的钱，应该是朱鸿文在大连挣的。

宅院上面的山坡上，朱士清老汉栽下了许多果树，有桃，有杏，有苹果，有柿子。其中那片苹果园，是门楼村有史以来的第一处。每到春天，这里花朵满枝；夏秋两季，则有果子成熟，可谓生机勃勃。站在院门口南望，可见群山连绵。门楼村的人经常把南面的景象叫作“南山大被”，意思是那儿像铺了一床无比广大的被子，或者青青翠翠，或者雪白一片。有山，自然也有水，一条小河从山里流过来，流到村前，拐弯东去。河边草木葳蕤，河中鱼虾欢游。

乔迁之后，朱家果然不同以往。1934 年 9 月 25 日，一个男孩出生；四年之后，一个女孩出生，全都活了下来。朱鸿文为一双儿女起名为德发、德玉，寄予了美好的心愿。朱德发长到五六岁，经常领着妹妹到果园里奔跑玩耍，到小河里捉鱼摸虾。那条河上有一座天然形成的石桥，两个孩子经常坐在桥边，看奶奶、母亲以及村里的女人们在河边洗衣洗菜，看男人们赶着牲口上山下地。

在朱德发的档案里，有一份 1963 年 10 月他写于曲阜师范学院的《我的自传》，大约七八千字，其中有这样一段话：

> 我出生在一个中农家庭，从 1 岁到 5 岁这时期过着比较优裕的生活。大人对我爱如掌上明珠，因为家中人口不旺，我上无兄下无弟，只有一个妹妹，全家人似乎把光宗耀祖、传宗接代的事全寄托在我的身上。我那时还不懂什么，除了吃玩哭闹再没有别的可做，母亲说奶奶爱我如眼珠，要是有点儿头痛伤风，全家人都为我担惊受怕，奶奶连饭也不吃。一家人节衣缩食，让我穿得好吃得好。

朱德发（1964 年）

然而，朱家的欢乐日子没有持续几年。朱德发五岁的时候，奶奶因患黄疸病去世。六岁的时候，父亲又突然撒手人寰。他和妹妹再也享受不到奶奶的慈爱，再也等不来身背行囊回家的父亲。过年的时候，别人家燃放鞭炮，欢欢喜喜，这个院子里却是冷冷清清，时有哭泣声传出。就连朱鸿文从大连背回来的那架留声机，也没有人再听，人们怕勾起伤心事，让朱士清老汉塞到顶棚上去了。

老汉虽然年过七十，却咬紧牙关，把这个家撑了起来。他是个标准的庄稼汉，勤劳，憨厚。没有儿子在外挣钱，他拼尽力气，要把自家的地种好，多打点粮食，多换点钱来过日子，让孙子孙女长大成人。下地耕种，上山打柴，全是老汉一个人干，风里来雨里去，一年年辛苦劳作。

爷爷对孙子特别呵护。朱德发在《自传》中讲："他说，我就是家里的命根子。八岁我上学后，每逢冬天的早晨，他总是背着粪筐送我去上学，晚上教我背《百家姓》。听妈妈说，爷爷在私塾里念了二年书。农忙时，我帮着爷爷在田里干农活，所以爷爷那种纯厚、勤劳、节俭的本色在我幼小的心灵上留下至今尚未磨灭的印记。"读到这段文字，祖孙俩的浓浓亲情跃然纸上。过去的农村老汉大多勤劳，走路时都要背着粪筐，遇见人畜粪便就捡起来，积肥肥田。一手扶着肩上的粪叉把儿，一手牵着宝贝孙子，在寒风中，在雪地里，一步步走向学堂，这场面是多么温馨。草房里，油灯下；或是院子里，月光下，一位古稀老人一句一句教孙子"赵钱孙李，周吴郑王……"那情景是多么感人！

由爷爷教给的《百家姓》，小小的朱德发知道了天下姓氏之多，也学到了一个个姓氏的写法。他肯定对三个姓特别上心：赵、朱、周。赵，是他的母姓；朱，是他的姓；周，则是许多邻居的姓。门楼村只有两大姓，一是朱家，二是周家。

然而，祖孙俩的亲密关系没有持续多久。一天下午，爷爷看见猪圈里粪满了，就拿锨进去出粪，一锨锨铲起，一锨锨扔到外面。累了一个下午，把猪圈清理完了，他走出去，打来一盆水，坐在院里洗脚。爷爷正洗着，却说头昏，身子歪歪扭扭地坐不住。朱德发和妹妹把他扶起来，让他到屋里躺躺。到了屋里，爷爷还是说头疼头昏，朱德发急忙告诉母亲，母亲便去村里找人来看。当时村里有个懂点医术的人，会把脉扎针。他过来看看老人，说这个样子，没法治了。又过了一会儿，老人剧烈呕吐，拼命挣扎，在炕上往这撞一下，往那撞一下，把他的儿媳妇和孙子孙女吓得直哭。朱德发想抱住爷爷，可是根本抱不住。后来，爷爷一头栽倒，再也不动了。

2019年5月21日，我去郑州采访朱德发的妹妹朱德玉，老人向我讲述这一幕时声泪俱下，说他们家那几年真是厄运连连，亲人走了一个又一个。那么大的宅院，三排房子，就剩下了娘儿三个。

> 在我五岁那年奶奶死了，1940年，爸爸病死于大连，又住四年，我爷爷又去世。剩下孤儿寡母妈妈妹妹，妈妈成天领着我和妹妹到坟地去哭爸爸和爷爷，全家无依无靠，生活处于困苦中，虽然耕地、房子、驴未动，但是无人耕种。旧社会里，寡妇门前风波多，母亲很难过，终日守着孤庙，把希望寄托在妹妹和我身上。在旧社会，对俺这样的家庭谁管谁问。光泡在泪水里是不行的，于是母亲振作起来，打消了厌世或改嫁的念头，决然挑起了家庭生活担子，缠足也放开了，领着我和妹妹年年月月在田里春播秋收，从此家庭生活维持住了。

根据朱德发《自传》里的这段文字稍加想象，便会看到一幅悲惨场面：孤儿寡母，哭哭啼啼，自空旷的朱家大院里走出，来到亲人的坟前跪倒，撕心裂肺，号啕不已。滔天大祸接踵而来，谁能经得住这样的打击？听到母子三个的哭声，村里肯定有无数人伤心落泪。

然而，我们也从文字中看到了一位女性的坚强：她也曾想过自杀，想过改嫁，但为了一对儿女，便毅然决然留在这里，将日子过下去，将孩子抚养长大。她是个小脚女人，脚已经裹了几十年，这时也不再裹了，就为了下地干活方便！

这位了不起的女性，她没有名字，儿子填表填到母亲这一栏，只有两个字："赵氏"。

赵氏，从此"挑起了家庭生活担子"。但她能挑得动吗？种地，她根本不会，也使唤不了牲口，扶不了犁。朱德发自告奋勇，扶犁耕种，让妹妹在前面牵牲口。但牲口欺负他俩小，不听指挥，他气得挥鞭去打，结果打到了妹妹的身上，让她疼得哇哇直哭。母亲搂着闺女哭过一阵，只好去请孩子的二爷爷帮忙。

种上之后，其余的活儿，都是赵氏带着孩子干了。锄地还能对付，收获时就愁坏了娘儿仨。朱德玉向我讲，收了庄稼，要用驴驮回来。他们把庄稼绑到驮架子上，要弄到驴背上，哥哥想自己把驮子扛上去，可是个子太小，够不着。她和母亲帮他，却又把他夹在了驮子与驴之间。娘儿仨抬了又抬，托了又托，就是弄不上去，只好趴在驮子上齐声痛哭。哭过一阵，母亲擦擦泪水，挺直腰杆，再和两个孩子一起努力，终于将驮子抬上驴背……

七十三年之后，朱德发的儿子朱志成接受我的采访，曾用微信告诉我："我的奶奶身高在 1.60 米左右，是一位非常慈祥和蔼的老人。生活的磨难使她的腰脊早早就显得有点佝偻，但掩盖不了她年轻时代的美丽和聪慧。"

当年，朱志成的奶奶一心想把日子过得好一点，顺一点，就想到了没过门的儿媳妇，打算让她赶快过来帮忙。

在门楼村东北方向五里地，是一个叫大柳行的村庄。因为建在黄金河的河谷里，流水潺潺，岸柳成行，所以被命名为"大柳行"。村里有个人叫张永海。张永海有一个男孩，四个女孩，女孩都很漂亮。这一天，忽有媒人到他家提亲。

媒人是一位新嫁来不久的小媳妇，娘家是门楼村。因为丈夫辈分低，她应该管张永海叫老爷爷，管他的几个女儿叫姑奶奶。她向张永海两口子说，她们村有一户好人家，地多房子多。这家人心眼儿也好，她娘家人多炕少，她长年去这家借宿，人家待她跟一家人似的。这家有个独生儿子，跟四姑奶奶同岁，比三姑奶奶小五岁，如果姑奶奶嫁到那里，一定是吃不愁穿不愁，过一辈子好日子。

按年龄讲，媒人应该首选四姑奶奶，因为她与朱德发同岁。然而她一再说，三姑奶奶嫁过去最合适，三姑奶奶还没有婆家，应该让她跟朱家作亲。三姑奶奶叫张凤英，此时正上小学。

到张家提亲，实际上是朱士清老汉的意思。朱家几代单传，儿子又突然离世，他觉得孙子虽然只有八九岁，但还是早定亲、早娶媳妇为好。于是，就让在他家住过多年的本族孙女，到婆婆村里为他物色孙媳妇，而且要找比他孙子大几岁的，能帮忙理家的。这位年轻媒人不负老人重托，一次次劝说张永海夫妇，俩人就被说动了，决定应允这门亲事。可是，问三闺女凤英答应不答应，凤英却大摇其头。凤英说，她想读完小学，去当八路。她羡慕女八路，想成为那样的人。大柳行小学的校长姓李，是共产党员，也支持张凤英同学当八路。然而凤英她爹不同意，说："你当八路，没家没业的怎么能行?"那时抗日根据地刚刚开辟，老百姓的思想没有很解放，"父母之命、媒妁之言"依旧是决定一个人婚姻的主要因素。身处这种环境中的张凤英，也就没有反抗到底，默认了这门亲事。

然而，朱士清老汉没有看到孙媳妇过门。两年后的那个下午，他出完猪粪，生命走到了尽头。村里有人传说，他是挖粪挖出了邪祟之气，被夺去性命。以今天的医学常识判断，他大概是脑血管出了意外。家里的顶梁柱轰然倒塌，撇下儿媳妇赵氏和两个未成年孙子孙女。赵氏实在难以度日，决定让儿子结婚，让儿媳过来帮忙。

喜日子定在秋天。张凤英还是不情愿，她爹就劝她："闺女，去吧，那家人没法过日子了!"看得出，她爹也对亲家的窘境满怀忧虑，希望闺女去那里帮忙。张凤英听命于父亲，满怀委屈答应出嫁。

因为张凤英姐妹有好几个，娘家没有能力为她置办嫁妆。朱德发的母亲就将她当年从娘家带来的桌子、柜子、橱子翻新一下，请人刮去旧漆，重新刨平，再涂一遍新漆，抬到了新房。虽然没有嫁妆，但按照当时的蓬莱婚俗，新娘还是要坐轿子的，也要请吹鼓手热闹一番的，新娘过门的时候当然也要燃放鞭炮。朱家几年来凄凄惨惨，这一天终于有了喜气。赵氏在忙碌之余，感受着这种大喜气氛，可能会去无人的角落，洒下悲喜交并的泪水。

这个时候，新郎十二岁，新娘十七岁。"洞房花烛夜，金榜题名时"，在这人生的得意时刻，小新郎却不乐意。据朱德玉讲，结婚之前，她哥从没见过她嫂子，那天晚上不愿进洞房，是一位长期住在她家的姨家表姐连拖带拽，陪他进去的。进去之后，表姐等到她的小表弟睡着了，才悄悄退了出来。

朱德发二十九岁这年，在曲阜师范学院写自传时，写下了这么两句话：“当我 12 岁那年，妈妈和媒婆包办，给我娶了个媳妇，一块千斤石压上了我肩，造成我的婚姻悲剧。”

这桩婚姻，不仅朱德发不满意，张凤英也不满意。2019 年春天我采访张凤英老人的时候，她嘟嘟囔囔，说她要不是让爹逼着嫁到老朱家，她会去当八路。当上八路，死了就死了，如果死不了，就当大官了。唉，咱没那福分！

结婚时间是在秋天，是张凤英通过农事回忆起来的。她记得，过门的时候还没割稻，过了几天就割了稻，她就上场用连枷打稻了。她说：“我就是个扛活儿的，一去就扛活儿！”“扛活儿的”，是当雇工的意思。

毕竟，她已经十七岁，在娘家也经常下地干活，这时便成了朱家的主要劳力，收种锄割，均挑大梁。朱德发那时还在上小学，每当农忙时节，就向学校请假，回家帮媳妇干活。但小两口配合得并不默契。用他们家的那头毛驴拉犁耕地，朱德发在后面扶犁，张凤英在前面牵驴。一旦犁沟弯了，浅了，小丈夫就嫌小媳妇没牵好驴，小媳妇则怨小丈夫没扶好犁，怄气，吵嘴，闹得很不愉快。

朱德发的二爷爷是位慈祥老人，他不忍心看到侄孙为难，便与他们家“插犋”。“插犋”就是相互合作，牲口在一起用，人在一起干活。二爷爷是位老庄户，精通各种农活，家里人手也多。这样的合作，对他侄孙一家来说是雪中送炭。所以，朱德发参加工作后一直对二爷爷十分感恩，每次回家都给他买好吃的。到了晚年还十分怀念二爷爷，对孩子多次说，可惜老人家已经去世了，不然的话，让他到济南住，我好好孝敬他。

第二章
弱冠先生

门楼村是个大村，规模在大柳行乡数第一，新中国成立前就有四百多户人家。过去村东有个黄泥崖，中间有一个天然形成的拱形大洞，是人们进出村子的通道。这个洞，高大庄严，像个城门；高高耸立的黄泥崖，则像城门楼子，人们就把这个村子叫作“门楼”。后来，泥崖塌掉，村名未改。乾隆年间，村里建起一座佛寺，辛亥革命后在“庙产兴学”的浪潮下，人们将神像毁掉，建成小学。这是座“完全小学”，一到六年级都有，许多外村孩子也到这里读书。

朱先生在《自传》中这样讲：“我的家乡是老根据地，1941 年就组织起游击队，成立了抗日民主政府，我 8 岁入村小上学，学校有三位老师，其中有位何老师是地下工作者，他经常讲革命故事给我们听，教我们唱救亡歌曲，并教练我们演活报剧，宣传抗日救国。这时日寇对胶东根据地进行疯狂扫荡，我们成立儿童团自卫军，站岗放哨，捉汉奸。鬼子军来了我们就跑，鬼子军走了我们就学习。当时的学习条件比较简陋，学校的桌凳被鬼子烧光，我们就利用小板凳当课桌，地面当石板，草棍当石笔。有时老师把我们带到山洼里去上课，一面讲课，一面开荒。晚上我们扛起木枪进行练兵，我当时任自卫队排长，经常领着同学们去野外练习作战。我们年纪虽小，但是志气很高，经常请八路军游击队给我们讲打鬼子打投降派。我的同学纷纷参军，我当时因为年龄太小，留在村里跟着民兵活动，除了参加农业劳动外，为了配合解放战争和土改工作，我参加了村剧团排演了《瞎老妈》《三世仇》《解放》《王贵与李香香》《翻天覆地》《白毛女》《刘胡兰》《一贯道》等剧，利用夏闲冬闲对农民进行宣传。”

从这段讲述中我们可以看出，朱先生的这段经历是多么惊心动魄，多么丰富多彩。战火中的小学，军事化的历练，儿童团小排长的威风，农村剧团小演员的风采，给我们拼出了一个五彩斑斓的形象。

朱先生的儿子朱志成向我讲，他小时候有一个别称叫“大顺的儿子”，就因为父亲小时候演过“大顺”。那是歌剧《三世仇》里面的一个角色，是地主的儿子。村里人对这个角色印象深刻，等到演大顺的人生了儿子，竟然开起玩笑，这么称呼孩子，让幼年的朱志成听了很害羞。至今，朱志成还记得村里人取笑他时，唱出的大顺唱词：“大顺我笑呵呵，我家的日子真好过，房子又大，土地又多……”

朱先生的自述中，有一句“地面当石板，草棍当石笔”，现在的年轻读者可能不懂。石板、石笔，是从前小学生最常用的文具，商店有售，用这种文具，是为了省下买纸的钱。“石板”，是将石灰岩切割成薄薄的一块，像A4纸那么大，四周加上木框。“石笔”，则是用石灰岩切割成的细棍儿，长约十厘米左右。拿它当笔往石板写，便有白痕出现，上面写满了字，便擦掉继续写。我小时候，就用过石板、石笔。有的学生没钱买，就去找来破的陶罐底、陶盆底代替，也将其尊称“石板”。朱先生战争时期去野外上学，“地面当石板，草棍当石笔”，意思是用草棍在地上写。

朱先生的妹妹朱德玉女士向我讲，战争时代，日子很不太平，村里人经常“跑反”，到山里躲鬼子，躲国民党的军队。到了“跑反”的时候，她奶奶和妈妈赶紧收拾一下，将铺盖和吃的东西放到驴背上，把她也放到驴背上，由哥哥牵着驴，随大伙急急惶惶上山。到山上躲一段时间，听说可以回家了，再疲惫不堪地回来。那时解放区要组织人力物力支援前线，各村经常派人“出伕”。因为她家有一头驴，村干部就让她哥哥牵驴“出伕”，以增加支前队伍的运力。他哥哥才十多岁，却招之即来，牵着毛驴参加民工队伍，或运军粮，或运弹药。哥哥一走好几天，回来向家人讲路上的经历与见闻，那真是经风雨，见世面。哥哥虽然年龄小，但也要牵着牲口紧紧跟随大伙，一步也不能落后。有一次过河，水很深，差点儿淹过他的头顶。还有一次，他让水冲倒了，拽着驴缰绳才站了起来。母亲听后心疼得很，儿子以后再出门，她心心念念地惦记着，整夜整夜地睡不着觉。

1946 年，蓬莱县实行土地改革，朱德发虽然年纪小，但能够看得清时势，深明大义。他说服母亲，将家产捐献出去一些，包括二亩土地和三间屋。这样，他家的宅院本来有三排房子，只留下两排。另外，他家还捐了一些零星物品，包括十件衣服和爷爷去世后一直放在顶棚上的那架留声机。村里开会的时候，经常用那架留声机放唱片，大伙听得有滋有味。在划分家庭成分的时候，门楼村农会给他家定为“中农”。

朱德发 1947 年在本村小学毕业，没有中学可上，因为那时上中学要去八十里之外的县城，他的家庭状况不允许他跑得那么远。他就在完小里继续上学，用现在的话说就是“复读”，时间长达两年。那几年时局很不稳定，老师们也有各种各样的事情要应付，缺课的情况经常发生，小朱同学就成了他们的“替补队员”，给自己的同学当起了老师。朱夫人在接受我的访谈时谈到了这件事：“他小学毕业后，姜德南校长说，小朱你太聪明了，留下教学吧。他在本村教了一两年，哪个年级都教。”

我能想象出小朱德发那时的样子：虽然稚气未脱，却显少年老成。一张长方脸上，两只大眼炯炯有神。无论手捧课本领读，还是在黑板上演算习题，都努力效仿老师，将“小先生”当得像模像样。

在门楼小学当“小先生”，是在新中国成立之前。朱先生的儿子朱志成向我讲，后来有人跟他父亲说，他这一段可以视为“民办教师”作为参加工作时间的，如果组织上认定了，就会享受“离休”待遇。他父亲却摇头，说不提这段，所以他的参加工作时间，是从到下岚初小算起。我曾担任过家乡的县委组织部副部长，见过个别老同志为了争取更高待遇，望风扑影，甚至无中生有，假造证明材料，到组织部一再要求，把参加工作时间往前改。朱德发先生新中国成立前就教过学，如果有人提供证明材料，真有可能被认定，从而享受优厚的“离职休养”待遇。而他根本没这想法，无动于衷，可以看出他的高风亮节、光明磊落。

朱志成还说，他父亲当年曾打算参军，因为奶奶反对才没有去成。1949年，南方一些大城市陆续解放，创建于抗战初期的北海银行决定招收一批优秀中小学毕业生，经过培训担任银行职员，去上海工作。有人动员他父亲报名，父亲也动了心，奶奶还是不同意，不舍得放他走。他父亲是个孝子，就放弃了报考的想法。

一个人来到世上，经常要面临重大抉择，从而改变一生的走向。试想，如果当时朱德发违背母亲意愿，参军打仗，他可能会成为一名英雄或将军。他如果坚持要去南方成为银行职员，头脑聪明、积极上进的他，很可能成长为一位银行家，在金融行业大显身手。这两项意愿都没实现，他只好继续在门楼完小当着“小先生”，直到正式参加教育工作。他于1955年6月12日填写的教师登记表，是他档案中的第一份个人情况登记表，在“参加革命经历”一栏中写着：“1951.3—1952.4在十一区下岚初小任教”。1964年填的干部履历表上，则有这样的记载：“由姜德南、焦怡轩两位校长介绍参加教育工作”。

蓬莱县十一区，区驻地在大柳行村，后来这个区先后更名为大柳行人民公社、大柳行乡、大柳行镇。下岚是一个村，老百姓叫它“下岚子”，在门楼村东北方向十二里。“初小”，指初级小学，只能容纳一年级到四年级的学生。

朱德发到下岚子小学任教时，是十七岁。我去外村小学当代课教师（代替公办老师上课者，领工资，但户口还在农村）时，是十八岁。根据我的经历，我能想象到年轻的朱德发上任时的心情：既豪情满怀，又惴惴不安。豪情满怀，是因为组织对自己重用，下决心要到新的学校好好工作，不辜负领导的厚望。惴惴不安，是因为资历太浅，怕自己不能胜任教学工作。

他后来在《自传》中这样说："1951 年春，我参加了教育工作，离开了家庭，迈开了人生的第一步。当时我对教育工作充满了神秘感，心里有点害怕。以前当先生的不是秀才就是念'大书'的，像我这样一个高小毕业的学生能行吗？当时的文教助理张宝全，现任公社党委副书记和校长赵怡萱，现任大柳行公社教师支部书记鼓励我：怕什么？现在的教育是咱们自己的教育，咱们不行谁行，还能用那些'八股'秀才吗？一面学一面教，干上一两年就成好老师了，有什么难事多找上级。"

当时在朱德发的心目中，过去的"秀才"才有资格教书，念过"大书"的，也就是有较高学历、读书特别多的，才有资格教书。

初出茅庐，心情忐忑。他走出门楼，走过大柳行村，蹚过黄金河，走到了位于天目山南麓的下岚子村。他要做的事，堪称"破天荒"。因为这个村子小，从来没有设过学校。新中国成立之后，上级决定在此成立一所初级小学，就把朱德发派去了。

朱德发在《自传》中这样写道："我在他们的鼓励下坚定了事业心，擦干了畏难的眼泪，单枪匹马地到了下岚子小学，这是一座民办小学，4 个年级的复式班。这个村从来没设过学，孩子们的知识水平，年龄特征，性格气质参差不齐，所以上起课来很棘手，加上我初出茅庐，缺乏教学经验，年龄幼小，学生有点瞧不起，有的家长就说，乳毛还没退，汗毛还没发，哪能当先生。"

那时候，老百姓还沿袭过去私塾的称呼，把老师叫"先生"。"小朱先生"到了那里，经过摸底、动员，把想上学的孩子都集中到了一起。但他们年龄参差不齐，文化程度也不一样。有的孩子从没上过学，有些年龄稍大的，或者上过私塾，或者去外村念过小学。这样，小朱先生就把他们分成几个年级，实行"复式教学"。

这种"复式班"，我也教过。我十五岁时，本村小学缺老师，就按照"识仨教俩"的原则让我去了。我的学历是小学没有毕业，后来又去邻村的联中班混了四个月。我接手的第一个班，既有二年级，也有三年级，上课时，必须轮流给两帮学生讲。给二年级讲的时候，就让三年级做作业。给二年级讲一会儿，给他们布置了作业，再让三年级抬起头来，听我讲课。但孩子们并不遵循我的设计程序，往往捣乱。我给这边讲，那边的学生唧唧咕咕；给那边讲，这边的学生突然打起架来。我按下葫芦起来瓢，顾了这边顾不了那边，心烦意乱，劳累不堪。更严重的是，由于时代原因，学生年龄普遍偏大，有三个学生竟然与我同岁。他们对我很蔑视，有的还喊我小名，让我大伤自尊。

看来，小朱先生也遭遇到了类似情况，被学生和家长瞧不起。

> 当时我确实不配做一位老师，然而我有当好老师的决心，白天上课，晚上自学，不会的问题就到邻村小学去请教老教师。我一直苦干了半年多，从来没过过星期天，有时连假期我也用在业务学习上。随着个人的成长，教学质量也随之提高，家长的反应也好了，助理、校长又不断地鼓励，自己的信心越发增强了。除了教好学外，我领着学生劳动，垫校园，平操场，使这座小学跟我一起成长，当年秋天全县教师在县里评选模范教师，我也当选。在授奖大会上，我站在毛主席的像下，简直说不出话来了。（朱德发《我的自传》）

可以感受到，朱先生29岁时回忆那段往事时，还是有点小激动。是呀，十七八岁，让一座小学跟自己一起成长，这是多有成就感的事情！

朱先生于1955年10月填写的小学教师登记表上，有这么一条记载："1951年秋参加县教师训练班"。过去，农村小学除了放寒假、暑假，还要放麦假、秋假，让学生帮大人干农活。教育主管部门借机办班，将教师集合起来培训。朱德发就是在这次教师训练班上被评为模范教师的。

新中国成立前后，山东省教师工资是薪粮制。初小教师，每月发160斤至200斤粮食，高小教师190斤至230斤。粮食成分，小麦很少，多数是粗粮。朱夫人张凤英回忆说，隔一段时间，下岚子就派人赶着牲口到她家送粮食，粮食有好几种，有麦子、小米、苞米、豆子等等。收下之后，她就选一个好天，用自家的驴驮上粮食，走20多里路，去海边卖掉。那里有长年收粮食的商行，收了卖给渔民。张凤英1950年生下女儿，她是将孩子给婆婆看管，自己牵驴去卖粮的。她向我说这事时，脸上现出很愉快的神情。这种神情，应该在68年前去海边的路上屡屡呈现。因为，别人家的粮食，都是辛苦耕种换来的，而她面前的这驮子粮食，却是她的小丈夫通过“舌耕”换来的。她不一定能想到“舌耕”这个词儿，但她知道，当“小先生”风不刮头、雨不打脸，比下地干活舒服多了。

1952年7月，山东省教师工资由薪粮制改为薪金制，实行以工资分单位（按粮、布、油、盐、煤五种实物价格折算货币工资额的一种单位）来计算的工资标准。小学教师每人每月80至120个工资分，中学教师每月100至140个工资分，分值由《大众日报》按物价变动情况每月在月初公布。每个工资分的分值一般是2300元。这就是说，小学教师工资，每月在23万左右。

有的读者看到这里可能很吃惊，觉得那时候当老师堪比现今的特大老板，每月收入可以买一辆奥迪A3新车了。但你要知道，人民币在1955年改制时，一万元兑换一元。这就是说，“小朱先生”那时的工资，折合新人民币23元左右。他连一辆自行车都买不起，去学校的时候只能来回步行。

他在下岚小学教过一年书，因为教学成绩突出，群众反响良好，上级有意让他经受更多锻炼，调他去了虎路线初小。

“虎路线”村，在门楼村西南十八里地。《蓬莱地名故事》（山东大学出版社2010年出版）一书讲，当时虎路线一带原是荒山野岭，树木繁茂，人烟稀少，野兽成群。其中百兽之王——老虎时常出没于荒山野岭之间，久而久之，由于老虎的行走自然踏出一条清晰的路线，于是“虎路线”就成了这里的地名。当姜氏家族在此落户定居以后，人们就称这个村为“虎路线”村。

到了1952年，“虎路线”成为另一只“小老虎”的行走路线。朱德发，十八岁，虎虎有生气，走起路来虎虎生风。他从门楼村出发，一步步攀上南山。南山很高，只有一条羊肠小道，人迹阒无。据他女儿朱筱芳讲，她曾经走过这条路，山崖上有一些洞，据说洞里有狐狸，她走过时很害怕，身上起鸡皮疙瘩。然而当年她爸不怕，她爸一气翻过山去，进入一条大山沟，一直向西南方向走去。沟两边都是大山，东面有磁山，西面有燕山，他从大山之间穿过去，直奔他的工作岗位。

蓬莱西南部山区，有金矿藏焉。虎路线村西有一道山冈，到了此处被大河冲断，断崖被叫作“老虎岗”。老虎岗上有金矿矿脉露出，几百年前就有人在悬崖上打洞掘金，那洞叫作“老虎洞”。据说从洞里钻进去，可以举着蜡烛直立行走，走出十几里路到达栖霞地界。这条矿脉是西南—东北向，从虎路线往东北去，矿脉延伸至门楼村前。在那个时代却无人知晓，直到二十世纪八十年代才被发现，让这里成为一座著名金矿，门楼村也因矿致富。这是后话。

1952 年，小朱先生也在虎路线做着与掘金类似的事业。他要将山里人的求知欲望开掘出来，把他们的善良天性开掘出来，让这里的文明程度进一步提升。

> 1951 年春，因工作需要，提拔我到虎路线小学任主任教师，我们一共三位老师，年龄数我小，当领导，这还是第一次，我十分胆怯，我曾对校长提出我胜任不了，可是上级一再启发开导，嘱咐我，只要你老老实实按照上级指示办事，没有错，我和其他两位老师同心同德干了一年。领导来检查过几次，进行过不少指导，使我们顺利地完成了教学任务。（朱德发《我的自传》）

无独有偶。小朱先生十八岁开始负责的这所山村小学，一共三位教师。我十八岁那年，也是到一所山村小学负责，也是一共三位教师。虽然我比他晚了二十二年，但我知道在这种工作岗位上的艰难，体会过在山区传播文化的使命感和愉悦心境。

在虎路线初小，小朱先生待了整整一年，从年头到年尾。在教学的同时，他还参加了“星期学校”。新中国刚成立时，农村师资水平总体上很差，蓬莱教育部门就办起了“星期学校”，每到周末集中培训他们。朱德发在自传里讲，他一共上了三四年的“星期学校”。

经过一年的学习与历练，这只小老虎更加强壮，遂被上级调到另一个地方委以重任：齐家沟完全小学教导主任。齐家沟在虎路线村西北，在另一条大山沟里，回家的路更不好走。

我了解那个年代的农村教育体制。一所完小，就是一个管理区的中心校，下辖好几个村子的小学。教导主任是整个学区的业务主管，必须有较强的教学能力。我也担任过一个农村学区的教导主任，但我那时已经二十四岁，比当时的朱先生大五岁。齐家沟完小，教师众多，上级突然派来一位年方十九的毛头小伙，肯定是一件引起轰动的事情。

到了这里，他不只担任教导主任，抓全学区教学业务，给高年级学生上课，还兼任“星期学校”教师，给自己的同学讲课。这是他平生第二次给同学讲课，第一次在门楼完小，这次在齐家沟完小。刻苦，聪颖，让他不可避免地出类拔萃。

儒学经典《礼记·曲礼上》有这样一句话：“男子二十冠而字。”意思是，男子到了二十岁要举行冠礼，并赐以字。“冠礼”，是给他戴一顶帽子，表示已经成年。但二十岁的男子体格未壮，故称“弱冠之年”。后来，“弱冠之年”也泛指二十岁左右的男子。朱先生，在“弱冠之年”就当上教导主任，成为蓬莱西南部山区教育界中之翘楚。

他当上教导主任的第一年，也成了两个孩子的父亲。张凤英继 1950 年生下女儿之后，又在 1953 年生下了儿子。朱先生十分高兴，给儿子起名叫朱志成。“志成”二字，寄予了这位年轻父亲的心愿——有志者事竟成。

（19）55 年秋，我又被评为区模范教师，并在全区教师普测中名列第一。这时我的头脑是有点发热，眼也有些高了，谦逊气逐渐消退了，傲气滋长了。但是正在我政治发生危机时，县模范教师会议上，袁部长的报告提醒了我，自己提高了警惕……（朱德发《我的自传》）

朱德发（1953 年）

这里又透露了朱先生的一段心路历程：因优秀而骄傲。“被评为区模范教师”，这不算稀罕；“在全区教师普测中名列第一”，这事太难。1952 年，蓬莱县调整区划，全县分为 14 个区 124 个乡，另外还有 5 镇 12 街。大柳行、门楼、齐家沟一带属于磁山区，有好几个乡几十所小学，教师数量肯定很多。一个只有高小文凭的小青年，能在全区教师普测中拔得头筹，任谁也会有点小骄傲。我们无缘见到他“傲气滋长”的具体样子，不过稍加想象，就觉得好有意思、好可爱。

朱先生在《自传》中又说：“1956 年秋我被调到罗家完小，担任校长工作。20 多位教师，700 多名学生。这个担子太重了，况且这又是新设的完小。区文教助理恐怕我产生畏难情绪，特地到我校来帮助工作。乡周书记全力支持我，经过一年多的奋斗，我和同仁同学群众关系融洽了，在党的支持下，同仁的努力下，罗家小学这处新设的小学稳固了。”

去罗家小学任校长，是朱德发成长过程中的又一次飞跃。因为，校长是对一所学校乃至一个学区全面负责的教育长官。这时，朱先生年仅二十二岁，是整个蓬莱县年龄最小的校长。

罗家小学在门楼村西面二十里。女儿朱筱芳记得，父亲一般是每周回来一次，如果要给教师培训班上课，他就不回来。回家时，背一个蓝布包，拿一把褐色的桐油纸伞。有时候不拿伞，只拿一张黄色的雨布。他身穿中山装，脚蹬一双力士鞋，干净利落，十分英俊。

朱德发在周末回家，家里有母亲、妻子和一双儿女，却常常见不到他的妹妹。妹妹朱德玉干啥去了？在外面上中学。

青年时代的朱德发

朱德玉女士向我讲这一段的时候，对已经去世的哥哥满怀深情。她说，1953 年她在本地上完小学，本来没有勇气去考中学，一是怕考不上，二是不敢去几十里外念书。但是哥哥鼓励他，说国家正在搞建设，各方面都需要文化人，你应该去考。朱德玉被哥哥鼓动一番，这才决定报考。她和七个本村同学，步行四五十里路，去了蓬莱二中的所在地大辛店。到那里才知道，这年蓬莱二中开设两个班，共招收一百人，但报考的有一千多人。她记得，去后住在一个大屋里，地上铺着草，在草窝里睡过一夜，第二天上考场，考完回家。过了一段时间，录取通知书寄到了村委办公室，门楼村只有她一人考上。

拿到通知书，朱德玉当然高兴。高兴之余又有些犹豫，觉得家里太困难，她不忍心离开。哥哥又说，妹妹你一定要去。我没念过中学，你念上了，哥哥觉得光荣，全家都觉得光荣。她母亲、嫂子也都鼓动她，她就去了。上学要交学费和伙食费，每月三四块钱。学校有助学金，家庭困难的学生可以申请补助，朱德发却不让妹妹申请，说这钱我给你交，咱们能坚持，把机会让给更困难的学生。于是，在蓬莱二中的三年，朱德玉没申请一分钱的助学金，都是用哥哥的钱。她回家听街坊邻居说，你哥供你上学，一年的花费能买一头骡子！

然而，朱德发为妹妹交学费，换来的是一匹千里马。初中三年，朱德玉一直提醒自己，一定要好好学习，不辜负哥哥的厚望，在校期间她一直是三好学生，毕业时被保送蓬莱一中。她本来打算去考师范，毕业后参加工作，给哥哥减轻负担，但哥哥还是不同意，让她去念高中。这样，她又去了设在县城的蓬莱第一中学。高中三年，她品学兼优，毕业时国防科委到山东、吉林两省招收应届高中毕业生，蓬莱一中推荐了二三十人，政审、体检特别严，全部合格的只有朱德玉一人。她与别人一同参加高考，成绩也在录取线之上，1959年夏天，国防科委就给她发了录取通知书。哥哥得知后十分高兴，说妹妹你能考上，真不容易！两位戴大盖帽佩肩章的带兵军官亲自去门楼村，问朱德玉的母亲：大娘，你姑娘去的地方很远，条件也不好，你舍不舍得放她？母亲说：只要我儿子同意，姑娘同意，我没有意见。

此事轰动了蓬莱县，许多人为这个女生赞叹。门楼村也有好多人奔走相告，都说人家兄妹俩，一个当了校长，一个考上了部队的大学，祖坟上冒青烟了。朱德玉临行前，与她的家人去给爷爷、父亲上坟。母亲哭了，哥哥和她都哭了。他们想起了十五年前的厄运，想起娘儿三个经常过来哭泣的惨景，再想想如今的喜事，怎么能不哭个痛快淋漓？

朱德玉入伍后，被分配到位于甘肃酒泉的第二十试验训练基地，一边学习高等数学、物理、无线电等课程，一边到各个单位实习。一年后被授予准尉军衔，两年后便是少尉。学习结束，没挪地方，到计量所从事热工仪表计量。我没去过酒泉，但参观过离那儿不远的404厂。404厂是制造原子弹的地方，酒泉则是导弹发射中心，都在甘肃西部的戈壁深处，当年荒无人烟。朱德玉讲，那里风沙太大，严重的时候伸手不见五指。但她在那里满腔热情地学习、工作，在同一批去的人当中第一个入党，第一个被授衔。

我采访朱德玉时，她眼含泪水向我讲："我走到这一步，全靠我哥，一是方向上的指引，二是学费上的资助。这份恩情，胜于父母！"

自从参军之后，朱德玉每月都向家里寄钱，以孝敬母亲，减轻哥哥负担。据朱志成讲，在二十世纪六七十年代，教师每月工资三十至五十元的时候，他姑姑寄给他奶奶的钱，每月是二十元。一月一张淡绿色的汇款单，由大柳行邮电局的人送到门楼村朱母手中，这事成为当地许多人谈论的话题，都说朱家出了个大孝女。寄钱这事，持续了二十多年，直到老太太八十三岁时寿终正寝。

朱德玉在酒泉遇到了终身伴侣。此人叫毛午辰，河南开封人，比她大六岁，其经历有传奇色彩。毛午辰1948年参军，随军去大西南参加剿匪，胜利后回来，于1951年3月参加中国人民志愿军赴朝作战。他在朝鲜战场担任报务员，专门收发电报。为了安全，发报机要与司令部保持一段距离。有一天，首长叫他到司令部一趟，他刚离开电台，就见一串串曳光弹打到发报机那儿，"嗖嗖"闪光，紧接着又有炮弹从天而降，把那儿炸出了深坑。他如果还在那里，非死即伤。1954年，他从朝鲜回来，被分配到第二十试验训练基地任计量所二室主任。他1962年与朱德玉结婚，育有两女一男，几个孩子小时候都在郑州由奶奶看护。1978年，夫妇二人被调到设在山西兴县的国防科委试验基地。1982年双双转业去郑州，毛午辰担任郑州无线电总厂党委副书记，朱德玉则被安排到郑州晶体管厂，先是担任车间党支部书记，后又担任厂总支副书记。我采访他们的时候，老两口一个八十七，一个八十一，身体尚好，精神矍铄。

第三章
蓬莱烟波

在古代传说里，蓬莱是一座海中仙山，与方丈、瀛洲并列。公元前 133 年，汉武帝东巡来此，想看神山却没看到，遂下令筑一小城，命名为“蓬莱”。蓬莱城建成后，人们一直视它为神奇而浪漫的地方，说它是八仙过海的出发地。在此观海，只见烟波浩渺，紫气萦绕，偶尔还能见到海市蜃楼，简直就是个仙境了。大文豪苏东坡任登州太守，写下《海市》一诗，更让千年以来的无数读者增添了对蓬莱的向往。

1957 年夏天，朱德发去了那儿，被县委调去帮助工作。一年多以后，被调到崮寺店人民公社齐家庄子小学担任校长。

齐家庄子，在门楼村西面，有十多里地。此时朱先生已经是全县有名的教育干部，经验丰富。他打算上任后狠抓教学质量，然而这时“大跃进”的浪潮冲击着社会的方方面面，各级各类学校深受影响。在这样的时代氛围里，农村小学很难保持正常的教学秩序。然而朱德发尚能保持清醒头脑，始终把抓教学放在首位，要求老师们努力贯彻教学大纲，把该教给学生的教给学生。与此同时，他也运用“内方外圆”的处世智慧，与各方搞好关系，把该做的尽量做好。1959 年秋天蓬莱大旱，县委召开抗旱广播大会，号召全县人民“抗旱抗到天低头，保苗保到粮到手”。朱德发组织全校师生参加抗旱，肩挑人抬，运水保苗，受到干部群众一致称赞。

上任一年，成绩斐然。1960 年春天，蓬莱县召开全县文教卫生战线社会主义建设积极分子代表会议，齐家庄子小学被评为先进单位。4 月 2 日，朱德发作为先进单位代表，参加了为期三天的会议。他这时虽然还是齐家完小校长，其实已经在春节后的 2 月份去了县教育局。局领导让他到教研室任教研员，专门从事教学研究，以指导全县中学教学工作。调动手续，是在去教育局工作了一段时间才办理的。

没有读过中学，却要指导中学教学，这是领导对朱德发的大胆起用，也给他带来了严峻考验。那时的初中语文课有两本教材，一本是《文学》，一本是《汉语》。朱德发早就报名参加了华东师范大学在烟台地区办的汉语函授班，加深了对《汉语》这门教材的理解，熟悉了有关教法。但是对于《文学》教材中的一些古文，他虽然能够读懂，但是讲不明白。朱德发曾经坦陈：“缺乏古典知识，遇到的困难更大，每逢到学校去视导，有些问题有些教师提出来，因水平限制，也难以给以满意的回答。”（朱德发《我的自传》）

可以想象，身为县教育局教研员，一些老师眼中的业务大拿，却不能完美回答教学难题，那是多么尴尬的事情。面红耳赤，羞愧难当，这是他当时可能出现的表情。然而，朱德发从门楼小学出发，用十年时间走到了这个位置，靠的就是“发奋”二字。他发奋学习，发奋工作，就为了让自己不比别人差，为了让自己的生命体现出不凡的价值。于是，他加倍努力学习，大量阅读文学书籍，有效地弥补了自己的知识短板，成为一名合格的教研员。

有意思的是，他这时萌生了当作家的想法，起因是听了著名作家杨朔的演讲。杨朔是蓬莱人，抗日战争时期就有大量作品问世，1950 年 12 月，他以《人民日报》特约记者身份奔赴抗美援朝战场，写出大量战地报道，创作了反映抗美援朝生活的长篇小说《三千里江山》，在全国轰动一时。朱先生说："我对文学兴趣达到一个顶点，让我转变自己的学习方向，不在理科下功夫了而在文学方面使力，是在1957年还是1958年杨朔回蓬莱老家。我那时正在蓬莱县教研室工作，他回去以后，蓬莱县委宣传部就给他安排了几次文艺讲座，就在蓬莱阁。杨朔就给我们这些业余爱好文学的青年讲他怎么创作《三千里江山》。他的《三千里江山》是写抗美援朝的，写得比较好，影响也比较大。他在蓬莱阁讲了一次还是两次，反正每次我都去了。因为那个时候，在蓬莱县大家都知道我对文学比较感兴趣，所以有这样的活动他们都通知我，叫我去。我当时很崇拜杨朔，因为他的散文我看了一些。他散文写得比较好，但是我觉得他的散文最后太露了，显得不太含蓄。我对他的语言比较感兴趣。他的小说《三千里江山》出来以后我也看了，我觉得它语言很好，写的那个故事也不错，但是与我以前看的武侠小书相比好像要直白得多，构思不是很奇妙。但是那个时候我觉得他能写出一部长篇小说很不简单，所以心里还是比较崇拜他的。他每次讲完以后总是要和我们交谈一下，我那时也提不出什么特别的问题，就问他怎么创作的问题。他就给我们谈生活，说没有生活就很难创作，生活和文学的关系很重要。另外，作为一个作家光有生活还不行，你还得体验它，有感性体验。我听了他讲的以后，有些东西当时还听不太明白，因为他有时讲得太'专'了，但一般的东西我还是能听明白的。我就觉得他总是一个作家而不是一个理论家。因为理论家逻辑性比较强，有些问题比较深刻，而作为一个作家讲的主要是他自己的感受。所以听杨朔讲完以后就勾起了我的一个感触，我也萌生了当个作家的想法。"[2]

外缘触发，突生一念，让自己确立或改变人生方向，这是好多人都有的经历。如果朱先生将他此时的想法付诸实施，若干年后很可能成为一位著名作家。

然而，他的读书时间有限，本职工作繁忙，却又屡屡被抽调，去做别的事情。因为当时蓬莱与黄县合并，朱德发曾被派到黄县农村，开展农村

“三反”（反贪污、反浪费、反官僚主义）运动，时间长达三个月。在这种情况下，他的作家梦想只能暂时被搁置。

这个时期，因另一份外缘触发，曾让朱先生心境不宁。据知情人讲，他在蓬莱工作时萌生过离婚的念头。

这个念头，与新中国第一部婚姻法的颁布有关。1950 年 4 月 30 日，中华人民共和国中央人民政府颁布了《中华人民共和国婚姻法》，其中明确规定：“废除包办强迫、男尊女卑、漠视子女利益的封建主义婚姻制度。实行男女婚姻自由、一夫一妻、男女权利平等。”这部婚姻法，当时对于中国人的思想解放起了极大作用，几千年来的婚姻制度被撼动，被改变。无数人依靠这部法律，为自己争得了婚姻自由，求得了人性的解放。当然，这部婚姻法颁布之后，许多进城干部纷纷离婚，抛弃发妻，也在道德上引起了人们的谴责。在我们村，就有好几个南下干部休妻，与城里的年轻女子结婚，引来父老乡亲的唾骂。

朱先生走上教育岗位之后，政治、业务两方面的学习都抓得很紧，他不可能不知道这部婚姻法，不可能不对自己的婚姻来一番审视。婚姻法上的“包办”二字，一定是扎他的眼，伤他的心，会让他对号入座。他会想，我十二岁时正上小学，家里就突然给我娶了媳妇，而媳妇也不情愿嫁来，到了朱家满腹怨言，这不是包办婚姻又是什么？

朱先生参加工作的头几年，还在相对闭塞的山区任教，社会环境不容许他有非分之想。周末如果没事，他必须回家。上有老母，下有儿女，他对这份天伦之乐也是很享受的。他尽管与妻子没有感情基础，有文化差距，但从农村人的观点来看，他的妻子可以说是百里挑一：贤惠、孝顺、勤劳、漂亮。20 世纪 50 年代初期，农村土地关系发生了重大变化，由单干到互助组，到合作社，到人民公社。农业集体化时代，家家户户凭工分吃饭，张凤英让婆婆看着孩子，自己到生产队里参加劳动，风里来雨里去。对此，朱先生是看在眼里记在心里的。

然而他进城之后，离家甚远。八十里路，要从蓬莱坐半天车，到一个叫潮水的镇子，再步行二十里才到家。到黄县农村参加“三反”工作组，离家就更远了。加上平时工作繁忙，他很少能有空闲时间，很少回家，基本上与单身汉没两样。他住单身宿舍，到食堂吃饭，想到婚姻法的规定，看到城里人的家庭生活，再考虑到因为自己的家属户口在农村，没有进城的可能性，肯定是心有不甘。我才二十来岁，难道一辈子就这么过下去？他瞻念前途，不寒而栗。加上那些和他境况一样的单职工，同病相怜，相互“吐槽”；一些勇敢者回家离婚，又在城里重建家庭，过上美满幸福的生活，这不能不让他心旌摇动。

此事关系重大，因他从小熟悉乡间风俗与传统伦理，知道一个男人混好了便抛弃发妻，在父老乡亲眼里是伤天害理之事。但他心中有梦想，身边有榜样，还是想付诸实施。他思量再三，决定先和母亲商量一下。可是，他回家向母亲刚一吐露想法，就遭到断然否决。母亲讲儿媳妇的好，摆儿媳妇的功，批评他忘恩负义。朱先生也讲他的理由，诉说他的苦恼。然而母亲丝毫不做让步，没有通融的余地，让他垂头丧气，只好缄口不语。几年后，朱先生在曲阜师范学院读书时写《自传》，用这样的话评价母亲：“母亲是一位勤俭持家，吃得苦，耐得劳，善良厚道而又有浓厚封建礼教观念的老人。”“浓厚封建礼教观念”这八个字内涵丰富，大概指母亲阻止他离婚这事。

实际上，朱先生对自己的家是有深厚感情的，他万般敬重老母亲自不必说，就说那两个孩子，也让他在蓬莱时牵肠挂肚，梦魂萦绕。他的女儿和儿子，都向我讲述过小时候享受到的浓浓父爱。父亲每次回家，都要给他们买好吃的、好玩的，还买一些小画书和学习用具。过年回来，都要买一些鞭炮，亲自放响，让孩子高兴。他还按照民间风俗，在除夕这天“插谷”，领着孩子将高粱杆插上一个个粪堆，祈求年景丰穰。在这些时候，他与孩子打成一片，也成了一个孩子了。他这样疼爱孩子，如果想到离婚之后，孩子将面临骨肉分离的情景，一定是心中纠结，十分痛苦。

那段时间，朱先生在工作之余，大概是心事重重，郁郁寡欢。下班后的傍晚，或是闲下来的周末，他会去海边转转，找个地方坐着，将他的心事付诸大海，付诸长空。

东方云海空复空，群仙出没空明中。
荡摇浮世生万象，岂有贝阙藏珠宫！
心知所见皆幻影，敢以耳目烦神工。
岁寒水冷天地闭，为我起蛰鞭鱼龙。
重楼翠阜出霜晓，异事惊倒百岁翁。
人间所得容力取，世外无物谁为雄。
率然有请不我拒，信我人厄非天穷。
潮阳太守南迁归，喜见石廪堆祝融。
自言正直动山鬼，岂知造物哀龙钟。
信眉一笑岂易得，神之报汝亦已丰。
斜阳万里孤鸟没，但见碧海磨青铜。
新诗绮语亦安用，相与变灭随东风。

千年名楼蓬莱阁，朱先生是去过的。里面刻着的这首《海市》，他也是读过的。从这首长诗中，他一定读出了苏东坡的深意。“心知所见皆幻影”，这里的“空观”引起了朱先生的共鸣。苏东坡被任命为登州太守，仅仅五天就被朝廷调往别处，他想看蓬莱海市的夙愿落空，只好借这首诗进行了一番想象，发了一通议论。“荡摇浮世生万象，岂有贝阙藏珠宫”，苏公认为，海市蜃楼并不是真实的存在，世间美好的事物都是梦幻泡影。“斜阳万里孤鸟没，但见碧海磨青铜。新诗绮语亦安用，相与变灭随东风。”海市消逝，天地寂寥，再好的语言这时也没有用处，只有通过目睹事物随着东风变换，来领会宇宙的奥秘、人生的真谛了。

大海像磨光了的青铜镜一样，也展现在青年朱德发的面前。是呀，美好的婚姻也像海市一样，只能在想象之中，只能在憧憬之中了。想到这，他想离婚的念头便烟消云散了。

大海，给朱先生的启示不只这些。他曾向人讲，在蓬莱见过鲸鱼。那是一个庞然大物，鼓浪成雷，喷沫如雨，太让人震撼了。他想到了《庄子》里面讲的“北冥有鱼，其名为鲲。鲲之大，不知其几千里也”，又想到《释文》中讲的“鲲当为鲸”，眼中的鲸鱼便更加宏伟。他想，海洋中有此等巨物，人海中也有。物质上的躯体，他们不一定大，但精神上的能量，会超过芸芸众生，产生重要影响。能成为这样的人，幸甚至哉！

面海临风，朱先生的胸襟变得博大而宽广。从此以后，他开始寻找让自己迅速成长的机会。

机会有了：去大学深造。

新中国成立初期，一所所大学在各地建起，都在为提高国民文化水准、培养国家建设的急需之才而努力。国家颁布政策，除了招收应届高中毕业生，还让各地保送一些优秀青年干部去读大学，此谓“调干生”。

蓬莱县也屡屡分到名额。因为朱德发好学上进，表现优异，就成为“调干生”的人选。他先是被推荐到一所大学读哲学专业，他感谢组织上的器重，但觉得自己对哲学了解不多，没什么基础，就放弃了。

1960 年夏天，他听说蓬莱又分到了“调干生”指标，是去曲阜师范学院中文系。他找县委文教部的领导提出了要求，很快获得批准。“实际上当时曲阜师范学院是个什么样的学校我也不知道。但是，蓬莱一中有个语文老师，叫梁超，是曲阜师范学院毕业的。他说你想读点儿书还是到曲师大去，那儿是个读书的地方。反正也没别的什么好看的东西，也没什么光景好赏，去了以后你就好好读书就行了。……我当时就觉得县政府、县委对我这么重视，能够这么高看我并让我上学，……我想我一定要好好学，将来再回到蓬莱县，再干点事儿。我当时也没想什么大学毕业以后，到什么大学里去教学。……当然想努力提高些自己的文化水平，增强一些文学的修养，文字水平提高一些，将来当个作家……”[3]从这段话可以看出，到了此时，朱德发还是怀揣一个瑰丽的“作家梦”。这个梦想，驱使朱德发拼命备考。时间很紧，离考试只有二十来天，他焚膏继晷，拼命恶补有关知识。

1960 年全国高考，语文试题只有两道。一是作文，《我在劳动中受到了锻炼》《大跃进中的新事物》，二题选一；二是翻译古文，翻译《艾子杂说》中“艾子行水”那一段，是一个鬼怕恶人的故事。作文题，与“大跃进”有关，与朱德发的经历有关，估计他能写出一篇好文章来。我没查到他的高考分数，但是，他暑假中收到了入学通知书，足以证明他成绩优异。

第四章
曲师景象

曲阜师范学院，1955 年 4 月成立于济南，当时叫山东师范专科学校。教育部批复时，建议将学校设在济南以外的地方，山东省教育厅便决定把学校建在孔子的家乡——曲阜。但新校不可能马上建起，山东师专第一届新生只能在济南就读。当时，山东师范学院已经在济南东郊建起新校（即后来的千佛山校区），腾出的部分旧校舍就让给山东师专使用。当年 9 月举行的开学典礼，在经五路纬七路的山师原生物系校舍进行。1956 年 6 月 1 日，山东师范专科学校改名为曲阜师范学院（1985 年改名为曲阜师范大学），暑假中迁往曲阜，迎来了第一届本科新生。

四年之后，又有来自全国的新生到这里报到，其中就有中文系的朱德发。他从家里出发，步行十八里，到福山县古现公社驻地坐汽车到烟台，接着坐火车到济南，转车到兖州，再坐汽车到曲阜，用两三天时间，在齐鲁大地兜了大半个圈儿。他背着铺盖，从城南的汽车站步行五里，终于来到曲阜师院。当时这所大学还没与曲阜城区连接在一起，周围是庄稼地。往东面观望，可见红墙黄瓦，高脊大殿，那是他一直向往的孔庙。

他去报到，才知道这一级中文系招收了三个班，一百五十多人。拿到宿舍号牌，到宿舍楼二楼的那一间看看，里面有两张架子床，供四个同学居住。有一位同学面黄肌瘦，个子矮小，但待人热情而真诚。经攀谈得知，他叫宋法棠，临沂地区郯城县人。

2019 年 4 月 8 日，北京西城区的一条河边花红柳绿。我在河边一家茶坊的包间里，见到已经从中共中央委员、黑龙江省委书记位子上退下来的宋法棠先生，采访了两个小时。他谈了他心目中的朱德发学兄，谈了在曲阜的大学经历。他虽然虚岁已有八十，但头发乌黑，身体强壮，思维清楚，见我时还带了好几页手写的谈话提纲。他先是按照提纲，谈了他对朱德发的四点认识：

一、学习认真刻苦，对时间分外珍惜；

二、在学术研究上，坚持科学的态度，实事求是的精神；

三、执着的敬业精神，积极的人生态度；

四、真诚待人，敞亮做事。

对最后一条，他特别赞赏，说朱德发是个善良的人，待人不伪装，不敷衍，不欺骗，懂宽容，懂体贴。他在校时，从不因为自己是调干生而觉得高人一等，一直与同学们团结友爱，和睦相处。有句话这样说："积极的人像太阳，照到哪里哪里亮。"朱德发就是这样的人。"他是我们的好学兄，好大哥。"宋法棠对我说这话时，点着头，眼里满是敬意。

接着，我与宋法棠先生随意交谈起来，请他讲述当年在曲师的读书生活。他撇开谈话提纲，谈笑风生。

宋先生说，他们这一级学生，是在困难时期入学的，全国人民都在挨饿，报到的时候好多同学都营养不良。学生构成很复杂，有应届高中毕业生考进来的，有从师范保送来的。他是在临沂师范毕业时，与八名同学一起被保送到曲师的。除了这两类，还有少量调干生，是已经参加了工作带工资来上学的，年龄都偏大。朱德发就是一个，年龄比他大六岁。他俩同系，同班，同组，同宿舍，一起度过了四年时光。

他们参加了开学典礼之后，集体参观孔庙、孔府、孔林。那时的曲师校园还没扩建到327国道边，出了老南门往东走，走一刻钟就到了曲阜城西门。在孔子讲学的杏坛旁边，在大成殿里的孔子像前，这些正准备将自己修炼成人民教师的年轻学子，心灵受到极大震撼。“有教无类”“斯文在兹”，牌匾上的那些题字，深深烙印在了他们的脑海中。

参观了“三孔”，接着去农村支援秋收秋种。中文系的三个班被安排到曲阜城东二十里的一个公社，一个班住在一个村。宋法棠和朱德发所在的班，住在几间小学教室里，在自办的食堂吃饭。他们在这里干了一个月，帮村里收地瓜、玉米、高粱等等，还将一块块收完庄稼的土地刨松整平，为种麦子做准备。宋法棠说，他和朱德发都出身于农村，干农活是轻车熟路。通过一段时间的劳动，他们进一步了解了农民的疾苦，培养了吃苦耐劳的精神。

从农村回来，便开始上课。中文系上课都到“西联教室”，那是曲师最早的几排平房，至今尚在，树木掩映下的青砖瓦房，素朴静雅。曲阜师范大学校歌的第一句“萃华月，西联灯”，即指当年这里莘莘学子的读书情景。1960级在此上课时，三个班合堂，在一间大教室；自习则是在小教室，一个班在一起。

宋法棠和朱德发这一级学生，在曲阜度过了艰难的四年时光。我在《曲阜师范大学校史1955—1995》（《曲阜师范大学校史编写组》编，内部出版物）上读到：“1960年秋师生们利用课余时间奔赴田间地头搜集各种野菜，晾干后达4万5000余斤（校史记载），利用集中劳动时间到南阳湖打捞苲草达5万余斤，以备冬季当代用食品，补充口粮的不足。”当时在曲师任教的徐宝庆先生，在一篇文章中回忆说：“记得1961年元旦政治系的第一届学生（本科生和专科生共60余人）在一个教室里举行元旦晚会，桌上唯一的新年盛餐就是几盆胡萝卜。系党总支书记、系主任张明同志风趣地说，现在我们只能是胡萝卜晚宴，不久的将来我们将是烧鸡晚宴。大家听后都乐了，鼓起掌来。那时师生的精神状态很好，相信在共产党领导下好日子一定会到来。”[4]

宋法棠先生在接受我采访时，没讲去田野收集野菜、去南阳湖打捞苲草的事，可能是在新生去农村劳动期间，高年级同学干的这事。他说，他在曲师上学，每人每月的粮食定额是28斤，饭票发到手中，但大家一般都要省下2斤，以备急需。粮食品种，主要是地瓜干。食堂用大锅与蒸笼将地瓜干蒸熟，学生以组为单位用盆子领来，坐在一起吃，另外还会领来一盆少油没肉的汤菜。学校有两个食堂，都是平房，里面排满一个个方桌，学生们到那里吃饭，四人或六人一组。

他讲的一件事情，超出了我的想象：一组一杆秤，用于分地瓜干。秤是自制的，用细木棍做秤杆，上面画出一道道杠儿；用柳条编成小篮子，用作秤盘；秤砣也是就地取材，铁的、石头的都有。这种秤当然不标准，但只是自己用，不用于交易。一组同学领来一盆熟地瓜干，由桌长操秤分配。估计一下每人多少，应把秤砣定在秤杆的第几道杠儿上。取来地瓜干，看见秤杆儿是平的了，就倒进某一位同学的饭碗里。如果一轮没有分完，剩下的就凭肉眼估量，用筷子夹，进行第二轮分配。众目睽睽之下，桌长一定要公正公平，所以，年龄大、威望高的朱德发，便担任了桌长。宋法棠因为担任中文系学生团支部书记，不能再任桌长。我想象着朱德发担任桌长，用自制杆秤给同学们分地瓜干的情景，心中五味杂陈。

我在2016年4月21日《曲阜师大报》电子版上，读到曲师中文系1961级学生张福信的回忆文章《难忘曲师殷殷情》，其中载有他2000年回母校时写的一首诗，开头写道："携缕缕秋风，揣一往深情。扑进母校的怀抱，复读35年前的迷梦。求学时薄雾蒙蒙，几片瓜干也要上秤称。我们与共和国一起挨饿，又一起学习雷锋……"诗中讲到"几片瓜干也要上秤称"，可见此事给他们留下的印象之深。

在我家乡，过去农村青年通过奋斗走出农村的一个重要动力，就是不再吃地瓜，改吃白面馒头。而1960年离开农村走进曲师的这些年轻学子，竟然吃了整整四年地瓜干。地瓜干，如果做成煎饼比较好吃，煮熟了也还可以，但是蒸熟了吃，是最差劲的一种做法，让人难以下咽。宋法棠先生说，有的同学吃地瓜干吃伤了，形成条件反射，一吃就吐。有的同学努力吃下，却泛酸严重，胃里火烧火燎。他们偶尔能吃一回杂粮做的窝窝头，但地瓜干始终是主打食品，因为那时候学校得到的供应主要是地瓜干。吃得差而少，加上必不可少的运动，每到周六还要去学校西边的菜地参加劳动，饥饿感如影随形。学校门口倒是有一些卖零食的，是当地一些农民以生变熟，摆出一些菜包子、熟玉米之类赚点小钱，但大多数同学都没有钱，只能远远地看一看，咽几口唾沫。

宋先生说，曲师学生多是从农村来的，大家都苦惯了。他从小就吃不饱，所以个头不高。小学上到四年级，只好辍学，到村办窑场蹬轮子做陶罐陶盆，是老师一次次找他父亲劝说，才让他继续上学的。他初中毕业后没敢上高中，考入能够管吃的临沂师范，到那里还是吃不饱，晚上坐在教室里读书，肚子咕咕叫，脑子里老是想找东西吃。到了曲师，条件虽然还很艰苦，但大家一直保持着乐观情绪。记得几次过元旦，食堂发给每组一盆酒，是高粱秸做的，颜色微红，度数很低。同学们每人端一茶缸，再领一点咸菜，回去守夜。大家在宿舍里喝酒，聊天，唱歌，热热闹闹。快 12 点时，大家走出宿舍，涌到操场。那里的大喇叭正播放中央人民广播电台的节目，等到零点的钟声敲响，操场上群情振奋，一片欢呼。他和朱德发，也兴高采烈加入联欢，享受那个美好时刻。

那时，我们国家方方面面学习苏联，交谊舞也大行其道。曲师每到周六晚上都有舞会，在学校的会堂里，用留声机放音乐，一些老师和同学去跳。但是女生很少，舞伴难找。宋法棠说，他去看过，但是朱德发同学看都没看过，他几乎把所有的时间都用在了学习上。他们虽然同住一屋，但是朱德发经常在图书馆看书，在教室里自习，待到很晚才回来。时间不长，他就被选为学习班长，成为班里的“尖子生”。

朱德发先生曾经向人讲过，当时的曲师有一批业务很棒的老师。因为这些老师在新中国成立以来的历次运动当中受到或轻或重的冲击，或者因为家庭里的这问题那问题，或者是成分不好或者本身有问题，当时一些名牌大学不要他们，曲师就接收过来。

我多年前就听说曲师当年有几位“怪教授”。有一位陶愚川教授，早年曾在日本和美国留学，获教育学硕士学位，新中国成立前曾任国立湖南师范学院、中山大学教授，大夏大学教育系主任。陶教授在曲师成立时到了这里，一直单身，不与人交往。谁也没有想到，他在“文革”期间捧出一部9卷300万字的专著《中国教育史比较研究》，郑重交给学校。当时谁也不把这个古怪老头儿的手稿当回事，随手就给丢了。陶先生没有找到，重新再写，1985年，煌煌三册《中国教育史比较研究》在山东教育出版社出版，震动了教育史学界，获得全国首届教育科学优秀成果奖。

还有一位庄上峰先生，是我的莒南老乡。他父亲是晚清翰林庄陔兰，民国时期曾任山东参议院议长、国会议员，1936年受聘担任孔子77代孙孔德成的国学教师，1946年在孔府去世。庄上峰1909年生，1930年毕业于清华大学外语系，同年去青岛大学任教，1945年参加革命，1950年至山东省图书馆工作，1962年调曲阜师范学院从事外语教学，曾参与《汉语大词典》的编纂工作。他太太是他年轻时从妓院赎出来的，二人相濡以沫，白头到老。太太去世后，他每天半夜绕着宿舍楼一圈圈走，鞋底在地上拖动的声音很大，让很多邻居难以入眠。但大家可怜这个孤独老头儿，从来没人提过意见，一年后，老人溘然长逝。学校整理其遗物，竟然发现一部长篇小说手稿，名为《雷霆时代》，描述了20世纪30年代他在青岛山东大学的老同事们的生活。因为太写实了，山东文艺出版社1985年出版时只好删掉三分之二。

貌似怪人，实则高人，曲师建立初期有那么一批教授，他们的学问，代表着该校师资水准。当然，更多的老师都是平凡人，但他们在艰苦的条件下，在困难的时期里，依然坚守岗位，忍受着饥饿将精神食粮馈赠给学生。

朱德发先生曾这样谈到他在曲师的读书经历：

> 这四年，我是踏踏实实地读了四年书。一个是根据我那时对自己的要求，另外就是随着课程的安排。以前我对外国的东西读得比较少，那个时间，我就大量地读外国的作品，从古希腊一直读到当代。所有的，只要是外国文学课牵扯到的一些名作我都读。……

> 我觉得曲师大那个时候的基础教学还是抓得比较好，……给文科系开了一些书目……我就按照这个书目，几乎是把所有的书都读完了。所以这四年，我踏踏实实地读了四年的书。……我当时读书，读的面比较广，但是感兴趣的有两类。一个是文艺理论这方面的东西，几乎中外的文艺理论能看的我都看了，包括美学的东西。当个学者或评论家理论修养很重要，以后我觉得要搞研究，没有理论不行啊。我在大学里面上课，听老师讲课。有的老师理论水平高，理论思维强就讲得比较好一些。所以看了很多的理论书，脑子里就形成了很多的理论思维范式，这对以后的研究起了很大的作用。
>
> 原来我对哲学不是很感兴趣，我那时就对哲学感兴趣了。我看过康德的书，还有黑格尔的《小逻辑》，我感觉和我看的一般的逻辑、哲学不一样。他两个的哲学思想太深刻了，有些东西我现在还没琢磨透。你说物自体到底是怎么回事儿？太深刻了！讲辩证法，没有哪个能超过《小逻辑》的。《小逻辑》的那个辩证法，有一些东西太深刻太细微了！
>
> 这些为我的研究提供了很好的思想武器。所以我现在对理论还有很浓的兴趣。……
>
> 大学四年我主要就是把精力投入到了读书当中。……在读书的过程中就慢慢地强化了我要当学者的这个信念。我觉得当学者，一个是要有自己独立的一套理论思维，再就是要读大量的书。没有基础知识是不行的。另外，还要能把自己很多的独立思考写出来，文笔要好一些。所以这些方面我在大学期间都有一定的准备。[5]

请注意，朱先生在曲师学习期间改变了人生方向。他在蓬莱，还期望到大学深造一番，提高文化水平，增强文学修养，将来成为作家。但是到了曲师读书，读着读着便明白了：应当按照大学的培养规划安排自己。他也认同了一些教授的观点：大学不是培养作家的地方，是培养学者的地方。

因此，他刻苦认真学习，如饥似渴汲取知识。在朱德发的档案里，有他在曲师学习四年的成绩纪录：

第一学期：
文艺理论（考查）及格
古代作品选（考查）及格
习作指导（考查）及格
语言学基础（考试）优秀
俄语（考查）及格

第二学期：
习作指导（考查）及格
古代作品选（考查）及格
俄语（考查）及格
体育（考查）不及格
文艺理论（考试）优秀
现代汉语及实习课（考试）良好

第三学期：
逻辑学（考查）及格
中国通史（考查）及格
古代美学（考查）及格
习作指导（考查）及格
汉语（考试）优秀
俄语（考查）及格

第四学期：
中国现代文学（考查）及格
中国古典文学（考试）优秀

心理学（考试）优秀

俄语（考查）及格

体育（考查）及格

第五学期：

政治经济学（考查）及格

教育学（考查）及格

古典文学（考查）及格

古代汉语（考试）优秀

现代文学（考试）优秀

第六学期：

古代汉语（考查）及格

现代文学（考查）及格

教育学（考试）优秀

政治经济学（考试）优秀

古典文学（考试）优秀

第七学期：

教学法（考查）及格

文艺理论（考查）及格

古代文选（考查）及格

哲学（考试）优秀

外国文学（考试）良好

第八学期：

古代汉语（考查）及格

外国文学（考查）及格

哲学（考试）良好

当时，曲阜师范学院中文系开设的课程，分为考试课和考查课。考试课分为四个等级：优秀、良好、及格、不及格；考查课只有两个等级：及格、不及格。朱德发的考试课目，都是优秀或良好；考查课目，除了第二学期的体育课不及格，别的都是及格。

他体育不及格，与埋头读书有关。宋法棠先生说，德发学兄不爱好体育锻炼，偶尔被同学拉去打球，但球技太差，拖累大家，他以后就很少参加了。

宋法棠先生还讲，那时候他们的外语课有英语，有俄语，但学俄语的多，因为当时中苏友好，国家的各个方面都要学习苏联先进经验。他们拼命学习，有空就背单词，练会话，没想到1963年中苏交恶，俄语用不着了。许多年下去，有些同学只记得一个单词“哈拉少（好）”。他2000年担任黑龙江省省长，经常与俄罗斯人打交道，有些单词能听懂，但对话是不行的。

他还说，曲师四年，不只朱德发，大家都在努力读书，学习风气一直很盛。每天早晨，在西联教室门前，在校园的许多角落，都能看到晨读的同学。那时候，连公开搞对象的都没有。虽然学校有周末舞会，男的女的可以搂在一起“嘣嚓嚓”，但没见有哪一对谈起了恋爱。操场上放电影，同学们抱着板凳去看，一个班坐在一起秩序井然。直到毕业后他才听说，他们那一届中文系同学，三个班里只有两对走到一起，成为夫妻，也不知道他们是什么时候谈成的。

朱德发来曲师之前，就有在此毕业的同事告诉他，那儿是个读书的地方，因为没什么好看的东西，也没什么光景好赏。他到这里看看，果然如此。这是山东第一所设在县里的本科高校，出门就是庄稼地。曲阜城小人少，“三孔”看过几次就不必再去了，所以学生们一心向学，心无旁骛，都把时间用在了读书上。从建校初期开始，学生中就有朱德发这样的“读书种子”，饱读诗书，学富五车。

几十年下去，浓厚的学习氛围弥漫曲师校园，成为一个传统。世纪之交，这里更是被人叫作了“考研基地”，声名鹊起，因为这里的本科生考取研究生的特别多。据 2004 年 10 月 12 日《信息时报》报道，该校 3864 名 2004 届本科毕业生中，2932 人报考了研究生，报考率达 76%，其中 1389 人被录取，考研率为 35.95%。我在 2000 年被曲阜师范大学聘为兼职教授，2012 年被聘为兼职硕士研究生导师，对该校的学习风气感受颇深。

宋法棠先生说，他们上大学的时候，主流意识形态还是尊孔崇儒的，学校也十分重视这块精神资源。同学们都以在孔子脚下读书为荣，除了在业余时间去“三孔”参观游览，还在课堂上听老师讲孔子，在课下讨论孔孟之道。《曲阜师范大学校史（1955—1995）》的两条记载，佐证了宋法棠的说法：“1957 年 1 月 8 日，成立了孔子研究会，发挥我校地理优势，开展儒学研究。”“1962 年 5 月 21 日，由本校历史系与中文系联合举办了‘孔子问题讨论会’，着重对孔子的基本立场问题进行了研讨。”

为写这部传记，我曾去北京采访过朱德发先生的两位高足：中国社会科学杂志社副总编辑王兆胜和北京师范大学文学院副院长张清华。他俩请我吃饭时，分析朱老师的精神之源，一致认为，朱老师生在蓬莱，深受齐文化、道家文化熏染。齐文化中有梦想，有不着边际的东西，有追求自由的精神，朱老师思想里有这些，所以他特别心仪“五四”，喜欢鲁迅。但他又在曲阜待了四年，受到儒家文化影响。儒家文化是入世的，是向前冲的，修齐治平，奋斗不止。在朱老师身上，这些方面也体现得很明显。所以，他在曲阜读书时，完成了他的精神奠基。我非常认同他俩的观点。

也许是儒家的隐忍精神、道家的化解能力在朱先生身上起了作用，虽然他在曲师学习时写《我的自传》，谈到自己的婚姻，比喻为“一块千斤石压上了我肩”，但他还是没把这块“千斤石”卸下。每年的寒假、暑假，都要回到蓬莱家中，回归儿子、丈夫、父亲的角色。

朱德发先生的儿子朱志成讲，他十多岁时迷上了二胡，很想拥有一把。等到父亲放假回来，第二天吃早饭时，他鼓足勇气向父亲说了这事。父亲立即说，走，咱们去大柳行买！放下饭碗，牵着儿子就走。这天前夜刚下了大雪，父子俩踏着厚厚的积雪，深一脚浅一脚，迎着刺骨的寒风出村而去。路上，爷儿俩都滑倒多次，满身皆白。走完五里路，来到公社商店，爷儿俩跺脚拍衣，掸净身上的雪走进去，直奔乐器柜台。朱先生指着二胡，让售货员拿来，将其拉响，一把一把测试。他试了一会儿，选定一把，掏钱付账，爷儿俩带着二胡回家。从那天开始，朱家就响起了二胡的声音，有父亲示范性的娴熟演奏，有儿子乍学时弄出的吱吱哇哇，让这个年过得别有韵味。

寒假回家，朱德发还要担任另一角色：导演。那时门楼村每年冬闲时都要办剧团，排演节目给父老乡亲看。门楼大队党支部书记是他的小学同学，对他的才华很是钦佩，一入冬，就经常问朱家姐弟俩："你爸放假了吗？什么时候回来？村里等着他排戏呢！"

等到朱德发回来，业余剧团成员们都很兴奋，集合起来听他吩咐。他们觉得自己排练的节目不上档次，属于"小放牛"之类，而朱德发是大学生，懂文艺，请他当导演，节目就会"高级"得多。朱德发不负众望，在学校里早早做了准备。他找好了剧本，研究了角色，回来将演员考察一番，分配给他们角色，按部就班排练起来。

排戏其实很麻烦，要让演员背词，要教会他们演唱。朱先生将一段段唱腔连词带谱，用整张的白纸抄出来贴在墙上，一句句教给演员和乐队。教会之后，对词，对唱，走台，彩排，将整台大戏一步步打造出来。年前年后的一个个冬夜，朱先生都要忙活到很晚才回家。等到正式上演，本村、外村的人们都来观看，台下观众黑压压一大片，朱先生在台侧担任舞台总监督，还手拿剧本给演员"提词"，以防他们忘了词儿哑场。他看着演员们的精彩演出，看着观众们的热烈反应，肯定有一种成就感荡漾在心中。

据朱夫人张凤英回忆，那几年朱老师回家导演的戏，有《小二黑结婚》《李二嫂改嫁》《小借年》《墙头记》《十五贯》等等。《小借年》《墙头记》《十五贯》是传统剧目，《小二黑结婚》《李二嫂改嫁》则是那几年流行的现代戏。《小二黑结婚》，根据赵树理的小说改编；《李二嫂改嫁》，根据王安友的小说改编，都是宣传婚姻自由，倡导"我的婚姻我作主"的。朱先生导演这两出戏，是否是有意为之，以寄托自己理想，宣泄内心苦闷？

朱先生每次回家过年，还要给乡亲们写对联。他准备好笔墨，将南屋里的一张八仙桌擦拭干净，让儿子帮忙理纸，除夕前几天就开始写。来让他写“门对子”的村邻要排队挨号，朱门内外欢声笑语。他的书法是童子功，上小学时就练，到这时更显老到。他一副一副写，内容或是宣示传统的，或是紧跟时代的；或者照抄，或是自编。写好了，晾干了，人们各自带回去，贴到门上反复打量，男女老少喜气洋洋。

初一早上，敬过天地，拜过母亲，吃过饺子，接下来是去拜年。朱先生的小学同学，这几年已经有多位走出门楼村，在各地工作。其中周洪章、周志美、朱仕运三人，都是与朱德发关系特好的发小，此时都成为国家公职人员，有的当干部，有的当校长，此时都已回家，相约一起拜年。他们在朱德发家中集合，喝上两盅酒再出门，一家一家地拜。这四个人是门楼村的“人尖子”，受到大家普遍尊敬。尤其是朱德发，将妹妹送进大学之后，自己又去上大学，在全村、全公社乃至全县，早已到处传颂。他们到了哪一家，都会受到热情招待，端出肴拿出酒，让他们一定要喝上一盅。于是，四个人从村西头拜到村东头，从早上拜到下午，这成为门楼村过年一景。其中的周志美，结婚时曾闹出笑话。媳妇回门，他陪着去，按风俗要由人带领，拜遍岳父的整个家族，一家一户，磕头作揖。他对这种旧俗反感，后来也拜累了，途中遇见一个驴栏，抬手一指：这里要不要进去拜拜？新姑爷说这话，成为段子传遍十里八村。但他与几个同学一起拜年，却拜得起劲，拜得高兴，直到拜遍全村，大醉而归。

蓬莱乡间有这样的说法：“要正月，闹二月，哩哩啦啦到三月。”意思是春节后一直要玩到三月春耕大忙。人民公社时期，不可能玩那么久了，但元宵节之前一般还是要玩的。于是，秧歌扭起来，剧团演起来，朱德发又与大伙快乐相处。直到学校要开学了，他才告别家人，回到曲阜，精神抖擞地迎接新学期的到来。

第五章
走进山师

1964年7月初，曲阜师范学院举行毕业典礼。吃了四年地瓜干也装了一肚子学问的627名应届毕业生，听罢武静安院长的殷切致辞，带上毕业证书，收拾行李，陆续走出校门。

“无为在歧路，儿女共沾巾。”中文系的毕业生都读过王勃的这两句诗，但有些人分别时还是忍不住泪水涟涟。他们忘不了四年同窗之情，难舍曲师校园的处处亲切。于是，每走一个，送行者一群，有送到大门口的，有送到汽车站的，挥手再三，泪眼模糊。

朱德发同学也要走了，与他最要好的宋法棠帮他拿着行李，送到了2.5公里外的汽车站。宋法棠一边走一边说，真为学兄高兴。因为，朱德发被分配到山东师范学院任教。朱德发说，他也没想到是这个结果。

20世纪50年代，山东省建起两处本科师范院校，目的是培养中等学校师资，成为发展山东教育事业的“工作母机”，所以，毕业生多是去中等学校，但也有少量优秀学生留校任教。1964年6月份，省教育厅下达毕业生分配计划，让山师与曲师相互交流一名毕业生，去对方学校任教。曲师领导表态：往山师派学生这是第一次，这个名额太难得了，我们要把最优秀的学生派过去！他们挑选一番，选定了朱德发同学。

朱德发得知这个消息，感到出乎意料。他本来打算毕业后再回蓬莱原岗位，做一个称职的教研员，更好地指导全县中学语文教学。再者，他的家人在蓬莱，上大学的四年聚少离多，回去之后也方便孝敬老母，照顾家人。得知要去山师，他曾有过纠结，问自己问别人，去是不去。中文系领导找到他说，机会难得，你要想当学者，就必须到大学去，回蓬莱没有那个条件。于是，他就服从了组织的决定。

上了车，他向宋法棠同学挥手告别。宋法棠目送汽车远去，回到曲师。他已经得知，自己被分配到省直机关，要在学校等待报到通知书。半个月后，通知书来了，他到省委监察委员会（即后来的纪委）报到，走上从政之路，若干年后成为“封疆大吏”。

山东师范学院1950年建于济南，先在南关营盘街前济南蚕桑学校旧址上课，次年在千佛山下选定新校址开始建设。济南东郊的大片庄稼地里，很快出现一座座楼，一排排平房。1954年，时任院长兼党委书记的余修先生亲自督建，又用一年时间建起了两幢教学大楼、一座图书馆和办公大楼。尤其是办公大楼（后称文化楼），宫廷式大屋顶，彩绘梁枋，琉璃瓦，飞檐椽，须弥座……当时被誉为济南市三大民族形式建筑群之一。若从朝北的正门进去，沿着中间的一条路拾级而上（那时还没有广场和毛主席像），两边花木茂密，前面彩楼高耸，给人一种清幽深邃的感觉。1955年暑期，全院各系陆续搬到新校。

朱德发1964年8月去山师报到，被分配到中文系现代文学教研室。这一年，山师中文系一共增添了3位青年教师，除了朱德发，还有从山师毕业后留校的牛光明，从华东师范大学毕业分配到这里的钱勤来。据钱勤来先生回忆，他与朱德发、韩立群同住“五排房”宿舍。这是1950年代初期建起的男职工宿舍，在学校西南角，一共5排平房。门在东面的屋山上，里面的走廊两边是一间间屋，面积较大。建起后的30年间，山师的许多男性老师都在这里住过，有一些成长为政界、学界的精英。20世纪80年代，学院将“五排房”改建，在基础之上又加盖两层，2019年春天我去采访时发现，这里住的全是女生。

朱德发当年住的宿舍是312房间，即“五排房”的第3排，第12号，是朝阳的一间屋。钱勤来是上海奉贤人，听不大懂山东话，朱德发和韩立群更听不懂他的上海话。有一回他要去解手，向朱德发要粗纸，朱德发听错了，就找了自己的梳子给他，一时传为笑谈。不过，虽然沟通上有语言障碍，但他们相处得很好。钱勤来爱睡懒觉，朱德发去买早餐时就给他捎来一份，让他既惭愧又感动。

朱德发来山师后，感觉到这里的学术环境非同一般，因为这里有多位在中国现代文学研究领域大名鼎鼎的学者。尤其是田仲济先生，1930年代初在上海中国公学政治经济系读书，抗战时期在重庆任东方书社编辑，与臧克家等合编《东方文艺丛书》，与姚雪垠等合办《微波》文艺月刊，发表大量杂文，1947年出版国内第一本抗战文学史专著《中国抗战文艺史》（署名蓝海）。另外还有薛绥之、崔西璐、冯光廉等，虽然都是他的同龄人，但都比他在学业上起步早，有丰富的教学与科研经历。朱德发觉得，与他们相比，自己才疏学浅，加之来自曲师这样一个不太出名的学校，他要在山师站稳脚跟，必须继续努力学习，让自己尽快成为一个合格的教师。

西方著名心理学家阿尔弗雷德·阿德勒有句名言：“成功，是对自卑情结的过度补偿。”朱先生的“补偿”，从此开始。

现代文学教研室分为两个组：现代文学史组和现代文选组。朱德发老师先是被分派到现代文选组，将一篇篇现当代文学作品给学生讲解。然而，教了一段时间，教研组负责人发现他讲课有问题：偏离课程宗旨。在师范院校设置这门课，是为了培养学生单篇分析的能力，要紧扣字词语句、篇章结构、主题思想、段落大意等等，因为学生毕业后要去当中学语文教师，这是必须掌握的教学能力。但是朱德发讲文选，并不中规中矩，往往从作品所表达的观点生发开来，讲得太多。教研组负责人和他谈过，指出他的问题，后来还是没见他有多少改进，就反映到教研室主任冯光廉那里。冯光廉觉察到，这位新来的老师思维活跃，适合教文学史课程，就把他调到了现代文学史组。这个组是教现代文学史的，他要引导学生从“五四”新文化运动和文学革命开始，了解此后三十年间中国有哪些文学运动、文学思潮，有哪些代表性的作家作品。

可以说，这次岗位调整，奠定了朱先生一生的学术方向，为他的才华显露提供了必需的平台。试想，如果他继续教文选，一生兢兢业业，只为了让学生学会讲解课文，他的学术生涯肯定会是另一种样态。

朱德发住在“五排房”宿舍，舍友却不固定。韩立群因为三人住一间宿舍太挤，被领导安排到别处。他后来到山师聊城分院任教，再后来担任聊城大学中文系主任。钱勤来与朱德发同住了一年。他来山东后吃不上大米，水土不服，很不适应。年底被抽调到齐河县参加“四清”运动，第二年夏天回来身体更差，老是发烧，只好住进校医院治疗。病愈后领导找他谈话，要把他下放，他问，哪里有大米？领导说，临沂有。钱勤来说，好，我去临沂！1965 年 8 月就去了临沂师范。后来他任临沂教育学院（后并入临沂大学）中文系主任，曾为我的作品写过评论。

这二人走后，朱德发和郑庆笃同住。郑庆笃是汶上县人，1959 年在山师毕业后留校，教古典文学。他个子很高，性格爽朗，与朱德发同岁，后来到山东大学任教。2019 年 8 月 12 日我在山东大学中心校区的一座宿舍楼采访他的时候，他手夹烟卷，一边吞云吐雾，一边讲述如烟往事。他说，他和朱老师同住五六年，印象最深的就是他熬夜读书。他们的宿舍，是两张床东西相对，中间是并在一起的两张桌子，上面吊着一盏电灯，拉线开关在房门旁边。平时，二人坐在桌前看书备课，到了晚上 11 点左右，他想睡觉，就去了自己床上。但朱老师依

朱德发先生与夫人

旧坐在那里，手不释卷，也不知他是何时睡的。郑老师有时候睡一觉醒来，发现朱老师还坐在那里。那时候山师所有的办公室和宿舍都没有电扇，没有暖气，而朱老师寒来暑往，一直苦读。但朱老师又十分勤快，他俩用的开水，都是朱老师去打。那时学校唯一一座锅炉房，在北门内西侧，打一趟水要走好远。

我问郑老师，朱老师有没有体育爱好，他说没有，他不打牌，不下棋，偶尔打打球，但是动作生硬。“五排房”后面就是大操场，我在山师采访时晚上还在那里走过几圈。我问郑老师：你们去不去操场散步？他摇摇头：不，那时候老师几乎没有散步的。因为吃饭要到北门外马路对面的食堂，一天来回三趟，就走得够多了。

说到食堂，我问郑老师，山师是怎么度过三年困难时期的，他说，这里没吃过蒸地瓜干，却有一项创造。因为粮食供应减少，每月由三十一斤减到二十七斤半。发给学生的饭票，原来是一天十张，一张一两（供给老师学生的粮食，细粮占十分之一，其余都是粗粮），这时发的饭票还是十张，一张却改为十二分之一斤。后勤人员将其命名为“单位”，印成饭票。这种以“单位”为单位的饭票，换来的馒头或窝窝头，当然要小一些。同学们闲聊，常常议论一顿饭吃了几个“单位”。那年山师师生去泰安帮助当地修水库，老百姓听了他们的议论莫名其妙，说这些大学生不吃窝窝头，不吃煎饼，吃什么“单位”！不知道“单位”好吃不好吃？

朱先生1964年去山师，没能赶上吃“单位”，一两是一两的饭票还是曾经让他吃不饱。因为他们经常下乡参加劳动，有时候是临时的，有时候是长期的。那时候老师同学人人都有一根背包带，接到下乡通知，打起背包就出发。时间最长的，是1966年春节后，他们去八里洼住了四个月。

那是搞教育改革试点。刘少奇提出了“两种教育制度、两种劳动制度”的主张，一种是全日制的学校教育制度和八小时工作的劳动制度，另一种是半工半读的学校教育制度和半工半读的劳动制度。根据中央领导指示精神，山东省教育厅决定让山东师范学院搞“半工半读”试点，学院则选择了中文系1965级的三个班，地点选在济南郊区长安公社八里洼大队。

时任中文系1965级年级主任、在青岛大学副校长的位置上退休的崔西璐先生，向我讲述了这件事。他说，为了搞好这次试点，中文系组建了强有力的领导班子，有五人组成的党支部，赵锦良任书记。三位班主任也都是优秀教师，朱德发担任一班班主任，夏之放任二班班主任，王荣纲任三班班主任。他们不只当班主任，还当授课老师。授课老师还有冯中一、高更生等人。

三月初，在一个温暖的春日，1965级的120名师生肩背行装，在几面红旗的引领下步行十多里地，奔赴八里洼大队。他们有的住在东八里洼，有的住在张安新村。这个张安新村，是因为建南郊宾馆，整体搬迁到新址的。除了三位领导合住一间平房，其他老师都与学生一起睡大通铺，在地面上铺一些干草，把被褥放上睡觉。朱德发也是这样，整天与学生同吃同住同劳动。他的班里有个学生叫王修智，后来从政，2000年至2005年担任山东省委副书记。他后来经常说，当年和朱老师睡一个铺。一班学生梁安标至今记得，朱老师和他们十几个同学挤在一起，睡得挺香，醒后还与大家笑谈自己做梦的情景。

山师在这里搞的“半工半读”，实际上是“半耕半读”：没有教室，每天上午在生产队的麦场上上课，学校给每个学生配发了一个马扎，大家坐在那里听课、做笔记、参与讨论。只有在下雨天，才临时转移到村中空房里。下午，都要分散到各个生产队参加劳动。正值春天，他们与人民公社社员一起平整土地，倒粪送粪，播种，锄草。学生梁安标回忆道：“朱老师是庄稼把式，行家里手。他抡镐刨地，外衣一脱，双腿八字叉开，两手紧握镢柄，每一镢头下去，深深扎入土中，几没镢襻。尽管春寒料峭，冷风嗖嗖，朱老师却面红耳赤，张着大口喘气。那副下劲卖力劳动的身影，我是一辈子忘不了的！”

晚上，他们参与“社教”工作组组织的活动，因为这里正与全国同步进行社会主义教育运动。八里洼有驻军，山师学生有时候还请他们讲军事课。

这里有个礼堂，此时做了食堂。有一位炊事员、一位采购员，学生轮流帮炊。后来，师生单人或两三个一伙，分散在各户住宿，和社员一个锅里搅马勺，按系里规定的统一标准向住户交现金和粮票、油票。

“半工半读”在当时是新生事物。老师教得认真，学生学得认真，通过参加生产劳动，获得了参加实践的经验。所以，学生们意气风发，精神抖擞，每当回校参加大会，他们都会排着队唱着歌进入会场，让全校师生刮目相看。

1966 年 3 月 8 日早上五点半，他们在八里洼经历了一件稀罕事：大地抖动，鸡飞狗跳。当天晚上，他们听广播得知，河北邢台专区发生了 6.8 级地震。3 月 22 日下午 4 点多，地震又来了一次，这次是 7.2 级，震中还在邢台。地震在全国引起很大震动，《山东师范大学校史（1950—1995）》[6] 中记载，1966 年 3 月 30 日，党委会议研究地震问题，成立抗震指挥部。4 月 2 日，师生员工大会，由地理系老师做防震知识报告。然而，山师师生此后没再经历地震，“半工半读”也在融融春光里继续进行。

4 月 25 日，山师党委常委会议听取 7 个系下乡下厂办学的安排意见。这意味着，山师将要有更多的师生离开校园，到农村去，到工厂去。山东省教育厅将山师试点的情况上报北京，高等教育部部长蒋南翔知道了，决定前来视察，时间定在 5 月底、6 月初。想不到的是，5 月中旬，中央下发“5·16”通知，形势陡变，部长来不了了。山师也急忙结束试点，让外面的师生回校。

崔西璐先生讲，那时山师在北园有个农场，中文系的下乡办学基地安在那里，学生经常到那里劳动。他们从八里洼撤回没几天，就到北园割麦子。割完麦子，排着队回来，刚走到大门外，就被一群学生冲散了。这些学生告诉他们，“文化大革命”开始了。

10 月 22 日，人民日报发表社论《红卫兵不怕远征难》，山师青年师生也群起响应，北上南下。冯光廉先生说，他与查国华老师一起去了北京，被安排到群众家里居住，一天发一斤饼干，住了几天就回来了。而朱德发的经历就有一些传奇色彩。

郑庆笃先生向我讲述了他和朱德发的经历。他们二人结伴，坐火车南下。火车上拥挤不堪，他们好不容易到了上海，下车后去接待站报完到，被安排到华东师范大学的宿舍里睡地铺，在学校食堂吃饭。他们吃饱睡醒，去看上海的一大会址、黄浦江等景点。逛悠几天，又去杭州。杭州有好多文化遗迹，古代的、现代的比比皆是，让他俩流连忘返，还不时掏出笔和本子抄录。在西湖边上看碑刻，就用去了他们好长时间。

杭州游罢，再去福州、去广州。这时，火车更难上了。郑老师讲，他俩优势互补，成为一对好搭档。他个子大，拼体力；朱德发机敏，拼智力，二人通力协作。譬如说，上车时，往往是郑老师先挤到车上，占据位置。他有时还从窗口蹿进去，再把朱老师拉到车上。到了办手续、联系事情的时候，都是朱老师去跑。一旦遇到麻烦，也常常是朱老师想出点子，化险为夷。

最有意思的一段旅程，是从广州去湖南。郑先生说："广州站人山人海，我们好不容易挤上火车，发现上面无立锥之地，连厕所里都塞满了人。老朱说，这趟车没法坐，咱们到下一站下去，等到来了人少的车再上。"郑先生听他说得有理，就和他在一个小站下去了。他俩在小站上等了又等，等到一辆火车停下，便登上了一节车厢。万万没有想到，这节车厢空无一人，而且十分特殊：两边的玻璃窗特别大，六个略显破旧的大皮椅子在中间排成一行。他们坐上去试试，那椅子竟然会转，可以让人看见两边的风景，还能躺着睡觉。这样的车厢，让他们大开眼界。坐了一两个小时，他们发现这趟车不是开往长沙，只好在中途恋恋不舍地下来。郑先生说，这样的车厢，他平生只见过一次。他猜测，是因为当时火车运力紧张，铁路部门把所有的车厢都找来挂上了。这车厢可能是供大人物坐的，这次挂上，让他俩享受了一回。

二人到了长沙，参观过橘子洲头等地方，再去韶山看毛主席故居。他们被安排到一辆大卡车上，晃荡到半夜，终于到达。当时，这里一天 24 小时不关门。他们先参观毛主席纪念馆，进去看着看着，朱德发掏出小本子抄录资料，说这些资料在别处没见到。郑老师催促他，说："别抄了，咱们抓紧时间去看主席故居。"但朱德发不听，依旧在那里抄，郑老师就自己出去，到故居参观了一番。这时候是下半夜，参观者较少。等到朱老师抄完出来，却见毛主席故居前面排了很长的队伍，要等好长时间才能进去。而他们来时乘坐的大卡车，约好的发车时间快要到了，朱德发只好带着遗憾，上车走了。郑老师向我讲这段故事时笑道："这一次他失算了。"

此后，朱先生归于沉寂。据郑庆笃先生讲，他们回来之后，除了参加一些不得不去的会议外，其余时间多是待在宿舍看书。中文系资料室藏书很多，他们经常借来一些，潜心阅读。

1967 年 7 月 6 日，全校开始上课。1968 年 11 月份，学院全体师生还进行了徒步行军拉练，去莘县接受贫下中农再教育。

郑庆笃先生向我讲述了那次"拉练"。他说，山师全校有几千人，光是中文系就有六七百。大伙排着队，打着旗，每人背一背包，一路小跑，浩浩荡荡。队伍里夹杂着一些地排车，是收容跑不动的人员的，但没人坐地排车，至多把背不动的行李放到上面。一些五六十岁的老教师，也一直跟着队伍跑。

到了莘县后，老师同学被分配到各户，与贫下中农同吃同住同劳动。郑老师与朱老师不住在一家，但白天到生产队参加劳动，还是在一起的。他们干活都是抢在头里，不怕苦不怕累，要给学生做出榜样。

郑先生讲，他在那里遇到一件事，记忆非常深刻。他的房东姓张，五十来岁，两个儿子都长得很好，却都打着光棍。因为老张的父亲当过剃头匠，当过吹鼓手，在当地被人瞧不起。这次，老张又请来两个媒婆，想让她们给儿子介绍媳妇，吃饭时让郑老师作陪。当时那里的风俗是，家中来了贵客，要请尊贵者陪，主人不能上桌。于是，郑老师就陪两个媒婆吃饭。郑老师说，两个媒婆都很专业，能说会道，又抽烟又喝酒，四只老手像枣树枝子。他很厌恶她们，但不能辜负老张重托，就对媒婆说好话，又是敬酒又是点烟。而老张呢，只能负责去厨房端菜，端上一盘，就站在一边嘿嘿赔笑。两个媒婆喝得高兴，大包大揽，说用不了多久，就叫两个侄子娶上媳妇。然而，她们走后再无消息，这让郑老师十分气愤。

从此事可以看出，山师师生那一次去莘县，真是和群众打成一片了。

不知道朱先生那时曾经遇到过什么事情？可惜他已作古，无人知晓。

1969 年 1 月底，山师师生回校，接着放了寒假。到山师工作之后，朱先生每年回家两次，一是暑假，二是寒假。此时，他回蓬莱与家人相聚，一起过年。他的两个孩子，一个十九，一个十六，都在公社中学读书。

他儿子朱志成回忆说，父亲从小喜欢吃海产品，不爱吃牲畜肉类，奶奶总是把家里的鸡蛋攒着，让他父亲回家的时候吃。他们村离海边有七八公里，每年奶奶、母亲都让他到海边买鱼虾，买来一些新鲜鱼虾，晒成鱼干和海米，留给父亲。朱志成长大后，朱先生回家时都由儿子接。朱志成骑着自行车，到九公里之外的古现公社汽车站，有时候要等好长时间才能见到汽车停下，父亲从上面笑容满面地下来。

在家住上一个假期，朱先生回济南时，总是背回大包小包，里面都是海货，也是三代亲人沉甸甸的情分。

第六章 聊城时光

1970 年 9 月上旬，山师校园蝉声消停，秋意渐显。一辆辆“解放牌”大卡车载着教职员工，拉着桌凳、架子床等等，开出大门，驶离济南，越过黄河，卷起滚滚尘烟，向西南方向奔去。

山东师范学院的迁校行动开始了。

1969 年 3 月，中国与苏联军队在乌苏里江珍宝岛发生冲突，全国范围内的战备气氛骤然紧张。当月，山师师生员工两次上街游行，“愤怒声讨苏修武装人员入侵我国神圣领土珍宝岛的罪行”。11 月上旬，入驻山师的工宣队和院“革委”召开“战备教育大会”，同时开始构筑战备工事，有 9 处已经开始挖洞。

战备这根弦绷得越来越紧，以至于影响了城乡布局。1970 年 7 月 29 日，山东省“革命委员会”核心领导小组，在“往下伸、合理布局、适应战备需要、支援薄弱地区”的思想指导下，以鲁发（70）第 228 号文件的形式，转发了省“革委”政治部制定的《山东省高等学校布局和专业调整方案》。根据这个方案，山东几乎所有的大学都要迁出大城市，“下放”到偏远的工矿、农村去办学。山东大学一分为三：政治、中文、外文、历史四系南迁曲阜，与曲阜师范学院合并，时称为山东大学；生物学系迁泰安，并入山东农学院；校部机关和数学、物理、电子、化学、光学五系留在济南，成立山东科学技术大学。山东师范学院，全部搬迁到聊城。

聊城郊外，东南方向，是聊城师范学校。此时该校已经没有学生，山师就被安排到这里。这里只有一座二层小楼，其余全是简陋平房，周围则是开阔的庄稼地。

朱德发先生，此前已在聊城住了一段时间。《山东师范大学校史》记载："1969 年 12 月份，组织 121 名师生分赴惠民、聊城、德州等地，协助各地区培训中学师资，探索社会主义的师范大学如何办。"朱德发与中文系薛绥之、夏之放、冯中一、薛祥生等多位老师，在聊城住了大半年。山师搬到聊城了，他们就来这里报到，与同事们一起进入了山师的"聊城时期"。

搬到聊城的山师，此时已经五年没有招生，一届一届学生都走光了，只剩下工宣队、军宣队和教职员工。大家没带家属，都是单身来此。领导和一些老教授，几人住一间平房。女教师，集中住在小楼二层。剩下的男教师、男职工住在礼堂，睡上下两个铺的木床。中文系的四五十个人，住在一个角落。整个礼堂，只有悬在中间的一盏电灯，光线昏暗，看书都很艰难。于是，大多数人在里面抽烟，聊天，弄得乌烟瘴气。

蹉跎半年，山师终于迎来了 1971 级新生。这届学生叫"工农兵学员"，来自工厂、农村、部队，由当地推荐过来，不用考试。学院非常重视，早早安排好学员住处，将礼堂改为食堂，并为学员编好班级。学院当时由军宣队领导，实行军事化管理，中文系二百四十名学员被分为两个连、六个排，连排干部都由政治上信得过的人担任。一连连长是李嗣水，二连连长是崔西璐。朱德发是二连一排排长，指导员是赵文秋。

3 月 8 日，全院教职工齐聚学校门外，欢迎首届一千多名工农兵学员入学。学员集合在一二百米之外，背着行李，学院先给他们每人发了一把铁锨，寓意"永葆劳动人民本色"。然后，学员们背着行李扛着铁锨，一个连一个连地走近校门。每走来一个连队，相关专业的教职工就热情洋溢地迎上来，为他们拿行李，和他们一起步入学校。

中文系首届工农兵学员、后来留校工作的翟德耀先生在一篇题为《亦师亦友半世情》的文章中忆及当年场景：

……热烈地握过手后，不容分说，一把抢过我的行李扛在肩上的，是一位面容俊朗、身材适中、动作麻利的中年人。他笑意盈盈，一双大眼睛十分传神："欢迎你们啊，咱们走！"待我反应过来，他已跨出几步，边走边招呼我随行。听到一口亲切的胶东话，使我一下子拉近了彼此的距离。"我是二连一排排长，姓朱！"他热情地自我介绍。当我报上名字时，朱排长扭头打量了我一眼，竟然惊喜不已："你就是翟德耀？掖县来的，是老高三。这么巧啊，就在我们排！"排长对我如此了解，出乎意料，我一边连声答应，一边去夺行李。可是无论怎样争夺，也夺不过来。看着排长大步前行，顿时一股暖流涌上我的心头……从此，朱排长就和我们搅在了一起：上课，劳动，参加政治运动，学工，学农，学军。排长讲课充满激情，讲鲁迅杂文慷慨激昂，讲当代散文《雪莲》绘声绘色。农忙时节，排长带我们到农场收麦、耕种，干起活来像是老把式，让农村来的学员也打心底佩服。而在激烈开展的政治运动中，在那些冲锋陷阵的积极分子里却没有排长的身影。倒是在我们学员宿舍的前一排平房里，可以经常看到一间教工宿舍长夜不熄的灯光。我知道，那是排长在读《鲁迅全集》。作为学生干部，我曾多次去过那里，谈工作，谈政治，谈学习。几乎每次去，都看到书桌上翻开的《鲁迅全集》。排长说，学中文的，一定要学好鲁迅。[7]

翟德耀的回忆，向我们透露了朱先生担任"排长"（即班级辅导员）时的工作姿态与读书生活。那时，多数老师们已经住上了单间宿舍。

当年的学员陶兴民，2019 年在班级朋友圈里讲述了那时朱老师对他的帮助：

> 入校不久，中文系、外文系所在的南院要放露天电影，并请了当地的贫下中农代表共同观看。当天上午赵文秋指导员突然通知我写一篇晚上放映前的讲话稿。我当时就晕了，我平时就没写过这样的文章，况且时间十分紧迫。无奈之下我去请教朱老师。朱老师见我十分着急，先是安慰我、然后又拿出笔纸，一段一段给我列出提纲。一篇讲话稿我按时交了差。晚上当系领导按我的讲话稿讲完话掌声响起来的时候，我对朱老师的感激之情油然而生。

山师师生在聊城期间，多是集中一段时间上课，而后去学工、学农、学军。他们曾去毛主席批示过的阳谷县石门宋大队，在养猪场参与养猪（我曾见过田仲济先生当年在这里与学生的合影）；曾去博山陶瓷厂当学工，学习如何将那些泥巴制作成精美的陶瓷；他们还去位于黄河入海口的军马场，体验军营生活，学习军事知识。当然，他们在本地参加劳动的情况更多，每当麦收和秋收期间，都要去附近的农村劳动，并利用休息时间，“访贫问苦，接受贫下中农再教育”。

在这样的工作环境里，朱先生一直在抽时间刻苦读书。那个年代，要求各行各业都要读马列原著，其中《共产党宣言》《法兰西内战》《哥达纲领批判》《国家与革命》《反杜林论》《唯物主义与经验批判主义》这六本是必读书目。因为这些书比较难懂，许多人读不下去，而朱德发却读得津津有味。不只这六本，他还通读了《马克思恩格斯全集》和《列宁全集》，写下了大量笔记。此外，便是认真阅读《鲁迅全集》。他精读鲁迅，首先是帮助教学，选了好多鲁迅作品讲给学生。在阅读与教学中，他也更加全面地了解了鲁迅思想，深入领会了五四精神。

那时，朱德发是中文系的主力，讲授“现代文学专题课”。上课任务很重，有时候一天要讲七节课，上午四节，下午三节。除了讲鲁迅作品，还讲浩然作品，讲样板戏，讲当时在报刊上发表的一些小说。无论讲什么，他都认真准备，讲得深入浅出，妙趣横生。那时经常上“大课”，几个班在三楼的大教室里，许多同学都记得朱老师讲课时激情澎湃的样子。

因为推荐的工农兵学员不讲学历，学员文化程度参差不齐，理科各系专业性强，要拿出一段时间给学员补课，复习中学有关课程内容。中文系学员不怎么补课，但有的学员也是基础太差，缺乏文科基本常识，朱老师讲课时像对待小学生一样耐心细致。有时在课堂上提问，他们回答不出来，朱老师还是和颜悦色地让他们坐下，给他们讲出答案。

1972 年 3 月，驻院工宣队、军宣队和院党委研究决定，各专业恢复“系”的称号，不再称“连”“队”。这样，“朱排长”就变成辅导员，继续负责一个班的教学与各种活动。

1971 级女学员张凤珍，在微信朋友圈讲了她在学习期间的一件事情：

> 大概是七二年麦收期间，我们中文系师生到附近的古王村帮助麦收。记得当时是崔西璐老师和朱老师带队。当时天特别热，老师和同学们干得热火朝天，有割的、有捆的、有扛的，干劲十足。由于干得太猛，个个累得脸都涨红了。有的同学脸上汗渍斑斑。那年我是排里的文艺委员，当时学校下通知，学校要开庆七一晚会。各系要准备演出节目。休息期间，朱老师找到郭淑兰和我商量准备节目的事。朱老师说我们是中文系的，要发挥我们的优势，要自编自演。当时，朱老师让我写个初稿，完稿后交给他，他给修改。
>
> 成稿后我交给朱老师。第二天朱老师找到我说稿子的事。我跟着朱老师到了我班的男生宿舍，朱老师坐在一张双人床的下铺上，稿子放在叠得很整齐的被子上。我坐在旁边的凳子上。他一边看，一边勾画，一边讲布局调整的好处。我认真地看着，听着，问着。直到晚饭时间才修改完成。朱老师把稿交给我，让我誊写清楚后再交给他看。
>
> 朱老师把第二次修改后的稿子给了我，并交代了演出的问题。当时我看到朱老师很疲惫，两眼充满了血丝，眼皮还有点肿。我很受感动。朱老师白天上课，熬夜改稿子，他太累了。

我打开稿子一看，又增加了不少内容。有说、有唱、有舞蹈，语言朴实精练，好记好背。

这个节目是我和郭淑兰（还有谁记不清了）表演的，题目是《打麦场上迎七一》。记得里面的歌是《北京的金山上》。

节目演出后，受到了广大师生的好评。有的说《打麦场上迎七一》这个节目内容好，形式生动活泼，很受欢迎，很受教育。有群学生边走边说："不愧是中文系的。"听到师生们的赞扬，我们班的同学也很自豪。

朱先生在曲阜师院学习期间，就在寒假里帮家乡剧团排练节目。此时又发挥出他的文艺才能，为学生修改演出文稿，熬夜加班，不辞辛劳。

朱先生那时还经常带领学生去伙房帮厨。学校安排各系自办食堂，工农兵学员每月 14 元生活补助款，交上 12 元领饭菜票，剩下 2 元自己零花。中文系食堂，从济南带来几个炊事员，又从当地招了几个转业兵，一位老师担任主管，高更生老师和郑庆笃老师先后担任采购员与保管员，每天骑着三轮车去城郊的闸口市场去买菜。各个排的学生由老师带领，轮流到伙房择菜、打扫卫生。郑庆笃老师在接受采访时向我说，朱老师到了那里非常能干，能给学生做出表率，食堂工作人员都很喜欢他。

1972 年秋季，朱先生大病一场。1972 级学员、后来成为朱先生儿媳的于焕回忆说，那时她是班级现代文学课的课代表，开学后的一天，系里突然通知她，朱老师的课上不了了，改为别的课，她就在教室的小黑板上写了出来。同学们都觉得奇怪，因为朱老师从没缺过课，这次为什么上不了了？下课后才听说，朱老师病了，住进了聊城人民医院。许多同学去医院看望，发现朱老师果然躺在病房里，刚刚动了手术，系里派了年轻老师照顾他。同学们都很难过，朱老师却微笑着用胶东话说：没事儿。

但是，朱老师面对的事儿并不小。他得的病是阑尾炎，而且有肠粘连的问题。他刚开始觉得腹痛，没当回事，让一位懂针灸的同事扎针止痛，后来不行了，到医院就诊，医生说已经穿孔了。

他儿子朱志成告诉我，阑尾炎在他家有遗传，他爷爷因为阑尾炎死在了大连，他父亲在聊城得过，他年轻的时候也得过。

朱先生得病时是三十八岁，想到父亲三十六岁时因这病而死，肯定是忧心忡忡。据他的学生回忆，他们去医院看望时发现，朱老师手术后恢复得很慢。因为肚子疼痛，他偶尔下床走走，却不敢直腰，忍不住低声呻吟。

与朱老师关系密切的郑庆笃老师回忆说，那时他正在济南有事，回去后听说了，立即去医院看望。朱老师一见他就埋怨："老郑你也不来看我!"郑老师说："我有事来晚了，我来照顾你吧。"朱老师说："好，我就希望你陪陪我!"于是，郑老师就让值班的年轻老师回去，他留了下来。

因为长期与朱老师同住一屋，郑老师对他的胃口很熟悉。他回学校拿来一个煤油炉，在病房门口给他做饭吃。病房是平房，门前是走廊，台阶下面有一口用三块砖支起来的锅，别的病号家属用柴火在此做饭。郑老师做饭却用煤油炉，一度引起大家围观。

郑庆笃老师讲，朱老师的病房里，还住了一个农村老汉。儿子在部队当营长，过来伺候他，他一直叫儿子小名，还像对待孩子一样。这一天，郑老师从学校里拿来理发工具，要给朱老师理发，老头一看笑了："你是个剃头的。"朱老师急忙向他解释："他是我们学校的。"老汉进一步做出判断："嗯，是你们学校里的剃头的!"二位老师不再向他解释，只是偷笑。

有老同事陪伴，朱老师精神愉快，身体很快好了起来。一周后出院，由别的老师陪着去济南的医院复查，结论是炎症已经消失，但还要休息一段时间。朱先生就向系里请假，回到蓬莱老家。

朱老师在聊城住院时，给妻子张凤英写了一封信，讲了这事。但张凤英看后，没告诉老人和孩子，怕他们担心。等到朱德发回到家里，老人孩子才知道他得了病。老母亲受到严重惊吓，握着儿子的手流泪追问病好了没有，儿子反复向她讲："好了，没事了。"

朱志成说，父亲回家后，身体老是弓着，看样子还是有事儿。不过，奶奶、母亲尽力伺候，父亲终于彻底康复，身体也慢慢站直了。进入腊月，他又在大队干部的邀请下，为剧团编排节目。春节前夕，又在南屋里铺开摊子，给乡亲们写"门对子"。过完 1973 年的元宵节，他收拾行李，拿上一些海产品，又回聊城去了。

这时候的山师，已经面临许多新问题，出现了一些新变化。新的变化，一是军宣队在 2 月份撤出山师，回到部队；二是学制改变，原来的两届工农兵学员都是两年学制，1973 级除了体育和地理，其他系改为三年。面临的主要问题是，工农兵学员越来越多，聊城校园容纳不了。而在济南的校园，因为学校搬迁，土地成片成片地被转给别的单位。学校领导与教职工担心退路，加上在聊城工作、生活都不方便，搬回济南的呼声越来越高。4 月份，省“革委会”决定，山师数学、物理、化学、体育等 4 个系在济南办学，文科和生物、地理在聊城办学。

然而，走的愉快，留的并不安心。暑假之后，大批教职工喜滋滋搬回济南，聊城的山师校园没有了前两年的热闹，人心浮动，焦虑情绪在悄悄蔓延。领导觉得学校分作两处不好管理，老师觉得在聊城不是长久之计，一再向上反映，要求全部搬回济南。到了 1974 年 4 月，省“革委会”科教组终于对此事做出答复：“在聊城办分校是可以的，大学搬迁还不能说是全错了。省委已决定山师总校设在济南，户口、经费、文件给济南总校，聊城办分校。”

中文系与留守的另外几个系，是在这年秋天开学时搬回济南的。郑庆笃先生讲，他那时管后勤，负责找车。去南边的公路边站着，遇到回济南的空货车就拦下，让司机去学校拉东西。他带车回来，即使学生正在上课，也让大家马上动手，往车上装桌凳、装床、装行李，由一两个老师押车去济南。一车一车，东西终于搬光了，剩下的老师同学就去聊城长途汽车站坐车。没用几天，彻底搬完。山东大学搬到曲阜和泰安的一些专业，也于这一年搬回济南。

朱德发先生，回山师后又住进了五排房。但他没能再与郑庆笃同住。因为山师聊城分院成立，要有一部分教职工留下，郑庆笃就是一个。郑老师在这里又待了 4 年，山东大学著名学者萧涤非先生正做着一个项目，缺乏人手，让他去帮忙，他就去了山大。

山师聊城分院，1981 年经国务院批准改为聊城师范学院，2002 年经教育部批准更名为聊城大学。

第七章
情系五四

读完上一章，一些细心的读者会发现，我们的传主已经到了四十岁，进入山师已经整整十年。三十岁至四十岁，正是一个人做事业的黄金年龄，而我们看到的朱德发先生，除了在山师中文系成为教学骨干，担任班级辅导员，在事业上并没有多少成就。按照现在的评判标准，你身为大学教师，该有论文发表吧？但他一篇也没有。究其原因，乃时势使然：“运动”频繁，应接不暇，写文章的人动辄遭受批判，谁敢随便动笔？再者，那时的大学教师群体，都把教学放在首位，做学术研究的意识并不强烈。因此，朱先生和许多同行一样，一天天一年年，让时光悄悄溜走。

就在这时，朱先生大概意识到自己已入不惑之年，意识到岁月蹉跎之可怕，开始投身学术研究，让人生开启了一个新的阶段。他在七十岁那年写的《现代中国文学研究三十余载有感》[8]一文中讲，他的学术生涯从1974年开始。

我查中国知网，发现署有朱德发这个名字的第一篇作品是《西沙自卫反击战的壮丽颂歌——读张永枚同志的诗报告〈西沙之战〉》，发在1974年第2期《文史哲》，作者李衍柱、夏之放、朱德发，是当时山师中文系的三位骨干教师。他们大约是被中国海军于1974年1月打响的西沙海战所激动，又读到军队诗人张永枚的长篇诗报告《西沙之战》（原载《光明日报》，1974年3月15日），一起写了这么一篇评论。可能因为自己是此文的第三作者，朱先生从未向人讲过。

他讲的学术生涯之开始，是指他参加了全国十二院校《中国现代文艺思想斗争史》的讨论和编写。这是一本供高校使用的内部教材，1975年在四川南充报社印刷厂出版。此书有一篇“说明”，其中一段话讲了编书目的：“阐述自一九一九年五四新文化运动至一九七四年底批林批孔运动深入开展的这段时间内，文艺战线上两个阶级、两种思想、两条路线斗争的历史，反映毛主席的革命路线在同形形色色的反动文艺思想和修正主义文艺路线斗争中的胜利……为当前的阶级斗争、路线斗争服务，为巩固无产阶级专政服务。”那时，山师中文系刚从聊城搬回，朱德发先生与冯光廉先生被选去参加了这个非同寻常的写作集体。他们一边给学生上课，一边去图书馆查阅资料。

山东师范大学图书馆建于1950年，收藏的民国时期书刊特别丰富。1952年中国高校院系调整时，接受了原齐鲁大学调拨的中文、外文图书近二十万册。藏书丰富还与田仲济先生有关。当时他任学院副院长，十分注重资料建设，经常敦促图书馆购买民国时期的书刊。1975年，田先生获悉南京已故著名现代文学藏书家瞿光熙的家属拟出售藏书，唯恐这批资料零落散失，不顾个人当时的艰难处境，冲破种种阻力，想方设法让一大批珍贵书籍和报刊从南方私人书库运抵山师图书馆。当时主持工作的工宣队长，见书单中有胡适、周作人、胡风等人的著作，大为恼火，说这些人写的书，除了毒害青年就是毒害青年，根本无收藏价值，意思是退回去。田先生于无奈之中，只好把队长圈出

朱德发先生在阅读

的图书暗中让山师聊城分院买下，从而保存了这批孤本资料。[9]由于多年的积极收集，山师图书馆所藏民国书刊之丰富，在全国学界很有名，经常有许多外地高校的学者到这里查资料，一来就住好长时间。

这些资料，朱先生来山师后借阅过一些，这一次为了编写《中国现代文艺思想斗争史》，他再次深入查阅、研究。翻开那些泛黄变旧的出版物，历史的尘烟扑面而来。书中所记载的史实、观点都令他惊叹和深思。然而，编写《中国现代文艺思想斗争史》在当时是个政治任务，主旨已经明确，调子已经定好，容不得他过多发挥。加之参与编写的人员众多，他只是承担其中的一小部分，遂勉强完成，匆匆交稿。

这时，刚成立不久的山师聊城分院中文系决定自编教材，一本是《鲁迅作品教学初探》，一本是《鲁迅作品讲解》，邀请朱德发参与，他就答应了，又去查阅有关五四与鲁迅的资料，付出了大量时间与心血。我从孔夫子旧书网上查到，《鲁迅作品教学初探》，天津人民出版社 1979 年 4 月出版，署名为“山东师院聊城分院中文系”；《鲁迅作品讲解》，山东人民出版社 1979 年 8 月出版，署名为“山东师范学院山师聊城分院《鲁迅作品讲解》编写组”。

几本书完成，朱先生对五四的探究并没有停止。他觉得那一段历史风诡云谲，迷雾重重，很值得深入研究。于是，他有空就去图书馆，继续在故纸堆里用功。

这期间，朱先生还参加了《鲁迅全集》的注释。人民文学出版社决定出《鲁迅全集》新版，以知识分子与工农兵相结合的方式，在全国组织了大量人员参与注释，其中有山师的冯光廉、韩之友、朱德发。因为《鲁迅全集》里面许多内容牵扯到茅盾，朱德发就去北京访问这位在中国现当代文学史上十分重要的人物。朱先生向人讲，他去采访时，茅盾夫人已经去世，一个小孙女和他在一块儿。他采访中发现，茅盾先生在那个时候讲话的思路已经不是很衔接了，讲一会儿就停一下。这套《鲁迅全集》，1981 年由人民文学出版社出版。

当时，朱先生并不能正常从事教学与学术研究。因为“文革”还没结束，学校要求坚决破除“三中心”（即破除以课堂、书本、教师为中心），破除“三脱离”，走“7·21”道路，下乡、下厂，学军、学工、学农，各系师生经常要去参加社会实践。1975年11月，山师制订了开展为“农业学大寨”做贡献的活动意见，要求适当调整教育计划，利用多种形式参与“农业学大寨”运动。这年年底，学院派一些教师参加“学大寨”工作队，去一些地方长驻。朱德发就被派到高唐县，与来自省直机关的一些干部去琉寺公社的一个村庄，住了整整一年。因为他工作出色，1976年7月1日被吸纳为中国共产党党员。有意思的是，这一年他儿子朱志成在中国海洋大学上学，与父亲同年入党。

朱德发年底回到山师，学校给他分配了住房。他搬离“五排房”集体宿舍，住进了教职工第二宿舍8号楼。这是一座家属楼，朱先生却是一个“单身汉”。他住在二单元的最底层，进门是卧室，北头是小小的厨房和卫生间，面积总共有20多平方米。

1977年10月12日，国务院正式宣布恢复高考，让全国知识青年欢欣鼓舞，让各高等院校教职工看到了一个新时代的来临。许多有抱负的学者摩拳擦掌，决心在这个时代有所作为，为教育的春天奉献智慧。朱德发准备，在前几年已经有所涉猎的基础上，进一步研究五四，给学生开设“五四文学研究”的选修课。也正在这时，山东的两位在中国现代文学研究领域的领军人物筹划了一件大事，与朱德发的个人研究正好结合在一起，给他带来了机遇。

这两位领军人物，一位是田仲济，一位是孙昌熙。田先生，时任山东师范学院“革委会”副主任（相当于副院长），分管教学，他的经历与学术成就前文已经有所介绍。孙先生，山东安丘人，1914年生，1936年考入北京大学中文系，

朱德发（左一）与友人

1941年毕业于西南联大中文系，留校做朱自清先生的助教，后来在华中大学中文系当过讲师，1946年秋赴山东大学中文系任教。1957年他与华岗、刘泮溪、韩长经在作家出版社出版的《鲁迅研究》一书，为新中国第一部系统地研究鲁迅的专著，在国内外产生重要影响，后来他担任山东鲁迅研究会会长。二位老先生决定，主编全新的《中国现代文学史》，供恢复高考后的高校中文系使用。除了原来的几位作者，又选了几位。出版时署名的执笔者有山东大学的王长水、史若平、李庶长、孙保林，山东师范学院的冯光廉、蒋心焕、朱德发，曲阜师范学院的魏绍馨、朱光灿、韩丽梅，山师聊城分院的韩立群、孙慎之。

朱德发的任务是撰写第一章《五四文学革命》和第六章《第二次国内革命战争时期的文学（下）》。他庆幸有这份机遇，也珍惜这份机遇，再一次全身心地投入到资料研究之中。尤其是有关五四的资料，更是仔细搜集，任何一个线索都不放过，所有的边边角角都巡察一番。他广泛地阅读了“五四文学革命”的有关史料、重要报刊，阅读了主要的作家作品。《新青年》杂志，1915年9月15日创刊至1926年7月终刊，共出9卷54号，能全部将其读完的人并不多，朱先生是全部读了的。另外还读了《每周评论》《少年中国》等报刊，以及五四文学革命几位主将的大量著作。

在这个过程中，他深刻体会到了治学的乐趣，感受到了逆时光行走、步入历史深处的那份享受——那个时期，是“三千年未有之大变局”呀！清廷倒台，民国建立，军阀割据，袁氏复辟……一批受过西方教育的知识分子忧心如焚，探究中国之痼疾，讨论民族之出路。他们创办《新青年》杂志，启蒙，引领，让国人认识“德先生”与“赛先生”（民主与科学）。新文化运动蓬勃兴起，文学革命如火如荼。一战结束，北洋政府在“巴黎和会”上的外交失败，直接引发了声势浩大、影响深远的“五四运动”。这场运动，开创了中国文学的新时代，文艺社团大量建立，文学刊物纷纷创刊，文化界群星璀璨，百家争鸣。

朱先生一本本翻阅，一篇篇阅读，另外还读了大量政治经典文本对五四新文化运动和文学革命的权威论述。阅读中，一直用笔记本和卡片做着记录，在他的宿舍里，光是卡片就存了几大箱子。朱先生夜以继日，废寝忘食，简直是与资料“死磕”了。通过反复比较、深入思考，他惊奇地发现五四文学革命的历史真面目，和以往文学史的叙述和政治的经典判断相差甚远，让他困惑的地方有许许多多。比如说，文学革命的指导思想，究竟是以科学和民主为标志的民主主义，还是马克思主义？鲁迅和茅盾的新文学观到底属于什么思想性质？《狂人日记》的主导思想倾向是人道主义，还是无产阶级的阶级论？

然而，《中国现代文学史》的编写任务十分紧迫，他只好暂停追究，埋头撰稿。他编写的部分有许多创新之处，如恢复了胡适《尝试集》的文学史地位等等，但对文学革命的指导思想等问题，只能回避。他将自己负责的部分写完，交给了主编。

1978 年 3 月，国务院批准恢复高校教师职称。12 月，朱德发被学校聘为讲师。1979 年，他开始给恢复高考以后招收的本科生上课。

1979 年 8 月，田仲济和孙昌熙共同主编的《中国现代文学史》由山东人民出版社出版，俗称“田、孙本”。这是“文革”后国内最早出版的现代文学史教材之一。杨洪承、曹然在编写《田仲济年谱》时提到这件事，做如此评价：提出“解放思想、实事求是，恢复历史本来面目”的编写原则，认真总结了新中国成立以来在文学史研究中存在的“左”的和形而上学的倾向，对现代文学研究中长期未能解决的一些问题，进行了实事求是的探讨，澄清了一些模糊认识，纠正了某些不适当的提法，特别是提倡区分新民主主义文学和社会主义文学，首先恢复了胡适《尝试集》在文学史中的地位，纠正了郭沫若研究中的一些错误。[10]还有人认为，“田、孙本”是新时期文学史写作拨乱反正、恢复重建的表率。此著立足于原著，实事求是地面对史实；重新反省文学史性质，还原文学史本身，让文学史从政治斗争史、作家史中脱离；重新评价作家作品，还原作家作品原貌。[11]这部书的顺利完成，朱德发在其中发挥了很大作用。

但这部书很快又进行了修订。朱德发在回忆田仲济先生的文章中讲：“这部文学史问世后，‘由于我们尽可能地消除了一些“左”的影响，力求实事求是，曾引起有心人或者说同道者的青睐’，连香港、日本的学者也发表了评论文章，并指出我们的‘思想不够解放’，‘像一个刚刚去掉桎梏的人那样，还不习惯于迈开脚步走路’。于是从 1981 年开始，田、孙二老又组织我们重新修订《中国现代文学史》，并责成我担当全书通稿工作。这样一来我与田先生的接触越来越多，聆听的教诲也越来越多，他反复叮嘱我通稿务必坚持：（共六条，略——赵德发注）遵循上述示意，我‘通’一章田先生审一章，一丝不苟，严格把关，使我切实地领略了田先生严谨求实的治学精神，内心不禁升起敬佩之情。”[12]

其实，在完成《中国现代文学史》第一版的书稿之后，在出版后再次修订之前，朱先生已经开始了一次独立的学术征程。

那时，改革开放的春风越刮越猛，唤起了朱先生沉积已久的治学热情，让他迸发出了巨大的创造力。他觉得，作为一名学人，必须将科研中面临的疑难问题搞个清楚。他秉承实事求是精神，重返五四历史现场，认真梳理资料，整理思绪，让心中的疑团进一步发酵。尤其是当时那场关于真理标准问题的大讨论轰轰烈烈开展，思想解放的洪流在全国汹涌澎湃，进一步加快了朱德发的思想发酵过程。终于，海量资料蕴含的本质性的东西结晶、升华，让他有了重大收获！

于是，他一篇篇撰写论文，准备向外界公布他的思想成果。这时翟德耀已经毕业，留校任山师学报编辑，与他在第二宿舍 8 号楼比邻而居。据翟德耀回忆，那时朱老师为了全力以赴写作，有时候请人把他反锁在家，以谢绝来访者。他的书桌上，是一支蘸水笔，一瓶墨水，一本方格纸，加上一摞摞抄录的卡片，用起来得心应手。

朱先生曾向人讲，他为了节省去食堂打饭的时间，自己发明了做粥的方法：头天晚上打来一壶开水，将一些米放进去，焖上一夜变熟，第二天早晨倒出来吃。这样的“暖瓶焖米”，肯定不如食堂里“熬”出来的好吃。但为了节省时间，他就这么将就着，委屈着。

简单的饮食，丰沛的思想，构成了朱先生的两个极端。敏锐的问题意识，大胆的探索精神，让他深稽博考，刮摩淬励；对五四文学全方位的考察，深思熟虑之后形成的观点，让他如鲠在喉，不吐不快。他的学术研究，此时进入了一个让他的学术生命焕发异彩的喷发期。

写到这里，我想起多年前参加山东省当代文学院举办的昌乐笔会时，游览了1800万年前留下的火山口之后写下的两句话：“蓄势而发，哪座火山都曾干过；炼出宝石，只有灵山方能为之——在昌乐听火山谈创作”。而朱德发先生的论文写作，也与昌乐火山当年的喷发相似：蓄势已久，訇然喷发，并且因为思想的深邃与方法的独特，炼出一批晶莹的宝石，璀璨面世。

他首先瞄准胡适的代表作《尝试集》做深入研究，有了许多基于文本的新颖见解。但他发现，当时的主流意识形态对它都持批判态度。他想，这是胡闹啊！这是中国新诗的第一本诗集啊，里面有很多内容很健康、很积极啊，怎么都给它批判了呢？于是，他就在1978年写了一篇长文《论胡适早期的白话诗主张与创作》，发表在1979年第5期《山东师院学报》上。这是朱德发第一篇根据他个人的感受与思考，勇敢地发出内在声音的学术论文。

这一段时间里，他先后写出多篇万字以上的学术论文，如《茅盾五四时期新文学观试评》《评五四时期胡适的白话文学主张》《论五四时期周作人的文学主张》《冰心早期“问题小说”思想意义新探》等等。当时中国社科院文学所办了三个大刊《文学评论》《文学评论丛刊》《鲁迅研究》，中国现代文学研究会和中国作协主办了《中国现代文学研究丛刊》，朱德发给这些国家级刊物投去，四年内有八篇发表。要知道，当时思想解放的洪流席卷全国，知识分子群体竞相发声，那些重要刊物的编辑部，收到的稿件都是堆积如山。而朱德发这位原来籍籍无名的学者，文章竟然被接连采用，让学界刮目相看，纷纷打听这人是哪里的。得知是山东师范学院的一位讲师，他们更加惊讶：一个非国家重点大学的讲师，竟然写出这样高水准的论文？

朱先生曾说：五四文学是我初入学术之门的地方，那一批在重要刊物上发表的万字文章可以说奠定了我这一生献身学术事业的信心和决心。通过对五四文学的生命体验与理性感悟，我的文化人格里注入了人文精神与科学精神，增强了“诚”与“爱”的人性内涵，提升了真善美和谐统一的审美境界，激起了学术生命的爆发力。这些经历和生命体验也可以说在我的学术生命中凝成根深蒂固、挥之不去的“五四情结”。[13]

这期间，先生又遭遇了一次人生至痛：母亲病逝。老人家辛辛苦苦，帮儿媳张凤英看大了两个孩子，80 岁之后身体越来越差，终于在刚满 83 岁时，也就是 1979 年的初春，病情加重，卧床不起。张凤英见情况不好，让女儿去给她爸她姑发了电报。兄妹俩接到电报，日夜兼程回家，在老母病榻前守了两天两夜，眼看着她咽下最后一口气，而后将老人遗体送去火化，将其骨灰与父亲合葬。跪在坟前，兄妹俩想起父亲早逝后母亲的坚守与凄苦，悲痛万分。对张凤英几十年来对这个家庭的辛苦付出，他们也满怀感激。

此时，朱先生的两个孩子都已成家立业。女儿朱筱芳高中毕业后在本村当了多年民办教师，嫁给了姑姑给她介绍的一位军人。那位军人叫叶展，也在山西的国防科委试验基地工作。儿子朱志成高中毕业后在村里劳动两年，1974 年被推荐为工农兵学员，到海洋大学海洋水声物理专业学习，毕业后分配到中国科学院武汉物理研究所工作。

朱先生从老家回来，按照当时的优待知识分子政策，向组织提出申请，请求将他的妻子转为城镇户口，1980 年初得到批准。这年 8 月，张凤英正式搬到济南居住，当时她已 52 岁。

先生一边安排家事，一边继续着他的学术研究。他的“五四情结”，并没因为先前几篇论文的发表而释怀，此时他酝酿着一篇更为重要的论文，悄悄打响了一场学术攻坚战：完成自己对五四文学核心问题的思考，阐明五四文学的指导思想究竟是什么。

40 年之后，我在拜读这篇论文的时候，能够想象朱先生进入写作状态时的样子：端坐桌前，回溯百年，心潮澎湃，奋笔疾书：

> 五四文学革命，在中国文学演进的过程中，是一场继往开来的具有划时代意义的伟大革命。对于这场新文学运动的指导思想，数十年来众说不一，为中国现代文学史的教学或研究带来一些不容回避的、必须以正确的观点和可靠的史实予以回答的问题。

与一般学术论文先摆证据再推结论的写法不同，他在阐明了自己对这个问题研究的指导思想与方式方法之后，直接亮出了自己的观点：

五四文学革命的指导思想呈现出一种比较复杂的形态，它是各种“新思潮”的混合体，但在构成这一复杂形态的带着各自不同色彩的新思潮的诸方面中，民主主义与之相联系的人道主义思想是主要方面，因之也占有主导地位；

十月革命对发展中的五四文学革命的确发生过影响，社会主义思想因素不论在文学革命主张或新文学创作中都存在着一定的“量”，尽管它在五四时期并未对新文学起到实际上的主导作用，但五四以后随着民主主义革命的深入发展、中国共产党的成立、马克思主义和中国革命的具体情况日益结合，无产阶级思想才真正成为中国新民主主义文学的主导思想，并且强有力地指引着由五四时期开创的新文学沿着社会主义方向发展。

而后，文章以四个章节大量罗列证据。其中第一节，他引用五四文学的代表性人物的言论，李大钊的，陈独秀的，茅盾的，瞿秋白的，周作人的，郑振铎的，来探讨五四文学革命产生的特定国际历史背景及主要思潮，作为判定其指导思想性质的依据。第二节，重点剖析《新青年》这份刊物。当时作为思想解放运动和文学革命倡导并发动的主要阵地，它表现出的思想倾向。其中重点讲了五四文学革命的旗手之一、中国共产党的缔造者李大钊在该刊发表的一些重要作品，分析了文章中的观点与立场。第三节，从当时的文学创作具体情况分析，看五四文学革命的指导思想。第四节，对学界为鲁迅《狂人日记》和李大钊《什么是新文学》这两篇作品所做的不切实际的评论给予反驳。最后在结语中，朱先生说：

我认为中国新文学运动的指导思想在根本性质上发生变化，也经过一个由量变到质变的过程，并非新文学运动一开始就是无产阶级思

> 想作指导。从一九一七年提倡文学革命直到党成立前夕，在总的指导思想上是比较复杂的，特别十月革命后，马列主义开始传播，不能不给新文学带来新的思想影响，但在总的指导思想里占主要地位的始终是民主主义和人道主义，新的思想因素在五四文学革命发展过程中只有量的增加，处于次要地位，并不能引起“指导思想”发生根本性质的转变，起主导思想作用的是“德莫克拉西”；随着中国共产党的成立和新文化运动的深入，马列主义普遍真理逐步同中国革命的具体实践相结合，共产主义思想文化大军的日益壮大，因而新文学运动的指导思想亦随之发生着质的变化，即通过无产阶级文化思想和资产阶级文化思想的又联合又斗争，前者逐步居于主要地位，后者逐步退居次要地位，最终掀起一场由一九二八年“革命文学论争”为爆发点的无产阶级文学运动，随之“中国左翼作家联盟”成立，标志着新文学由“文学革命”发展到“革命文学”的崭新阶段，中国新民主主义文学运动在无产阶级思想引导下，继承并发扬着五四文学革命的战斗传统，坚定不移地朝着社会主义方向迈进。[14]

这篇论文题目为《试探五四文学革命的指导思想》，三万多字（此文题目后来改为《五四文学革命指导思想商兑》，在 1983 年《文学评论丛刊》第 17 期发表）。文章观点新颖，证据充分，论证严谨，逻辑力量十分强大。完成后，朱先生将它作为主打篇目，与当时已经发表的 7 篇论文编成一部书稿，以《五四文学初探》为书名，交给山东人民出版社。

该社领导与责编慧眼识珠，于 1982 年 7 月出版了这部专著。时任山东人民出版社文艺部主任的赵耀堂先生在《内容说明》里讲：“本书所论述的大都是‘五四’文学革命有争议的，或被湮没的历史问题。它基本上能以历史唯物主义和辩证唯物主义为指导，坚持实事求是的科学态度，从丰富的史料出发，对一些问题作出了深入的探讨。既不是简单地套上一些公式和原理去分析复杂的文学现象，又不是无视作家在文学史上的实际贡献而去裁判他在文学史上的地位，而是从大量的事实中形成观点，得出比较切合历史本来面目的结论。不论对‘五四’文学革命的指导思想，或者对某些倡导者的文学理论主张以及在当时产生过重要影响的作品，都作了比较具体深刻的分析和符合实际的评价，并对某些有分歧的重大问题，提出了有根有据的独到见解。”

魏建教授至今记得，1981 年暑假，朱德发老师在山东省纪念鲁迅一百周年诞辰研讨会上的特立独行。那次会议在青岛召开，主持人规定，每人发言不超过 15 分钟，只有田仲济、孙昌熙、薛绥之三位现代文学研究权威不限时间。一般学者都很珍惜这 15 分钟，将自己的发言内容高度浓缩，并加快语速。然而轮到朱德发，他却说：我的论文已经提交，不再读了，我对前面的发言谈点意见。我认为，前面好多发言不够实事求是，还是陈陈相因，没有新意，下午的会议如果再这样，我就溜号了。魏建接受我的采访时说，朱老师当时这么一讲，语惊四座。虽然看上去有点傲气，但他是因为对五四文学有了深入研究，有了学术底气，才有这个骨气的。魏建当时还是泰安师专的青年教师，在会上第一次见识朱老师，从此对朱老师深深尊敬，钦佩他的学问与风骨。

《五四文学初探》出版后，朱老师将其送给孙昌熙先生讨教，魏建当时正在山大跟着孙先生进修。孙先生眼力不好，由魏建读给他听。师徒二人决定，合写一篇评论，由魏建执笔。魏建就去对朱老师采访了一番，他的简陋住处，给他留下了深刻印象。署名孙昌熙、魏建的论文《现代文学研究的新收获》，发表在《山东师范大学学报》1983 年第 3 期。文中这样评价：“山东人民出版社出版的《五四文学初探》是一部具有较高水平的学术著作。它们分别探讨了‘五四’文学革命的指导思想，几个代表人物的文学主张和一些在当时产生过重大影响的文学作品。其要旨在于解决‘五四’文学研究中的一些重点和疑点问题。该书的主要价值，正在于它对这些重点和疑点的突破。”

有的学者这样评价朱德发：在改革开放之初，学术界百废待兴，观念僵化现象十分普遍，而朱德发却以异乎寻常的使命感与责任感，勇闯学术禁区，匡正和澄清了五四文学研究中一系列重大的原则问题，可谓掷地有声。他的学术成果，不但在一定程度上决定着对“五四文学”在中外文学史上的历史意义和美学价值做出怎样的评价，而且直接影响到对“五四文学”乃至整个现代时期的思潮流派与作家作品做出怎样的评判，《五四文学初探》的价值与意义，已超越了现代文学史领域，而成为整个思想启蒙的有机组成部分。

朱先生还将他和阿岩、翟德耀二位学者研究茅盾的一批论文，结集为《茅盾前期文学思想散论》，交付山东人民出版社，于 1983 年 8 月出版。这可看作是对五四文学研究的补充与深化，也是第一部较为系统地研究茅盾前期文学思想的专著。山东大学教授张学军曾撰文评价：它“从各个不同的侧面对茅盾前期文学思想作了深入的探讨，如茅盾‘五四’时期的新文学观、‘五卅’前后的无产阶级文学观、前期的新小说观、茅盾与白话运动等，探讨了鲜为人论及的课题，拓宽了研究领域。”“《散论》的作者具有比较开阔的研究视野，能站在历史的高度考察文学现象，并注意把宏观和微观结合起来分析。他们没有把茅盾前期文学思想做孤立的封闭式的研究，而是把它放在中国文学发展过程中和世界文学潮流中审视、评析、归纳、综合，从多维的社会空间进行全面考察，既注意到研究对象的时代规定性，又看到它的历史继承性、延续性”[15]。

那一年的春天，现代文学研究领域刮起了“朱德发旋风”，让人瞩目。

朱德发先生的“五四情结”，并没有因为《五四文学初探》的出版而消退，而是继续保持着高度热忱。在解决了关键性的问题之后，他决心将这一段历史的本来面貌梳理清楚。他继续查阅资料，深入思考，撰写了一部《中国五四文学史》，1986 年 11 月由山东文艺出版社出版。有的学者撰文道：“现代文学研究是一个相当拥挤的学科，同行们见面时，常常感叹和抱怨‘出书难’‘发表文章难’，然而对于辛勤的耕耘者却是个例外。朱德发同志在短短的几年里，继《五四文学初探》和《茅盾前期文学思想散论》（与人合作）之后，又推出了大部头的《中国五四文学史》，让人刮目相待。这使人联想到学术研究与运动场上的竞技有相似的一面。一位优秀的运动员总是严格地要求自己，勤奋地锻炼，不断地破纪录。而朱德发的《中国五四文学史》从某种意义上说来，也是一部破纪录的论著。”[16]

这本专门研究五四文学的著作，观念新颖，资料翔实，是国内第一部五四文学断代史，其开拓意义、创新精神让学界所称道。时为湖南师范大学青年学者的谭桂林评价此书：“运用历时性与共时性双向建构的考察方式，探讨了五四新文学的来龙去脉与演变范型。其书宏观审视气势博大，微观考查刻度精细，初步显示出了朱先生的文学史思维方式的特点与文学史总体把握的突出能力。”南京大学青年学者张光芒认为：“这部近 50 万言的著作作为第一部也是迄今唯一一部重要的‘五四’文学断代史，以追索‘人的文学’观念的来龙去脉为核心，上承 1917 年之前的近代文学，下启 20 世纪 20 年代中期的文学‘转向’，纵横捭阖，气势雄健，为新时期现代文学史观的完型提供了坚实的实践基础。其中尤富学术史意义的是著者将研究对象视为一种灵魂的存在形式，‘一种能激活的生命体’，它凝结着历史主客体的合规律性与合目的性的双重内涵。因此在这里，文学史写作实际上成为史家主体与对象主体的对话，成为当代学者的学术灵魂与历史上的审美灵魂圆融无间的沟通。后来在总结自己的文学叙述实践的经验时，朱先生特意将这种既入乎其中又出乎其外的‘史识’称为具有统摄功能的现代文学史之‘史魂’。马克思曾极精彩地说过这样的话：历史什么事情也没有做，创造这一切，拥有这一切并为这一切而斗争的，不是‘历史’，而正是人，现实的、活生生的人。因此，‘历史不过是追求着自己目的的人的活动而已’。朱先生孜孜求索的‘史魂’不正是这种‘人’的活动吗？应该说这既源于从‘五四’先驱、从历史深处汲取价值资源的思想动因，也源于他在日益复杂的现代环境与文化格局中不断投射新思、新想、新困惑的需要。”[17]

2020 年 3 月 6 日，正在英国做访问学者的中国海洋大学教授温奉桥突然给我发微信说：“在剑桥大学图书馆发现恩师代表作，感慨不已。”接着发来两张《中国五四文学史》在剑桥大学图书馆书架上的照片。看来，此书早已传播到海外了。

这缕“史魂”，一直在现代文学研究领域徘徊游荡，时时有新发现，经常获得新成果。1990 年代初期，他又撰写一部《五四文学新论》，1995 年 9 月由山东文艺出版社出版。此书分为上篇《思潮论》，中篇《作家论》，下篇《创作论》，从文化意识、生命意识层面探索“五四”文学精神，并将

“五四”文学现代学术的建立、城市意识的觉醒、中西文化渊源等联系起来全面考察。

曾在山师大长期任教的海南师范大学教授房福贤先生，讲过朱先生一段轶事：“他对五四文学研究之专、之深、之精，可以用一个流传的笑话来说明。据说有一次，朱德发老师给学生上现代文学课，讲五四运动与五四文学，下课后，朱老师进了洗手间，一会儿同学们蜂拥而至，一边放松，一边说笑。其中一个同学忽然提出一个问题：五四新文化运动是谁领导的?有人说胡适，有人说陈独秀，有人说李大钊，有人说鲁迅。争来争去，没有结果，最后那个同学才一本正经地说：告诉你们吧，是朱德发。大家听后一愣，然后突然一阵大笑，连旁边的朱德发老师也笑了。不知这个故事是不是真的，但确实说明了一个事实，那就是朱德发教授学问做得确实扎实细致，他已经把五四运动与五四文学完全融化到他的研究中了。”[18]

至此，朱德发已经成为五四文学研究和中国现代文学研究名家，在全国学界有很大影响。有学者认为：“作为新时期中国五四文学研究的先觉者和引领者，朱先生在中国‘五四学’的创建中，起到了承上启下的作用。朱先生的名字与胡适、周作人、茅盾、赵家璧、李何林、田仲济、王瑶、严家炎、许志英、王富仁等，共同构成了近百年五四文学研究史。”[19]

《周易》有言：“君子豹变。”是说君子的长成像豹子一样，刚出生时弱小而丑陋，但是经过自己的修炼与求索，最终像成年的豹子一样，矫健且美丽，成为一个有品质的人。在这里，我想用另一种比喻：“鲸变”。朱德发先生从小学文化程度起步，一直自强不息。学海浩渺，众生攘攘，他起初只是一条普通的小鱼，但他胸怀大志，不停地摄取养分，向着更高境界进发，让自己迅速成长、壮大，终于成为一条游行无畏、体态优雅的庞然大物——学海之鲸。

朱德发先生不仅是五四文学的研究者，也是五四精神的践行者。青春气息、创新激情、独立精神，是先生从五四精神中获取的三样法宝，他一生都在护持，在坚守。五四精神成了他的人格境界，他到老都像一个五四时期的“新青年”，都是一位高举火炬的“五四赤子”，追求真理，勇往直前。

第八章
著作等身

我在 1979 年秋天萌生当作家的念头，从此开始业余创作。然而，写出的稿子投出去，多是“完璧归赵”——被编辑部退了回来。痛定思痛，我明白自己基础太差，必须把文化课扎扎实实补上。1982 年春天山东广播电视大学招生，学生可以在业余时间学习，我毫不犹豫地报考了中文专业。被录取后，我边工作边学习，用三年时间完成了学业。

中央广播电视大学开设的课程，可以用收音机收听。“中国现代文学史”由黄修己先生主讲，他的《中国现代文学简史》一书（中国青年出版社 1984 年 6 月出版）便成为我们的教材。天蓝色的封面上群星闪烁，完美地图解了书中内容。山东电大，还为这门课配发了辅导教材，是冯光廉、朱德发主编的《中国现代当代文学二百题》（山东文艺出版社 1984 年 8 月出版）。封面上画着两棵乍出土的幼苗，一棵刚刚长叶，一棵含苞欲放，寓意我们这些自学的年轻人正沐浴着知识茁壮成长。

这本书的前言，第一句话就是：“本书是受山东文艺出版社委托，为适应社会上自学中国现代、当代文学史的急需而编写的。”我们那一届电大学员，要通过参加高等教育自学考试获得毕业证书，所以也属于此书“适应”范围。我至今记得这本辅导教材对我的帮助：它将现代文学史的主要内容变成了一道道问答题，易懂易记。我将书中许多题目的答案背下来，在考试中拿到了高分，也提高了文学素养，获得了我在追梦路上的一份加持之力。在写这本朱德发传记时，我将《中国现代当代文学二百题》找出来，端详封面，翻阅内文，对在《前言》之前署名的编撰者满怀敬意。他们是（以姓氏笔画为序）：冯光廉、朱德发、刘增人、吴开晋、崔西璐、蒋心焕、韩立群、韩之友、魏绍馨。

我采访冯光廉先生的时候才知道，这本书出版的背后有故事。本来，这个团队应山东教育出版社的邀约，正编一本《中国现代文学史题解》，为自学这门课的人提供辅导材料，山东文艺出版社编辑侯书良听说了这事，让他们在这本书的基础上再扩充，加上当代文学，而且要赶在教育社出版之前上市。这样就有了我用的那本辅导材料。侯先生果然有眼光，这本书8月出版，发行量达到8万。《中国现代文学史题解》9月份在山东教育出版社出版，发行量为5万。

在这两本书之前，还有一本书，是山东教育出版社1984年5月出版的《中国现代文学史教程》，编著者是（以姓氏笔画为序）：冯光廉、朱德发、查国华、姚健、韩之友、蒋心焕。就是说，这本书是山东师范大学中文系现代文学史教研室集体编写的。另外，书上还标了四位审稿者：邵伯周、林志浩、徐遒翔、薛绥之。此时薛绥之已经调到山东大学，另外三位分别是上海师范学院、中国人民大学、中国社会科学院在中国现代文学研究领域的著名学者。

冯光廉先生讲，田仲济、孙昌熙二位老先生主编的《中国现代文学史》问世后，山大在用，山师大在用，全国一些高校也在用。但在教学过程中，他们发现了一些问题，主要是文学史的分期太碎，同一个作家被切成几块，分散在各个章节，学生反映不好掌握，尤其是让那些参加自学考试的学生感到麻烦，他们就决定重新编写。经过反复讨论，借鉴《史记》拟定纲目，将《教程》分成这样几大块：一块是文学运动，一块是文学论争，一块是创作概述，一块是作家论。他们还整理出 7 万字的中国现代文学年表，附在最后，这在全国同类教材中是头一份。《中国现代文学史教程》内容丰富，计 70 多万字，分成上下两册出版，老师用起来得心应手，教学效果也大大改善。

《中国现代文学史教程》《中国现代当代文学二百题》《中国现代文学史题解》这三部学术著作，还被韩国学术界发现，翻译成韩文出版。因为中韩两国那时没有建立外交关系，所以他们没收到样书与稿酬。

看得出，在 20 世纪 80 年代初，山师中文系现代文学教研室团队除了教学，在著述方面也是成果累累。冯光廉先生向我讲，朱德发在这个时期发挥了重要作用。朱是快手，写稿子一遍成，基本不用改。他们二人除了各自编写相关章节，还为全书统稿，合作得非常愉快。领到稿费，由朱德发负责分发。他按各人完成字数，该发多少就是多少，十分公正。

我 2019 年春天去山师大千佛山校区第一宿舍区的朱府采访，在桌子上看见了一个算盘。棕黑，老旧，有些珠子已磨掉了漆，露出木头本色。朱筱芳说，这是她爸爸分稿费用的，一直用到老。他主编的那些书，参与者有同事，有学生，领来稿费，他就打着算盘一五一十算出来，分给大家。那一刻，我仿佛听见了先生拨打算盘的声音，清清脆脆。

1984 年，是山师中文系现代文学教研室的丰收年，也是朱德发先生个人的丰收年。除了参编上述三本书，他还通过努力促成另一本书的出版，那书是《中国抗战文艺史》。

我在第五章介绍过，田仲济先生用“蓝海”的笔名于 1947 年出版了《中国抗战文艺史》。那是国内第一本抗战文学史专著。在抗战尚未结束时，田先生就收集史料，用此书首次勾勒出抗战文艺的轮廓，1946 年写完初稿，1947 年由上海现代出版社出版，后被日本汉学家波多太郎译成日文，1949 年在日本评论社出版。它既有珍贵的史料价值，又有

朱德发（1983 年）

较高的学术价值，让田仲济成为一位学者型作家、中国现代文学研究的最早史学家之一。但这书只有10万字，资料不够齐全，内容不够丰富。30多年之后，山东文艺出版社想请田先生修订再版，他却因担任副校长，学术活动多，还要指导研究生，将这件事“一拖再拖”。他在“修订再版后记”中说：“于是出版社代我找了朱德发同志代为修改。我同朱德发同志谈了我的设想，一种办法是补缺补漏，一种办法是重写，那就是大改。”

在一些人眼中，这是一件“吃力不讨好”的事情，因为，要修订的史著已有了既定的学术影响，作者又是老师辈的学者；再说，朱先生此时已经出版了《五四文学初探》专著，产生了很大影响，并不需要通过修订田先生的著作来成名。然而，朱先生虽然极其繁忙，但还是痛快地答应了下来。他本来可以取田先生的第一种意见，补缺补漏，但他是一个极认真极负责的人，取了第二种：重写，大改。

他一头钻进图书馆，又从阅读原始资料开始做起，重点阅读这里收藏的《抗战文艺》。这份杂志是中华全国文艺界抗敌协会会刊，1938年5月4日创刊于汉口。1938年10月8日迁往重庆继续出版，始为周刊，后改半月刊、月刊，主编为老舍、蓬子。《抗战文艺》的经常撰稿人，有郭沫若、茅盾、老舍、郁达夫、姚雪垠、楼适夷、以群、艾青、任钧、罗荪、宋之的、胡风、吴伯箫、吴组缃、雪峰、沙汀、欧阳山、草明、蓬子、王平陵等。抗战胜利后，1946年5月4日停办，共出版72期。据蒋心焕先生讲，全套的《抗战文艺》，全国只有3个图书馆有，包括山师图书馆。个人收藏的，只有田仲济先生一套，老舍先生一套。

除了仔细阅读《抗战文艺》，朱先生还研究了抗战期间解放区、国统区出版的大量书籍与期刊。掌握了第一手资料，便着手修订《中国抗战文艺史》。他大致保留了原著框架，照顾到田老的文字风格，大面积重构补写，竟然增加了近20万字！这是多么大的劳动量呀！

南京师范大学教授杨洪承当年是田仲济先生的研究生，1981年毕业后留山师任教，亲历了这本书的增补过程，并且在田先生的指导下写了5万字的“抗战文艺大事记”附录书后。他撰文讲述了朱先生如何对这本书增补与重构：

我们从朱德发先生修订的“抗战文艺史”中，能够读出他“修史”的背后，是一个严谨学者探寻学术研究之路，锻造和历练学术个性的过程，也是一个不断创新、重构学术的过程。

修订本的《中国抗战文艺史》就整体框架言，原著的章节和章节标题没有大的变化，微小的调整是，将“绪论”改为第一章，增加了每章重写一节（侧重根据地解放区或抗战后期的文学内容）和附录的“大事记”。自然，这从抗战文艺的原貌反映、原著精神的完整保留及修订的“顺手”来说应该是最佳的处理方式了。但是，看起来不经意的调整，仍然可以见到修订者积极的思想对于原著的重构。首先，增补的内容不是可有可无的字数扩充，而是立足原著的基点，放眼抗战历史的全景，还原了抗战文艺鲜活的本真生态。全书增补重写的大量文字为抗战时期根据地和解放区的文艺原貌的描述，这是当年田先生生活范围所限的缺少部分，补充尊重了历史的真实。因此，修订者大胆而严格坚守了回到历史现场的重写，一切以原始史料说话又坐实了有着自己思考的重构。今天重读修订本能够感到抗战文艺的完整展现，正是朱先生投入了他的辛勤劳作和学术思想。其次，修订本中一些微小的局部补正，更显其专业功底和修史旨在准确寻找历史的细节，把脉历史的跳动。比如“新文艺发展的路向”第二章的最后一节“民族解放战争的爆发”原著只有一个小段文字交代战争爆发抗战文艺遂有了从来未有的发展。修订中并没有填加太多的内容说明如何发展，只是又补写了不长的一段文字，既与原书的风格相统一，又以 1936 年 10 月文艺界发表了《文艺界同人为团结御侮与言论自由宣言》典型史实的补充，十分到位地反映了民族抗战团结了广大文艺工作者的真实场景。再次，修订本的文学史重构还在于，除了对原著涉猎到文本和史料增补外，借助新增加的资料加强了“史”的评述和历史规律的总结。如原著中的第三章“通俗文艺与新型文艺”是该断代史非常有特色的章节，但是对抗战带来的一些新型文体描述仅仅是点到为止并没有展开。比如“街头诗与朗诵诗”一节虽为最早发现了一种新的通俗创作现象，提到一些代表作家作品，但该文类的价值意义文学史的评述单薄。修订本选取1938年11月《抗战文艺》中，徐中玉《论我们时代的诗歌》文章观点的转引，对抗战初期新诗特点及朗诵诗的价值给予了评述，历史感很强又有修史者选择中呈现的鲜明倾向性。[20]

这部增订稿交到田先生手中，得到了他的认可，山东文艺出版社于1984年5月出版。在该书“修订再版后记”中，田先生认为“这是两人共同的东西”。不过，封面上的作者署名还是“蓝海”，并没有出现“朱德发”这个名字。对这件事，许多人觉得不理解，为朱先生抱不平，然而朱先生态度淡然。他曾向同事坦露过心声：我知道田老师年纪大了，自己修订恐怕力不从心。既然找我帮忙，哪能不帮？作为晚辈，帮忙是应该的。我若不帮，恐怕书就再版不了。这本书是田老师的代表作，有过广泛的影响，大家都知道作者是谁。这次重写，我确实费了很大的功夫，田老师已在后记里做了说明，这就够了。

我在山师大采访时，许多人都向我讲起这事，由衷感叹朱先生仁义厚道，胸怀开阔，甘于奉献，不计得失。同时，这事也让我们看到，山东师范大学的学术精神薪火相传，朱德发先生正是传递了精彩一程的一位杰出火炬手。

1984年暑假，山东省中国现代文学学会第二次理事会在蓬莱召开。之所以在蓬莱召开，身为学会秘书长及田仲济先生得力助手的朱德发起了很大作用。他与家乡的有关领导、同事联系，取得了他们的鼎力支持。忙完会议，他写了一篇报道，发表在1985年第1期《中国现代文学研究丛刊》上：

山东省中国现代文学研究会召开第二次理事会

山东省中国现代文学研究会于一九八四年七月六日至十日在蓬莱

县政府接待处举行了第二次理事会。这次会议由会长田仲济教授主持。

在会议上，与会理事结合山东中国现代文学研究会成立近一年的情况，就以下问题展开了讨论：（一）关于如何提高现代文学教学水平。与会者就此问题提出了一些建议，涉及到教材的内容、方法等多种方面。（二）关于如何开创中国现代文学研究的新局面。对此问题与会者提出了一些积极的想法，把对现实生活的思考和当代文艺现状的探讨，同现代文学的探索结合起来，开拓现代文学研究的新领域；把现代文学的研究同探求新的方法论结合起来等。最后，还考虑筹办编印《山东现代文学史料》丛刊，每年出版一至二期。

（朱德发）

这是朱先生自1960年离开蓬莱之后，时隔24年回到家乡举办学术活动。当年是县教育局的教研员，这时是山东师范大学讲师、全国知名学者、山东省中国现代文学学会秘书长。会议期间，朱德发陪同田老等人去游览蓬莱阁，凭栏观海，刚满50岁的他，肯定是心胸大畅，豪情满怀，脑子里说不定还跳出了“直挂云帆济沧海”等古人诗句。

世上任何事情都有因果。由于研究五四文学，由于修订《中国抗战文艺史》，朱先生沉潜于原始史料的细致爬梳，对20世纪上半叶的中国文学有了深刻认知，并将其置于整个中国文学以及世界文学的背景下考量，萌生了重构文学史的意识。他说过这样的话：“作为一个真正的现当代文学的学者，不仅要教好文学史，而且要写好文学史，研究好文学史，这是责任所在也是价值所在”[21]

有了做文学史家的抱负，他首先将自己多年来对五四文学的研究成果，升华为一部《中国五四文学史》，初次展现了他的治史才华。以此为新的起点，他从20世纪80年代中期开始，让自己的事业进入了更为宏阔博大的境界。后来，朱先生在接受他的博士生、山师青年学者顾广梅采访时说：

五四文学研究是我起飞的基地，也是我的学术生命根源。对五四文学的生命体验和理性感悟，在我的文化人格里注入了人文精神和科学精神，增强了“诚”和“爱”的人性内涵，还激发起我的学术爆发力。不过，它还不是我终生追求的学术价值目标。因为科学探索不能总停留在一个基点和一个水平上，要不断发现、不断开拓，哪怕探索中有失误，甚至陷进“雷区”也要无所畏惧，朝着自己的目标追求下去。在这个过程中，还要学着发现那些知识虚幻和学术假象。鲁迅先生曾经识破“瞒”和“骗”的文艺。我虽然没有他的睿智和魄力，可是受他的影响，我还是有在学术领域打假求真的雄心和毅力，也有在学海中纵横求索的恒心和决心。

20世纪80年代中期到90年代中期，我的研究视野发生了变化。回忆起来，主要原因是我逐渐形成一种认知，就是越来越把现代中国文学放到古今中外文化纵横交错的坐标系上。如果说中外古今文化通过不同层次的冲撞、交汇、对话，结成了一张深不可测、广不见边的大网，那你选择的现代文学研究对象就是“大网”上的一根“绳子”或者一个“结”。无论是解开一根“绳”，还是剖析一个“结”都要触动这张大网，这就要求我们把大大小小的文学研究，都放进一个错综复杂的文化背景里面。我的研究视野开始渐渐扩大、加深，从中国到外国、从今天到古代，把现代中国文学作为“世界文学”格局的有机组成部分，又把现代中国文学看成古代中国文学必然的转型。[22]

一张大网，深不可测、广不见边。先生的这个比喻，可谓奇瑰壮丽。是啊，人类自从进入文明史，创造的文化丰富而多样，从古至今，纵横交错。而文学，只是这张大网的一部分；现代中国文学，只是大网上的一根“绳子”或者一个“结”。面对这张大网，朱先生找到了自己的坐标，明确了自己的学术研究与整个人类文明的关系。有了如此宏大的视野，他以修炼多年而获得的超强功力，解开了一个又一个的“结”，奏响了撼动无数学人心旌的一曲曲乐章。

请看朱德发先生一生中出版的著作编目：

独著：

《五四文学初探》，山东人民出版社 1982 年 7 月版。

《中国五四文学史》，山东文艺出版社 1986 年 11 月版。

《五四文学新论》，山东文艺出版社 1995 年 9 月版。

《主体思维与文学史观》，山东教育出版社 1997 年 6 月版。

《二十世纪中国文学流派论纲》，山东人民出版社 1992 年 12 月版。

《世界化视野中的现代中国文学》，山东教育出版社 2003 年 3 月版。

《穿越现代文学多维时空》，山东文艺出版社 2004 年 12 月版。

《朱德发序评集》，山东电子音像出版社 2006 年 6 月版。

《思维的飞翔》，山东友谊出版社 2009 年 4 月版。

《现代文学史书写的理论探索》，山东人民出版社 2010 年 10 月版。

《“为大中华，造新文学”——胡适与现代文化暨白话文学》，人民出版社，2016 年 6 月版。

《现代中国文学新探》，山东人民出版社，2016 年 12 月版。

合著：

《茅盾前期文学思想散论》（朱德发、阿岩、翟德耀），山东人民出版社 1983 年 8 月版。

《中国现代纪游文学英华》，山东人民出版社 1986 年 12 月。

《鲁迅选集 · 杂文卷》（朱德发、韩之友），山东文艺出版社 1990 年 6 月。

《爱河溯舟：中国情爱文学史论》（朱德发、谭贻楚、张清华），天津教育出版社 1991 年 3 月版。

《中国山水诗论稿》，山东友谊出版社 1994 年 12 月版。

《评判与建构：现代中国文学史学》（朱德发、贾振勇等），山东大学出版社 2002 年 4 月版。

《跨进新世纪的历程：中国文学由古典向现代转换》，明天出版社 2000 年 12 月版。

《20 世纪中国文学理性精神》，上海人民出版社 2003 年 7 月版。

《现代中国文学英雄叙事论稿》，山东教育出版社2006年7月版。

参编：

《鲁迅作品教学初探》，天津人民出版社1979年4月版。

《鲁迅作品讲解》（上下册），山东人民出版社1979年8月版。

《中国现代文学史》，山东人民出版社1979年8月版。

《中国抗战文艺史》（重写本），山东文艺出版社1984年3月版。

《中国现代文学史》（修订本，通稿），山东文艺出版社1985年5月版。

《青少年学文学》，山东人民出版社1986年6月版。

《中国现代文学简明词典》，山东教育出版社1987年4月版。

《在东西古今的碰撞中》，中国城市经济社会出版社1989年4月版。

《中学语文赏析》(3)，中国广播电视出版社1990年6月版。

《多维视野中的鲁迅》，山东教育出版社2002年1月版。

《中国新文学家与现代文化建设》（上中下三册），山东教育出版社2009年10月版。

主编：

《中国现代文学史新编》（孙昌熙、朱德发主编），宁夏人民出版社1987年9月版。

《中国新文学作品选评》（上中下三册，孙昌熙、朱德发、臧恩钰主编），辽宁教育出版社1988年8月版。

《新编中国现代文学史》（朱德发、蒋心焕、陈振国主编），明天出版社1989年5月版。

《中国现代文学简史》（朱德发主编），山东文艺出版社1989年8月版。

《中国现代纪游文学史》（朱德发主编），山东友谊出版社1990年9月版。

《世界大失败者传》（车吉心、朱德发主编），明天出版社1995年10月版。

《中国新文学六十年》（朱德发、邢富钧主编），春风文艺出版社1996年7月版。

《1901—1995诺贝尔文学奖得主全传》（车吉心、朱德发主编），明天出版社1997年5月版。

《中国现代文学史实用教程》（朱德发主编），齐鲁书社1999年8月版。

《山东新文学大系·现代部分》全六卷，山东文艺出版社1999年8月版。

《中国现当代文学500题解》（朱德发主编），山东教育出版社2007年11月版。

《现代中国文学通鉴》全三卷（朱德发、魏建主编），人民出版社2011年12月版。

《现代中国文学史精编》（朱德发主编），山东教育出版社2013年1月版。

此外，朱先生还在《中国社会科学》《文学评论》《中国现代文学研究丛刊》《文史哲》《东岳论丛》《山东社会科学》《山东师范大学学报》等期刊发表三百多篇学术论文。

"著作等身"，用这个词来形容朱先生著述丰富，一点也不为过！

朱先生的学术著作，不只量大，而且质优，先后获得教育部和山东省人文社科优秀成果奖与文艺评论奖达30项次。其中荣获教育部人文社科优秀成果二等奖的有3项：《中国五四文学史》（1995年）、《二十世纪中国文学流派论纲》（1998年）、《现代中国文学通鉴》（2015年）。教育部人文社科优秀成果奖，是全国人文社科类学术成果的最高奖励。朱先生还获得山东省社会科学优秀成果奖一等奖4项，二等奖9项，三等奖6项，另外还获得山东省首届文艺评论奖、刘勰文艺评论奖、泰山文艺奖等多次。

朱德发在书房

先生纵横探索，不断开拓学术疆土，在诸多领域学问思辨，建树甚伟。南京大学教授张光芒把朱先生的学术研究分为 4 个阶段："一是学术研究的压抑期（70 年代中期至 70 年代末），二是学术思想的形成期（70 年代末至 80 年代中期），三是学术思想的拓展期（80 年代中期至 90 年代末），四是学术思想的完善期（21 世纪以来）。在整个历程中，朱教授先后确立了作为启蒙家的现代文学学者、推动学术范式转型的文学史家、在研究实践中建构学术体系的文学理论家这样三个层面的学术形象。"[23]

我们梳理朱德发先生一生的学术成果，会发现他的关注点有四大方面：

一是对文学史的研究。

朱德发先生一直认为，作为一个现代文学的学者，必须有自己的史学建构。因为这个史学建构是一个总扼，体现了一个学者的文学知识结构，也能反映他的批评水平，还能反映他的建构水平。所以先生将文学史研究作为重点，从通史研究到断代史研究、专题史研究都探索过。通史研究，他主编了十几部文学史，每一部都有突破或创新；专题史，如中国情爱文学史、中国山水诗史、中国现代纪游文学史等。这些著作类型多样，但你如果深读细研，会发现它们有一个共同的特点，就是打通了近代、现代、当代三种形态文学史的联系，打通了古代中国文学史与现代中国文学史的联系，也打通了中外文学史的联系。作者对于中外古今文学史流变的整体把握，对于各时期、各类型文学的文化与美学特征的精辟论述，让人赞叹。

编撰文学史，首先要有自己的价值判断。朱先生的评价标准，是"一个原则""三个亮点"。一个原则是人道主义；三个亮点是"真、善、美"。有了这个尺度，所有的文学作品到他眼里，就有了高下之分、优劣之分。他的人道主义原则，是从研判五四文学时形成的。他提出了五四文学革命的指导思想应该是"民主主义和与之相联系的人道主义"占据主导地位的独特论断，进而提出了"人的文学"，并成为他的文学史观的核心理念。在他看来，从五四文学、三十年代文学、四十年代文学、十七年文学、新时期文学再到新世纪文学，其核心宗旨就是要表现人、为人生，就是要"肯定人的价值，追求人的自由，向往人的幸福，赞美人的独立，承认人的理想，热爱人的真善美，痛恨人的假恶丑，这是各种形态人道主义的共同点。”[24]他认为：“‘人的文学’这一核心理念，能够像一束强烈之光穿越并照亮现代中国文学流变的历史隧道，指引描述者勾勒出现代中国文学史的原本面貌。”[25]

朱先生在课堂上，在学术会议上，也经常讲“人的文学”。由于他持胶东方言，曾闹出一次笑话。在南方某地举办的一次学术会议上，他在发言时又讲，一位学者听他讲“银的文学”，立即给他纠正：“不对，是神的文学！”朱先生立即向他瞪眼：“银的文学！”那位学者也不示弱：“神的文学！”在场者都莫名其妙。后来主持人听明白了，原来朱先生把“人”说成了“银”，说“神的文学”的那位学者也是用了方言，把“人”说得近乎“神”。他哈哈大笑：“二位先生不要争啦！你们说的都是‘人的文学’，英雄所见略同！”

最能代表朱先生文学史写作高度的著作，一是前面提到的《中国五四文学史》，二是他与魏建先生共同主编的《现代中国文学通鉴（1900—2010）》，先后荣获省政府颁发的山东省社会科学优秀成果一等奖、教育部颁发的第七届高等学校科学研究优秀成果奖（人文社会科学）二等奖。后面这部《现代中国文学通鉴（1900—2010）》，他俩组织一批中青年学者参与，经过几年的艰苦努力才终于完成。此书运用了朱先生提出的“现代中国文学”理念，所叙述的现代中国文学史，是包括中国大陆和港澳台地区及相关少数民族的大文学史；所采用的评判尺度也是中国大陆和港澳台地区及相关少数民族都能接受的人道主义原则和真、善、美的价值评估体系。它的写作结构，由内外两大历史叙述线索组成：一是以人的文学作为核心理念贯穿在各个历史阶段的内在线索，二是由多元一体文学结构所呈现的外在线索。即现代中国形成的政治文化、新潮文化、传统文化、消费文化等文化系统与现代中国不同形态文学的横向联系，以及在不同历史阶段的不同展现。全书分为上、中、下三卷，200 万字。上卷从 1900 年到 1929 年，是现代中国多元一体文学结构的形成期；中卷从 1930 年到 1976 年，是现代中国多元一体文学结构的演化期；下卷从 1977 年到 2010 年，是现代中国多元一体文学结构的拓展期。这部书，宏观与微观相结合，史识与史料相结合，“文学态势总览”与“文学个案解读”相结合，有效地解决了文学史叙述在历史与逻辑、高度与深度、理性归纳与感性呈现的矛盾。青年学者郭晓平评论道：“朱德发先生、魏建先生和《现代中国文学通鉴》的书写者们，具有更清醒和理性的头脑和严谨科学的治史态度。既站在当下的认识高度，又充分尊重文学的历史，‘立足当下，反观历史’，在对以往的文学史书写的优长和不足充分总结和反思的同时，对千姿百态的文学样貌进行历史性地探寻，对流淌其中的文学系统进行细致的归纳梳理，对蕴藏其中的文学规律‘整体性’地把握和揭示，从而形成了‘现代中国文学史’的阐释体系架构。这样的探寻，是一种‘过去’和‘现在’互动、‘历史’与‘当代’贯通的、多元一体、丰富开放的文学空间的开掘；这样的探寻，是充分尊重文学的差异性，深入挖掘各种样态文学的同一性，公正、历史、客观、真实地呈现文学全貌和全景的一种努力；这样的探寻，是对千头万绪、千姿百态、历史悠长的文学规律的一种求索；这样的探寻，是重建更科学更完善的现当代文学史学科的使命意识和担当使然；这样的探寻，是对当下21世纪全球化时代的需求和民族国家希冀的美好愿景，以及人类普世价值的一种文学呼应。”[26]

二是现代文学史理论研究。

朱先生一直重视学术上的建构，他说：“虽然进入现代文学研究的过程既要解构又要建构，但我认为解构只是手段而唯有建构才是最紧要的，所谓‘突破’所谓‘超越’终究要落实在建构上”。[27]先生在建构上的努力，其一，是文学史的建构。其二，是文学史理论与文学流派理论以及文学研究思维学的建构。他认为，文学观念是构筑一部文学史的关键，即有什么样的文学观念就有什么样的文学史，观念越正确文学史就越富有真实性和科学性。既然文学史观念是重写文学史的关键，是统摄文学史编著的灵魂，是文学史创新的本质规定，所以，他在自己书写或主编的文学史中，始终把追求文学史观念的更新放在首位。朱先生高屋建瓴，提出了诸多撰写文学史的新观点、新方法，并且分别整理成书。《主体思维与文学史观》《评判与建构：现代中国文学史学》《世界化视野中的现代中国文学》《穿越现代文学多维时空》《现代文学史书写的理论探索》等等，都是这方面的代表性作品。

中国作家协会原副主席、中国社会科学院文学所原所长张炯先生对朱先生的文学史理论给予高度评价："在面对研究对象时，朱先生常用宏观、中观、微观的多维视角，将研究对象纳入错综复杂的文化背景之中，深刻地透析研究对象的本质。在文学史学的研究中，他将理论思维与文学史研究相结合，探讨研究者的主体思维学，提出文学史研究的顺向思维和逆向思维，收敛思维和发散思维，并结合文学史研究的实践探讨思维交叉律、思维纵横律、思维重合律、思维整体律的运用。这些探讨无疑使朱先生的文学史研究进入到更高的学术层面。阅读朱先生的文章，读者能够感受到他兼具史家的广博、学者的严谨和诗人的灵动，纵横捭阖、条分缕析、收放自如，又鞭辟入里、丝丝入扣的突出学术风格。"[28]

1997 年 6 月问世的《主体思维与文学史观》一书，学术价值十分重要。在这部书的序言中，朱先生自我评价道："这些年我选择了交叉学科的研究视角，着眼于思维学与文学史关系的考察，自觉地反思在撰写文学史过程中所运用的思维方式、坚持的操作规则、形成的文学史观念和思维模式、惯用的理论框架和逻辑思路等。对于文学史研究主体来说，这些问题的深入探索并从中寻出正确答案，自认为是当前文学史研究大幅度提高质量的关键所在。"[29]南京师范大学教授谭桂林认为："对新的文学史主体思维模式的建构工作，朱先生的研究主要从两个方面展开：一是理论探讨；二是实践尝试。在理论探讨方面，朱先生根据文学史编写的特点和人类理论思维的基本规律，对文学史研究中思维方法运用的三个层次、发现逻辑机制的运作功能、史料搜求考辨与整理中收敛型与发散型思维的操作策略与辐射机制以及文学史发展过程中的顺向思维与逆向思维的相辅相成等问题做了深入的理论探索。其中一些理论分析和模式归纳，大气磅礴，精彩纷呈。"[30]青岛大学周海波教授评价："是一部标志性的学术成果，它既是对此前一系列文学史成果的理论总结，也是对未来文学史研究与撰述的理论铺垫，是从思维的角度重建文学史观。""作为与文学史密切相关的收敛型思维与发散型思维，以及在此基础上建构起来的主体思维，是这部著作着重探讨的几种不同类型的思维方式，这几种思维方式相互补充，相互说明，对于深入勘察文学史家的心理特征，研究不同类型的文学观，建构不同类型的文学史，其不同的思维趋向有其不同的学术意义。”[31]

凭借自己所追求所具备的特殊的“主体思维”，朱先生在学海潜游中，脑际经常有灵光闪现，让研究对象以一种崭新的形态呈现在他的面前。不知是哪一天，朱先生在书桌前思接千载，视通万里，突然觉得中国现代文学史、当代文学史在他心目有了本质性的呈现，七个大字闪现于脑海之中：现代中国文学史。

这是一个新概念，也是一种新的文学史观，更是一种研究中国文学的新方法。他觉得，学界与教科书一直沿用的“中国现代文学史”“中国当代文学史”应当合而为一，用“现代中国文学史”统称之。此后，他将这个概念一步步丰满、完善，让一部又一部专著面世。

《评判与建构：现代中国文学史学》作为教育部人文社会科学研究项目，它的面世经历了艰辛的劳动。朱德发先生在此书“后记”中透露：“虽然中外学者对‘文学史学’研究有些成果可资借鉴，但是‘现代中国文学史学’的建构却少有人问津。‘拓荒’的任务实难承担，几次想撂挑子，几次又挑了起来……适逢贾振勇博士敢挑重担，经过师生的共同努力，终于走完了这段不平之路。”（出版“后记”）因其“拓荒”，故艰难，也因其艰难而成就其厚重。学界认为，此著集朱先生近四十年现代中国文学研究的思想和理论精髓，具有“缜密其思，磅礴其势，激情其气，史哲其质”的品格，是足当建构“现代中国文学史学”学科的奠基力作。

在完成上面这部论著之后，朱先生趁热打铁，又独自写出了一部《世界化视野中的现代中国文学》，2003 年 3 月由山东教育出版社出版。这部书，更加深入地阐发他的“现代中国文学史学”理论，进一步引起了学界注意。有论者这样评价：“作者将‘人的文学’这一现代文学核心观念置于世界化（全球化）、民族化视域中，在‘总体上共时性上选取现代人学及与之相联系的“人的文学”的角度，探讨了文学现代化的基本特征及其衡量文学现代化的实现程度、由古典向现代转换标志的原则性的价值尺度’（第16页），从而梳理出现代中国文学‘现代化与民族化相互变奏’的规律轴线，使文学史研究的视野豁然开朗。”[32]“朱德发关于现代中国文学的大学科、新系统建构的理论，使《世纪化视野中的现代中国文学》一书成为现代文学理论界里程碑式的著作。作者将宏观、中观、微观研究相结合不断超越和突破近百年研究框架和文献成果，新见叠出，有许多新的思路和知识亮点。对理论界长期困惑的许多问题重新研究，企图予以澄清和解决。由于作者获得了科学的主体意识，具有自由、自主、自足的判断力，因此，在该论著中表现得犹如庖丁解牛、游刃有余。又由于作者具有丰厚的学养，一贯的稳健风格，使该论著能实现理论高悬又与感性相结合，既敢于突破创新又不偏颇过激。真正做到论从史出，无一论点见解不是出自历史事实与作品文本，使本论著既有雄辩又有稳妥。真正实现了作者所追求目标：理论创新的学术风格、务实求真的史学品格、先进文化的思想品格。”[33]

上述几部著作，再加上《穿越现代文学多维时空》《现代文学史书写的理论探索》以及相关论文，让无数学人了解了朱德发先生的重大思想成果，反响十分强烈。许多同仁理解他的观点，欣赏他的勇气。山东大学原校长曾繁仁教授这样评价：“以‘现代中国’取代‘中国现代’是一个很重要的突破，这也解决了到底是‘论从史出’还是‘史从论出’的问题——如果按照中国现代文学史的原有框架，现代、现代性本身就是‘论’，只有符合的才能进入现代史，这就具有主观色彩，强烈的意识形态性，目前有了突破。朱老师这个突破是非常重要的。”[34]中国现代文学研究专家、苏州大学文学院教授范伯群先生这样说：“朱德发就觉得如果研究全景式的中国现代文学史，就要将一元改变为多元，以公平的态度对待现代中国文学中所有文学样态，形成全景式的文学史，他觉得必须强调这一个‘新概念’，于是将‘中国现代’中的两个词颠倒一下，成了‘现代中国’，意在提醒研究者要全景式地重新去观览现代中国文学史的时空与经纬，用一种‘兼容并包’、海纳百川的胸襟，用一种‘启蒙的永恒复归’和韧劲，还原历史的真面目。”[35]

无论自然科学界还是社会科学界，任何一项事关重大的新的命名都有一个被接受的过程。以地质历史分期为例：现在的地球地质史正处于显生宙新生代第四纪全新世。荷兰大气化学家、1995 年诺贝尔奖获得者保罗·克鲁岑看到，自 18 世纪晚期的英国工业革命开始，人与自然的相互作用加剧，人类成为影响环境演化的重要力量。因此，他在 2000 年提出了“人类世”的新概念，建议以此取代“全新世”，作为地质历史的新纪元。在 2011 年的专题会议上，由于科学家们争论激烈，“人类世”的命名未获通过。但是，国际地层委成立了一个 35 名科学家组成的“人类世工作组”，负责调查研究这件事情。媒体在 2019 年 6 月初报道，隶属于国际地层委员会（ICS）的“人类世工作组”（AWG）日前投票认定，地球已进入新的地质年代——“人类世（Anthropocene）”，并指出 20 世纪中叶是“人类世”的起点。AWG 计划在 2021 年向国际地层委员会提交一份关于“人类世”的提案，这标志着正式定义一个新地质年代的工作迈出重要一步。

我认为，“现代中国文学史”这一概念，今后可能会被更多的学者所理解，所接受，甚至成为学界共识。

三是对于文学大家的研究。

朱先生在他的学术生涯中，很早就致力于鲁迅与茅盾的研究。研究的起步是从解读经典文学开始，先解读一些经典文本，像《狂人日记》《祝福》等等。除了在课堂上讲，还为中央人民广播电台《名作欣赏》栏目撰稿。他参与《鲁迅全集》注释，写了关于茅盾研究的系列论文，与阿岩、翟德耀的一些茅盾研究论文合成《茅盾前期文学思想散论》，于 1983 年出版。

进入晚年，朱先生对新文化运动领袖胡适产生了浓厚兴趣，通读他的全部作品，潜心研究数年，写出了一本专著《为大中华　造新文学——胡适与现代文化暨白话文学》，2016 年 6 月由人民出版社出版。在这本书的后记中，朱德发先生说明了这本著作得以形成的主要原因：虽然近些年有许多研究者致力于胡适研究，可是仍未有大的突破，甚至由于诸多原因，对胡适的新文学主张产生诸多误解。如此说来，这本著作最大目的在于还胡适以本来的面目，并重新阐述胡适的现代文化思想与白话文学建设观念。唐欣是朱先生带的唯一一位博士后，她说，先生出版了这本书送给她时，长舒一口气，欣慰地说：我终于把胡适研究透了。有论者指出，此书“探究胡适的现代文化思想与白话文学观念，重估其思想观念的当代价值。这本著作的出现，既开拓出五四文学研究的新境界，也为当代中国的新文艺复兴再造了思想资源。”[36]

先生年轻时曾经声称，对郭沫若不感兴趣。然而到了晚年，在他已经确诊患了癌症的时候，却突然潜心研读郭的长诗《女神》，在他去世前写出了长达两万字的论文《重探郭沫若诗集〈女神〉的人类性审美特征》。先生指出：“如果说在现代中国文学史上是茅盾从理论形态上提出‘世界文学’范畴，并对其人类性审美特征给出预设；那么真正从创作形态上最早呈现出丰盈鲜活的人类性审美特征的就是郭沫若创作的诗集《女神》。”朱先生在此文中创造的“人类性审美特征”概念，让人耳目一新。

既然用的是“现代中国文学史”的目光，先生对于当代文学也有研究。除了在文学史著作中论述，还单独对王蒙、莫言等作家撰文评判，指导研究生研究张炜等人作品。张炜的长篇小说《你在高原》荣获第八届茅盾文学奖，朱德发先生和我都参加了山东省作协于2011年9月5日召开的座谈会。朱先生在会上做了重要发言，他认为，“《你在高原》获‘茅奖’，早就众望所归。这部作品的思想境界达到了人道主义的高度，时刻流露出人道主义的情怀。从《古船》到《九月寓言》，再到《你在高原》，张炜一步步走下来，在思想上艺术上都达到了一个新的高原”。

先生不只评论作家作品，还对当代文学批评发表意见。2016年他82岁高龄时，还撰写了一篇《当代文学批评应强化诗性维度》发表。先生考察当下文学批评现状，指出问题：大多文学作品批评更重视其思想内容或文化意识的剖析与评述，没有自觉地把文学作品的思想维度与诗性维度糅合起来。他强调，诗性或审美性是文学作品的特质规定性。文章在最后一段这样说："唯有文学批评者具有诗性思维的感悟力和穿透力，方能把文学作品里所蕴藏的诗性经验或诗性智慧打捞出来汲取出来。鲁、郭、茅、巴、老、曹诸文学巨匠的经典文本所蕴之诗性智慧，虽经几代文学批评者或文学史书写者的打捞，却远远没有取尽；至于王蒙、莫言、贾平凹、张炜、陈忠实、王安忆等人的优质小说所藏的诗性经验或诗性智慧的开掘，尚待向纵深推进。"先生此论，不只对文学评论家是个提醒，对作家的创作也有重要的指导意义。"诗性维度"，应当谨记。

四是关注文学流派的研究。

在二十世纪八十年代末九十年代初，朱德发先生在编写文学史的过程中，对二十世纪中国文学流派做了深入的考察与思考。他给研究生开设了文学流派选修课，边授课边思考，最后撰成《二十世纪中国文学流派论纲》一书。先生在"后记"里讲了自己的构思："既不对每个文学流派从微观上进行具体考察和详细剖析，也不着眼于'史'的角度对新文学流派演进过程作具体的描述；而是从宏观上选取'形态论'、'思潮论'、'规律论'三个较大的相互联系的研究视角，对二十世纪中国文学流派的发展规律、内部机制、基本特征以及复杂结构等进行深入探讨，力求能作出一些新的理论透视或理论概括，把历史的评判与美学的评判结合起来，把纵向的掘进与横向的联系结合起来，把'点'的深入和'面'的扫描结合起来，使那些纳入研究视野的文学流派或作家作品都能在纵横交叉的坐标点获得综合的分析和整体的把握。"此书出版后，北京师范大学教授张清华撰文评论道："以它新颖和独具的学术面貌成为很有探索意义的一部论著，它适应并且体现了九十年代文学研究新的目标与方向，为二十世纪文学流派研究的深化发展提供了很多成功的经验和有益的启示。"[37]臧恩钰、李春林二位学者合作的论文，高度评价此书的结构方式及语言风格："使得这部书成为一个立体的、多层面的、既有恢宏气势又有细部图象的理论大厦和历史殿堂。""作者的急促的行文，正适应着思路的敏捷、迅疾；较长的句式，切贴着思维的周严、细密。也许涉学不深者读起来会感到稍许疲累，但却会促使有一定素养的人一口气将它读完——作者的思绪如连绵的大河，你若读《论纲》，有如在其中泛舟，湍急的水势使你停息不得。”[38]

岂止这一部书，朱先生所有的著述，风格都极有特色：气势恢宏，体大思精，逻辑严整，绵长致密。尤其是文中段落都很长，一段甚至能够占据两三页。行笔至此，我信手翻开《朱德发文集》第六卷，读到《世界化视野中的现代中国文学》一书的绪言第一段，就有一斑窥豹之感：

> 文学作为人类文化信息的一种载体和人类生存发展需要的一种审美形态，从其历史演变来看则是经历了一个由非自觉到自觉的逐步世界化的过程，中国文学的变迁概莫能外。包括中华民族在内的全球各民族文学之所以要通过不同的途径或不同的方式最终步入世界化的总趋势和总格局，道理是显而易见的：普遍联系乃宇宙之通则，而生活在同一地球上的人类又是有思想有意识的族类，必然具有趋向世界化的天然基础；况且人类的生理构造和生命欲求即各种生存发展的基本需要并没有质的差异，即使在精神文化层次或审美艺术层次的追求上也有惊人的趋同性，弘扬真善美鞭挞假恶丑几乎是世界各族文学的共同母题；尤其人类思维的进化经过了混沌型、主客体分殊型、理性与非理性型、辩证系统型等几个阶段，尽管对人类每个阶段的思维成果在表述或传达上所运用的媒体形式或语言符号并不相同，但各族人群在对自我、对他人、对自然、对社会、对世界、对宇宙的体悟和认知上依然有相通相似之处，如果以不同的审美形式对此予以表现或再现，那么所凝成的千姿百态的审美文化或文学文本不只是属于各个民族的也属于世界范畴的。

他的老学生、老同事翟德耀讲：“先生书写一直习惯于手中的一支笔，上万字的论文往往一气呵成，一挥而就，行文经常段落大，句式长，可知思如泉涌，汩汩而出，无暇雕章琢句，反复斟酌。古人有下笔千言、倚马可待之说，我在先生这里算是切实领略了。其精力之盛，出手之快，效率之高，我所接触的学者中无出其右。”

唐代著名史学家刘知几有一个著名观点：“史才须有三长，世无其人，故史才少也。三长谓才也，学也，识也。”所谓“三长”，即：史才、史学、史识。“史才”，是指写史的才能；“史学”，是指掌握丰富的史料，具有渊博的历史知识；“史识”，即历史见识、历史观，是指对历史是非曲直的观察、鉴别和判断能力。

“才、学、识”这“三长”，作为文学史家的朱德发先生全部具备，且都高于常人。

第九章 英雄情结

毅然离家，遁入深山，寻访高道，拜师学艺，数年后武艺在身，辞师出山，成为江湖侠客。从此浪迹天涯，四海为家，路见不平，拔刀相助。像李白诗中写的那样，“十步杀一人，千里不留行。事了拂衣去，深藏身与名。”像《三侠五义》中的白玉堂那样，文武双全，豪迈仗义，疾恶如仇，除暴安良，成为深受人们敬仰的旷世英雄……

这是少年朱德发的梦想。

这不是我的杜撰，是朱先生十几岁时的真实心理经历，他曾多次向人讲过。那时兵荒马乱，民不聊生，他手捧武侠小说，经常沉浸于这样的幻想之中。尤其是日军入侵，烧杀掳掠，他更想成为一名英雄，用高强武功去消灭鬼子，保家卫国。那时他家有好多这类的小说，有一些是他父亲留下的。他父亲朱鸿文生前在大连做工，工余时间练武，并且担任一家武馆的教练，回家时带来一些武侠小说看，去世后就成为儿子的读物。农村中有一些人识字，也存有这类的书，小朱德发也去借来阅读。看《三侠五义》时，看到他最崇拜的白玉堂死了，他十分难过，有两夜没有睡好觉，老是想，这么一个武艺高强的人怎么能死了呢。他一本一本读得入迷，经常通宵达旦，让母亲心疼，在他面前唠唠叨叨。为了不让母亲发现，他就在夜间将被子挂在窗户上，挡住灯光。然而，读书再怎么过瘾，幻想再怎么瑰丽，等到第二天日头出来，母亲喊他起床吃饭，他不得不回到现实之中，想起自己对于这个家的重要意义，只好摇摇头，将满脑子的幻想暂时甩脱。

他小学毕业，没法升学，只好继续在门楼完小读“小学后”，一边当着小先生一边读书，时间长达两年。这一时期，他读的书就杂了，据朱先生讲，有武侠小说，有言情小说，还有一些别的。有意思的是，当时有一位姓齐的老师在门楼完小教学，向学生讲过，他年轻时曾经到崂山出家，想学武艺，在那里待过两年。听到齐老师讲的这些，朱德发更对剑客生活充满向往，读武侠小说愈发起劲。里面的人物和故事，他都记得清清楚楚，不只是自己回味，还忍不住讲给别人听。讲得多了，他在门楼村出了名，一些老年人都愿意听他讲。那些同龄少年，更是有空就招呼他，让他讲上一段。这个时候，他眉飞色舞，辅以手势，简直就是一位说书艺人了。

若干年后，他已步入老年，得知山师大青年教师陈夫龙博士致力于研究中国侠文化和武侠文学，很感兴趣，经常与他探讨。在陈夫龙完成学术专著《千古侠魂的现代回声》时，他欣然作序，赞其是“一部有创意有深度的史论结合的力作”。在序言中，先生坦陈自己与武侠小说的不解之缘：“笔者在小学阶段曾避开老师、家长的督视，偷读过《七侠五义》、《小五义》、《小八义》等武侠小说，直到古稀之年仍然喜欢观赏武侠电影、电视和戏剧，特别是浏览新旧武侠小说的兴趣并未消减，对于那些研究武侠文学的史论著作也不时地翻检。”

朱先生少年时的这段思想经历，与他家乡的历史传统和文化土壤有关。胶东半岛，三面临海，呈开放状态。大洋茫茫，横无际涯；海市蜃楼，偶尔出现，一直激发着半岛民众的想象力与创造力，有梦想、敢追求，是他们的一大特点。蓬莱是八仙过海传说的诞生地，八仙征服大自然的神力，降魔除怪的正气，济世救人的胸怀，感动着一代又一代的半岛儿女。这儿离中原甚远，受儒家文化浸染少，不是重农轻商，而是农工商并举，开放性、功利性很强。春秋时齐国一度称霸，与半岛的文化土壤很有关系。南宋时期，陕西人王重阳在终南山修行，得道后一路东行，走到半岛才扎下根来，先后收下七位弟子，让主张儒、释、道三教合一的全真道在此诞生，从此改变了中国文化的格局。王重阳曾在1169年到过朱德发的家乡，先在离此不远的福山成立三光会，又到蓬莱组织玉华会，这都是全真道的下属组织。王重阳羽化后，“全真七子”在全国传道，分别建立门派，其中丘处机的龙门派最有影响，连一代天骄成吉思汗都仰慕已久，派使者请他去见面。丘处机带十八个弟子从栖霞出发，经雪山大漠走了三年，终于在大雪山（现在叫兴都库什山）见到了他。成吉思汗与他一见面就口称“丘神仙”，讨要“长生之药”，丘处机却说，他没有“长生之药”，只有“卫生之方”，建议他敬天爱民、减少屠杀、清心寡欲。杀人如麻的成吉思汗还真听进去了，认为“神仙是言，正合朕心”，以后果然减少了杀戮。丘处机“一言止杀”，成为人们心目中的英雄与神仙，上千年来被供奉在无数道观之中，香火不断。明代著名将领戚继光，率军转战万里海疆，扫平多年登陆肆虐的倭寇，护卫人民的生命财产安全；后又抗击蒙古部族内犯，保证了北部疆域的安全。他在蓬莱训练水军用过的水城，至今保存完整，每天有无数游客来此。人们念诵戚继光的诗句“封侯非我意，但愿海波平”，感受这位英雄的伟大情怀，崇拜之心油然而生。

“聪明秀出，谓之英；胆力过人，谓之雄。”人类的精神特质，注定了他们与生俱来的英雄情结。长大做英雄，是男性在成长期的普遍愿望。一个十多岁的孩子，正处于身份认同敏感期，他们往往崇拜一些力量强大甚至有超自然能力的人，有正义感、责任感、能弘扬人间正气的人，并且希望将这些偶像内化到自己的性格当中。这样一种英雄情结，许多男孩都会有。

朱德发，则是英雄情结格外严重的一个。

没有参军打仗，是他少年时的一个遗憾。但他一直有个将军梦。山师大教授、全国政协委员、山东省作协第六届主席团副主席李掖平教授讲，有一年，1978 级本科生同学在大明湖畔聚会赏月，请几位老师参加。看到央视新闻联播节目在播军委主席给将军授衔，朱老师借着酒兴说：我要是当兵，绝对能当上将军！大家听了这话纷纷点头。在做学问之余，他十分关心世界局势，关心军事动向。他和老同事宋遂良先生都是军事发烧友，闲暇时经常谈论天下大势。济南大学教授唐欣是他带的博士后，丈夫曾在原济南军区机关任职，每当夫妇俩去拜访朱老师，老师与唐欣谈完学术之后，就与她丈夫谈起军事，洋洋洒洒，而且都谈到了点子上。青岛出版社副总编刘蕾是朱老师的博士生，当年读书时谈恋爱，老师听说了不高兴，嫌她分心。但是刘蕾的男朋友小胡是山大历史系的，研究中美关系，过来看她并一起去见朱老师时，朱老师就与他聊起了国际形势。后来二人只要一见面就聊得很热络，一气能聊上一两个小时。

朱先生没有当兵，却将这份英雄情结转化为一份超强的事业心，干什么都非同一般，出类拔萃。他在蓬莱工作时，在海上见到鲸鱼，树立了这样一种人生理念：无论身处哪个领域，都要成为该领域的巨大存在，不能被人忽视的存在，被同类佩服和尊敬的存在，这，也是英雄！

他的弟子宋书强回忆说，朱老师有一回借李清照的诗句向他讲人生抱负：“生当作人杰，死亦为鬼雄！”讲得慷慨激昂，让他热血沸腾。

几十年来，伴随着这份英雄情结，先生果然实现了“作人杰”的理想。

他低位逆袭。他出身农家，没有家学渊源，早早辍学，连中学都没上过；他来自社会下层，所有能助人成功的因素他都没有，然而他兢兢业业，发奋图强，很快凭借优异的教学成绩和工作能力，在教师队伍中脱颖而出，年纪轻轻就担任校长。他在曲阜师范学院刻苦努力，成为众多学子中的尖子生，因而在毕业时，省教育厅让曲师选一人去山师任教，他就被选中。几十年过去，有人说这事“空前绝后”。“空前”，是因为之前没有曲师的本科毕业生到山师任教；是否“绝后”不敢讲，但至今没听说过有人步朱先生后尘。这让人们想起了一句老话：英雄不问出处。

他后来居上。朱先生 30 岁时才大学毕业，比他的同龄人差不多晚了 6 年。进入山师，跻身大学教师行列，那里高手如林，人人都有绝活儿，他一开始只能叨陪末座，谨小慎微。然而，他像小时候在书上看到的大侠一样，潜心修炼，积蓄功力，十几年后赫然亮剑，在五四研究领域大显身手。别人 50 岁已经是教授了，但他 50 岁时只是一位讲师。他凭借在教学与科研上的丰硕成果，竟然在 10 年后成为山师大中文系的第一位博士生导师，继而被山师大聘为第一位资深教授。

80 年代的朱德发

他自立门户。英雄侠客，多出名门，或继承衣钵，或被授秘籍，从而有恃无恐，打遍天下。朱先生却没有师承，他没有研究生学历，因而没有学业导师。在学术之路上，有些学者的成功可能源自某种文化的“底子”，或是有名师指点。尤其是学业导师的作用极大，或引领，或推动，或向“贵人”举荐，而朱先生没有这些。他非但没有导师，也没给别的老师当过助教，没给任何专家做过科研助手，更没有哪位前辈专门指导过他。但他刻苦自学，无师自通，修炼出自己的看家本领，开拓了现代中国文学史研究和书写的新局面。他的著作与论文之多，让一般学者很难望其项背，有的青年学者甚至惊叹，朱先生建立了一个“文学史史学王国”。

他能征善战。他担任山师中国现当代文学学科带头人之后，像带兵打仗那样，做战略规划，搞战术研究，招兵买马，足智多谋，俨然一位将军。“道之所在，虽千万人吾往矣”，这就是他的理念与姿态。30 年间，他披坚执锐，一马当先，率领这支学术队伍攻克了一个个学术高地，赢得了无数骄人战绩。他具体怎样为学科建功，我将在第十一章详细讲述。

他在学术活动上，也尽显大将风范：高屋建瓴，胸有千壑，指挥倜傥，挥洒自如。当然，他有时也显露出“霸气”，有“舍我其谁”的派头，讲起话来滔滔不绝，往往占用大量时间。譬如主持人规定，发言不超过 10 分钟，他不以为然，“没有半个小时怎么发言?”他在这个时候大概觉得，大鲸鱼出行，小鱼小虾必须避让，于是我行我素，必须把自己要讲的话讲完才罢休，让主持人尴尬，让一些人苦笑。

有意思的是，在一些学生眼中，朱老师颇具大侠风度。听过他课的博士生、曲师大青年教师刘聪，当年在曲师读本科时旁观过研究生论文答辩，后来在一篇文章中这么形容被请去做答辩主席的朱先生：“一俟答辩人陈述完论文，其他评委们发表完意见，朱先生就开始做总结性评议。他的评议特点鲜明，总是大刀阔斧、纵横捭阖，再配上他气韵铿锵的语声，整个房间里龙吟虎啸，端的是一等一的名门正派功夫，堪比武侠江湖上盛誉的降龙十八掌。”2000 年夏天，刘聪自己要参加硕士生毕业答辩了。“终于轮到我答辩了，照例是一番陈述，然后静听评委点评。果然，论文中糊涂偷懒的地方，在朱先生的掌下一一中招，只不过，中招也没觉得仓皇不堪，倒是有柳暗花明豁然开朗的痛快，近似打通了任督二脉，气爽神清。”她还说：“自认识朱先生以来，对先生印象最深的是他对学术的深情与专情，我总感觉先生是为学术而生的，学术遍及他人生的角角落落，在学术江湖上，他是内修外练人剑合一的学术大家。”[39]

“内修外练”，此言极是。凡成为大家者，无不如此。尤其是内炼精气神，最为重要。用朱德发先生的话来说，就是提高人格素质。

文化艺术出版社 2011 年出版的《第二代中国现代文学学者自述》，有朱德发先生的一段言论：

> 我以为研究主体至少应具备这样一些现代知识者的人格素质：一是提高理性自觉，抓住时代机遇。日益开放、宽松、民主、和谐、富裕、昌盛的社会大环境，各国文化交流日趋信息化、高速化、一体化的国际大背景，以及主流意识形态日益敞开的广纳博取的宽容胸怀，都为学者人格的塑造、“现代学术精神”的建构提供了千载难逢的机遇。正由于一批具有理性自觉精神的学者抓住了这个良好机遇，才为“现代文学”的真正“学术化研究”开创了新格局与新景观。二是坚持科学的治学态度，遵循“解放思想，实事求是”的思想路线，去探讨和认识现代中国文学的本来面貌和内在规律，使自己的学术思维保持

永久的活力，不断地有所发现、有所前进，既能超越前人也能超越自己；特别要敢于“破门而出”，冲决中国现代文学30年的传统界限或断代，真正按照中国新文学现代化的内在机制和基本规律重新规划“现代文学学科”的研究范畴，以体现出当代学者勇于探索的锐气和科学求是的精神。三是一个“真学者”不只是把致力于学术研究当成其生存方式或价值根基，具有一种自觉的以身殉业的奉献精神，而且应树立为学术而学术、为学问而治学的坚定信念，见到发财之道不动心，听到官场升迁不走神，你走你的阳关道，我走我的学术桥，只要能施展我的才能实现我的选择就感到其乐无穷、无限欣慰；只要能通过“现代文学”研究来破译历史和道法的权力结构，化解文本语言结构方式以维护全面的人性、人类完整的感性，从而释放审美主体的生命活力以争取精神完善和自我超越，于论文或著述中发出的是历史的真言和个人的真声，那就心满意足了。四是“学术本位”的执著追求从骨子里决定了“真学者”研究中的独立特行、耿直率真、光明磊落、刚直不阿的人格，既不怕受冷落也不怕遭围攻，为了探求学术真理、繁荣学术研究，哪怕献出生命也在所不惜。因而在“真学者”眼里学术无禁区，学术无国界，学术面前人人平等，即使在布满了陷阱的“现代文学”领域也敢于大胆驰骋任意开掘，不戴任何有色眼镜或褊狭眼光去“重新解读”、“重新评估”和“重新把握”，不管什么所谓“经典”、“大师”，也不管什么所谓“糟粕”、“谬种”，都要以“真学者”的心灵去感受去体悟去认识，从而作出与“历史”结论或“权威”话语相通或悖反的结论。五是与这种学术品格相一致的乃是学者们的日常生活追求，足现其可贵的精神境界，即不论在顺境里或逆境中都能经受住考验，且把逆境视为人难以回避的本体性存在，心不慌眼不跳，安然无恙地承受着，表现出一种正常的生活心态和乐观进取的情调。

先生提出的这五点，是他对中华学人优秀道统的归纳与总结，是他从教从研几十年来不懈追求的崇高境界。特别是做“真学者”这一条，他在不同场合多次讲过。在他的心目中，“真学者”就等同于学术界的英雄。“独立特行、耿直率真、光明磊落、刚直不阿”，“既不怕受冷落也不怕遭围攻，为了探求学术真理、繁荣学术研究，哪怕献出生命也在所不惜”。这些话，可谓英雄豪言，掷地有声！

经过此番修炼，朱先生让自己成了一位真学者，一位学术英雄。

对这位学术英雄的出现，魏建先生有一段精彩阐释：“‘朱德发现象’首先是‘拨乱反正’时代特有的人才现象。这是在‘万马齐喑究可哀’的岁月过后，许多被压抑的杰出人才‘不拘一格’重新降临到中华大地上。‘真理标准讨论’后的思想解放运动同时也是一场人才解放运动。因此，包括朱德发先生在内的一代英才脱颖而出，正是时势造英雄的写照。不过，对于这一现象，人们只看到‘英雄’被‘时势’造就的一面，却忽视了为什么同样的‘时势’只造就了极少数的‘英雄’呢？若是能认识到‘英雄’脱颖而出的主观能动性，‘英雄’就不再是被人嫉妒的‘幸运儿’，而是被人敬仰的‘弄潮儿’。”[40]

令人惊叹的是，这位“弄潮儿”，在学术界不是短暂的存在，不是像某些人那样只领风骚三五年，而是在长达三十多年的时间里，一直站在学术前沿，这是他在中国现当代文学研究领域创造的奇迹。

秘密何在？

第一，他始终关注学术界“热点”。在二十世纪七十年代末到八十年代初的新启蒙运动中，他痴迷于“五四”这一学界研究“热点”，并且致力于研究“五四文学革命的指导思想”这一“热点”中的“热点”，发表了引起轰动的多篇论文，并出版了几部学术价值极高的专著。此后，他研究的二十世纪中国文学流派问题、主体思维与现代中国文学问题、中国文学由古典向现代转换问题、现代中国文学史学问题、现代中国文学的现代性问题、“世界化”与现代中国文学问题、现代中国文学史命名问题等等，都是他针对学界“热点”做出的回答。他的那些回答，又作为颇具开拓性、创新性的研究成果，成为学界关注的“热点”。

第二，他不断挑战自我，超越自我。三十多年来，朱先生不停息地更新着自己的知识结构和理论资源，既能不断深化自己已有的研究课题，又能不断开拓新的学术疆域。当年他在五四研究上“突出重围”，一鸣惊人，继而“纵横探索”，在多个领域都有斩获，更重要的是，他“重在建构”，在文学史写作、文学史理论、文学流派理论、文学研究思维学等多个方面都有建树。譬如他的文学史研究，从关注“新文学史”到“中国现代文学史”再到“二十世纪中国文学史”“百年中国文学史”，最后到“现代中国文学史”，这些命名的变化体现了他不惜以今日自我与昨日自我宣战的自我否定和自我超越。他从文学史书写的探索到对文学史史学的研究，既是他不断对这一学科的反思和突围，又是对这一学科的建设性重构。

第三，他献身学术，矢志不渝。改革开放以来，中国知识分子经历了激烈的思想震荡，面临着诸多抉择。在功利主义、物质主义盛行的情势之下，越来越多的人向“钱”看、向“权”看，而朱先生却始终向“学问”看。他从内心里瞧不起那些为了获取金钱与权力而放弃做学问的人，将学术当作体现生命价值的唯一形式，埋头书斋，孜孜矻矻，磨杵成针，精心铸剑。一朝利器在手，何惧华山论剑，直至耄耋之年，依然雄视四方！

朱先生的英雄情结，还直接导致了一部学术著作的问世。

他在八十三岁高龄时接受时任山师大文学院副院长的张丽军教授访谈，讲过这样一段话：“我觉得一个社会、一个时代，它应该是英雄辈出的时代。没有英雄就不可能有辉煌的时代，不可能有辉煌的历史。尽管不能说英雄创造历史，但是至少英雄在创造历史的过程中发挥了不可替代的作用。所以我也就有这么一个英雄情结。有这个英雄情结，和长期看这些文学作品潜移默化的渗染影响有很大关系。……为什么我要主编一本《现代中国文学英雄叙事论稿》，与这个有很大关系。……我们这个时代正需要英雄。每个领域都需要英雄，……个人主义英雄也总比没有英雄好，比那种麻木的、那种得过且过的苟且偷生的要好得多。没有英雄情结的话，你就不可能在学术研究方面有很多的成就。知识分子的探索精神和争强好胜精神都是英雄情结的外在表现。怎么不需要英雄呢？不光是革命、战争需要英雄，平常生活中也需要英雄。现在我们的英雄太少了。大家没有那种英雄气了，都愿意过着安安逸逸的日常生活，过那种醉生梦死的生活，这样什么壮丽宏伟的事业也搞不出来，世界怎么发展啊！”[41]

先生敏锐地发现，由于多种原因所致，学术界对现代文学英雄叙事的研究滞后于人民对英雄的崇尚和时代对英雄的呼唤；尤其对革命战争小说英雄叙事的研究往往被关注“日常生活叙事”的言说所取代，在有些学者的视野中似乎“英雄叙事”的时代已成历史，当下最需要的是摆脱所谓宏大革命叙事、消解英雄情结而把读者的注意力和审美旨趣引向日常生活叙事的文学作品中。他不以为然，他愤愤不平。经过一段时间的思考，在21世纪之初，他决定专就现代中国文学英雄叙事的问题写一部专著，表达自己所持的观点，批评错误倾向。他召集李钧、王寰鹏、李宗刚、李新刚、张伟忠等几位中青年学者，提出自己的主编意见，经过讨论，确定了纲目，然后分头写作。

朱先生亲自撰写长达7万字的导论，题为《现代中国文学“英雄理念”的反思性诠释》。他在指出现代文学英雄叙事研究所存在的问题之后，针锋相对地讲：

> 不论英雄宏大叙事或者日常生活叙事都是现代中国文学结构系统中不可或缺的有机组成部分；特别是英雄叙事的研究只能深化不能略化，惟有这样才能使现代中国文学研究的整体学术水平有所攀升，才能使现代中国文学总体系统的诠释得到全面强化。学术研究不能单凭个人的兴趣和爱好，既然选择了现代中国文学研究作为学术价值根基，就应该胸怀一盘棋，以理性自觉意识制控研究行为，将现代文学的英雄叙事放在一个重要位置，至少应居于现代中国文学这盘棋的将相之位。

他还指出：

> 特别是进入20世纪90年代以后，一方面市场经济昌盛带来的生活

> 富裕、环境安定、娱乐享受，潜移默化地改变了人们的审美取向，失去了往昔争相阅读革命战争文学的兴趣，对那些冲锋陷阵、勇敢杀敌的英雄由崇拜变成敬而远之，这种社会性的接受期待也直接间接地影响了学界对英雄叙事的深入探究；另一方面现代大众文化思潮的冲击日益猛烈，以感官刺激和享乐消遣为目的的流行文学无处不在无孔不入，既消解了文学应有的本质意义又解构了人们思维的深度模式，使公民淡忘了以政治为中心的意识形态以及对国家、民族乃至人类的生存状态和前途命运的关怀，患上了社会政治冷淡症，陷入一种麻木不仁、得过且过、冷也好热也好活着就好的心理陷阱，这种流行大众文化思潮对现代中国文学英雄叙事的深入研究所造成的消极影响是难以估量的。基于上述的认识，我们毅然决然地选择了“现代中国文学英雄叙事”作为课题进行研究，它的价值和意义是不言而喻的。

接下来，先生探幽发微，专节论述了“现代英雄理念的生成”。他这样讲：“可以毫无夸张地说，中华民族是个英雄民族，英雄叙事是中国文学的耀目亮点，英雄理念是中国人根深蒂固的思想意识。”“正因英雄是人类本质力量和生命强力之所在，不仅与大自然斗能够取得胜利，‘天下重赖英雄矣’；而且不同人种和民族相互争斗也能够达到和谐统一共荣共存，‘而天下益知重英雄矣’。‘英雄’既是人类的普遍人性之一又是在各种斗争实践中显示了英雄的巨大能量，所以‘英雄’作为人的理念具有无坚不摧无攻不克的话语威力，尤其‘英雄’作为美学范畴物化为《三国演义》《水浒传》等‘稗史小说’的英雄形象更加广为流传，‘其入人心之深，行世之远，几几出入经史之上’。把‘英雄’作为人性之一或作为人的本质属性，这是从现代人本哲学的高度来认识‘英雄’的深刻美学内涵，使英雄成为现代‘人的文学’的审美特征，并使‘英雄’成为推进中国文学实现现代化的一个承续传统的重要美学范畴。”

他分节论述了现代中国文学中的民族主义“英雄理念”、启蒙主义文学的“英雄理念”、左翼文学的“英雄理念”、社会主义现实主义的“英雄理念”、“两结合”文艺主潮的“英雄理念”、革命文学“英雄理念”的反思与评判、“主旋律”文学的“英雄理念”之后，最后笔锋一转，做出论断：“英雄叙事文本比英雄理念更丰盈。”最后写道：“由上可断，我们重视现代中国文学不同形态‘英雄理念’的考析，但更重视对现代英雄叙事文本的重新解读和重新评述，这不仅可以发现并总结出更多的‘英雄理念’，而且也是决定本书的学术质量能否达到创新趋优目标的重中之重，我相信各位参著者会发挥自己的创造潜能和聪明才智朝着这个目标去努力的。”这好比一位统帅谈罢自己对于形势的分析与判断，向麾下将领发出了进攻指令。于是，我们接着就读到了几位中青年学者的分头论述：黎明期文学的英雄叙事、发展期文学的英雄叙事、转折期文学的英雄叙事、复兴期文学的英雄叙事、激变期文学的英雄叙事。

《现代中国文学英雄叙事论稿》，入选山东社会科学规划重点项目，于2006年出版。读这部书，纵览百年英雄叙事，似听一曲长风浩歌。

第十章
爱河行舟

朱德发先生的文学史著作，或是大学教材，或是学术著作，或是大众读物。有一部《中国情爱文学史论》，问世后却引来纷纷议论甚至窃窃私语，朱先生不经意间被人八卦了一通。这部书，全名为《爱河溯舟：中国情爱文学史论》，由朱德发与谭贻楚、张清华合著。有些了解朱先生婚姻状况的人说，他婚姻不如意，却写出这么一部书，难道是他压抑心理的发泄，或者是爱情理想的投射，恰恰证明了弗洛伊德学说？有些与他同龄的熟人甚至当面向他调侃，说他是“情爱专家”。先生听了这些，一笑置之。

这部书，1991 年 3 月在天津教育出版社出版，但从朱先生写于 1989 年 10 月的“后记”看来，编撰此书的设想早就有了，其根本原因是“改革开放的时代拓宽了研究思维的空间”，“思想解放的春风吹活了研究者的思路”。但他有了成书的构想，却没有研究力量和研究时间的保证。“正在苦于科研任务重、时间紧、心力不足的时候，我招收了两名有多年教学实践经验和具备较好研究能力的硕士研究生，他们不仅对这个研究课题感兴趣，而且有所准备

朱德发教授在工作中

有所思考。张清华的古典文学底子扎实，有较高的综合比较研究能力，他侧重撰写了‘古代篇’的各个专题；谭贻楚的现代文学较熟，分析文学作品的能力较好，他侧重于‘现代篇’的情爱文学章节的撰写。他们锐意进取，思路敏捷，勇于开拓，确保了全书质量的均衡。我除了负责全书的总体设计，拟定具体编著大纲，为每章每节审阅、修改、定稿以及最后为全书统稿外，还亲自撰写‘导论’和‘当今篇’。”

先生撰写的“导论”，通过“爱情与文学结下不解之缘”“中国情爱文学流变轨迹”“中外情爱文学的相似特征”三节，揭示人类情爱的本质与特点，阐释情爱文学的由来与流变，并将中外情爱文学做了比较，高屋建瓴，观点新颖，让人大开眼界。张清华撰写的“古代篇”，第一章的题目“三千年爱河的流踪”，有为此书解题之妙。七章读下来，让人如乘扁舟，顺流而下，从先秦到明清，欣赏中国古代情爱文学之美之妙。谭贻楚撰写的“现代篇”，在时间跨度上不是学界约定俗成的从“五四”至新中国成立，而是到“文革”为止，可谓独出机杼，对中国现代文学研究有了难得的拓展和深入。朱先生的“当今篇”，是研究新时期的情爱文学，时间段截取1976年至1985年，只有短短9年。先生看到了这9年间情爱文学的井喷现象，揭示其背后的历史原因，分析各个类型有代表性的作家作品。各章题目，颇有诗意：“穿过荒原 走向春天”，“蓦然回首 悲泪交流”，“历尽磨难 痴心不改”，“双重追求 奋进搏击”，“强化主体 走向现代”，“寸草之心 芳满天涯”，“生命骚动 心灵超越”。

可以肯定地说，这是一部非常严肃的学术专著。它甫一问世，即受好评。《文艺报》发表了一篇题为《爱与美的探索》的评论，说这部著作

“从史的角度对中国古今的情爱——爱情文学名著进行了较为系列的纵向考查与研究，于纵横比较中探索了情爱文学发展的‘特殊规律’及总体审美特征，并作出了较为切合实际的评价”；在方法论上“作者放弃了传统的作家作品论的叙论方法，而选择在宏观考察的基础上对情爱文学的个体进行研究，使个体在整体系统中成为有机组成部分并显示出较深沉的理论意蕴来。”[42]还有论者称，《中国情爱文学史论》“以极为严肃的学术态度，以史的纵向序列和论的横向归纳，通过对中国文学史爱情现象的全面归结与分析，对其所包含的社会与美学内容做了多层次、多角度的深入探讨与透视。综观全局，这部著作不但可以视为一次十分有益的首举尝试，而且的确显示了相当的理论水准和学术价值”，“尤其具有填补空白的意义”[43]。

朱先生与两位弟子撰写此书，借鉴哲学、文化人类学、现代心理学等学科的最新观点，可谓俯瞰三千年时空，尽览中国情爱文学全貌，学术态度十分严谨。但我们还是从朱先生的文字里读出了“六经注我”的味道。他评述一些情爱文学里面的人物和故事，能够明显地看出他的感情倾向；他对作品中情爱观点的论说，能够让人陷入沉思，甚至拍案赞叹。有许多段落，先生写得特别用心用情，让人读时为之感动。读着读着，会想到一句古语：“借他人之酒杯，浇自己之块垒。”

先生“块垒”，存在已久。他在曲师学习时写《自传》，说的“千斤石”“婚姻悲剧”便是。他十岁定亲，十二岁娶妻，妻子比他大五岁，没有感情基础。农村中有这么一句话：“妻大五，赛老母。”从这句话里可以想象，朱先生年轻时对大他五岁的妻子一种什么样的感觉，至多是一种类似姐弟情分的心态。后来，他有时称呼张凤英“大姐”，到了中老年更是称呼她“老大姐”，便是证明。

妻子张凤英最初对朱德发也没有感情，她在少女时代有远大理想，打算参加八路军杀敌报国。被父母逼着嫁入朱门，理想失落，重担在前，她不可避免地会有怨言，会在小丈夫面前表现出来。她对还是个孩子的小丈夫不可能相敬如宾，年方十七的她，使个小性子、发泄一下都是正常的。

朱德玉女士告诉我，她小时候听邻居说，嫂子曾在外面发牢骚：“找个小猴子，不如找个老头子！”意思是丈夫太小，不懂得体贴人，不能与她分担农活。这话如果传到小丈夫那里，肯定会在他心灵上留下阴影。想到这些，就能理解小朱德发对张凤英的态度了。但是，朱德发知道张凤英对他家的重要作用：父亲、爷爷接连去世，家中缺少劳力，张凤英来了之后，像男人一样把这个家支撑下来。所以，他对张凤英是敬重的，是感激的。

张凤英有爱心，有担当，像个典型的胶东女人那样，一旦嫁出去，就把整个生命交给对方，相夫教子的执着与韧性令人惊叹。她尽管有些怨言，但还是该干啥干啥，吃苦耐劳，让朱家的日子从此变好。她初来乍到时对小丈夫不了解、不满意，当她发现小丈夫绝顶聪明，善良正直，便喜欢上了他，爱上了他，想让他有出息，干大事。朱德发上完小学被校长留下，一边复读一边当“小先生”，她不像那些狭隘自私的庄户女人一样扯他后腿，让他下地干活，而是继续让他待在学校。朱德发参加工作后，她更是全力支持，在家中独当一面。生下孩子之后，她白天把孩子托付给婆婆，自己到地里耕种锄割，辛勤劳作。朱德玉上完小学，哥哥让她去上中学，张凤英也支持小姑子上学，自己在家上养老下养小。

农业实行集体化之后，张凤英去生产队参加劳动。她不只是样样农活干得好，还渐渐显露出领导才能。尤其是那些妇女，大都佩服她，村里就任命她为生产队的副队长（也叫妇女队长），主要负责带领妇女劳力干活。可以想见，这位妇女队长当年身先士卒，重活累活抢在头里，有口才、有威望，是何等的气魄，怎样的风采！

在那个年代，生产队到了年终分配，要列出各家所挣工分一共多少，所分的“口粮”折合多少钱。如果工分少了，抵顶不了口粮费，就要拿钱交给生产队，这叫“倒找”。单职工家庭，就是男人在外面工作的家庭，因为缺少劳力，一般都要“倒找”。

采访时我问张凤英老人：“您在老家的那些年，到了年终分配，用不用‘倒找’？”

老人豪迈地挥着手说：“不用，从来不用！我挣的工分足够！”

她女儿朱筱芳告诉我，虽然她母亲挣的工分足够，但毕竟赶不上有男劳力的人家挣得多，年终分到的现金很少。有一年，才分到两块多钱。可是母亲用这点钱做了件美丽的事儿：买来一些花纸，把家里的顶棚全部贴遍，让她家的那个年过得喜气洋洋。

听着朱筱芳的讲述，看看在沙发上微笑的老人，我对她满怀敬意。

然而，张凤英尽管是农村妇女中的佼佼者，尽管对丈夫越来越敬重，朱先生也对张凤英感恩，为她的奉献感动，但她毕竟不是朱德发理想中的女性，“纵是举案齐眉，到底意难平”。因此，他在蓬莱工作时看到别人的幸福生活，想到自己要做一辈子“单职工”，曾经萌生离婚念头，但他没能说服母亲。他想起张凤英的功劳，看到两个孩子的可爱，再想一想他从小浸染其中的民间传统伦理，知道自己如果坚持离婚会被父老乡亲怎样谴责，只好改变主意，收束念头，又退缩到生活的既往轨道。

离婚是不可能的了，接下来便是夫妻长期分居。朱先生在蓬莱工作到1960年，去曲师读书4年，毕业后进入山师，继续单身独居。我在采访中，听他的好几位同事都说，朱老师之所以有这么大的成就，与多年的单身生活、没有家务拖累有很大关系。我参加工作之后，因为家属在农村，也有过几年的单身生活，对此深有体会。那种事业上的专注，其实是带有悲苦、悲壮意味的。孤灯一盏，孤身一人，夜深人静，形影相吊，那种滋味，难与外人道也。不过，这样的生活我只有几年，朱先生却是从他十八岁开始算起，长达三十多年！

二十世纪七十年代末，朱先生住山师第二宿舍8号楼。为了赶写文章，经常用暖瓶泡米做早餐，就着自己做的小菜。他最拿手的是煮“五香花生米”，就是将花生米放进水中，加上盐和调料将其煮熟。煮上一些，自己吃不了，有时还送给邻居一点。有一天晚上，他端着一盘送给隔壁的翟德耀，见这对夫妻正在读书，不禁赞叹道：“德耀好福气啊，红袖添香嘛！”这话，让翟德耀听出了弦外之音。他知道，朱老师的单身生活太苦了。翟德耀和妻子有点好吃的东西，比如老家来人带的鱼虾，也会给朱老师送过去。如果有同学来济南，他们总会请朱老师一起聚餐。那时，翟德耀与妻子都年轻，有才有貌，情投意合，二人经常在楼前打羽毛球。朱老师看到他们的恩爱样子，忍不住点头赞叹。他与翟德耀闲聊时，有时也谈起自己的家庭，说到妻子在老家，这些年来上养老下养小，言谈中对妻子怀着深深的愧疚和感激："她在家是里里外外一把手，什么都能干，跟着我，受大苦了！可是你说有什么办法？离得这么远，我一点忙也帮不上！"

先生对五四文学和新文化运动研究得那么透彻，不可能不熟悉那时一些文化名人的婚姻生活。鲁迅，婚姻就是母亲包办的，与周家定亲的朱安比他大三岁。鲁迅正在日本留学时，母亲用一封假病危书让他回来成亲，他成亲四天后离家出走。鲁迅曾对朋友说："她（指朱安）是我母亲的太太，不是我的太太。"胡适，十三岁时由母亲做主与江冬秀订婚，而后十四载未曾见面，直到从国外回来才与其完婚。江冬秀学识有限，相貌平凡，被胡适朋友唐德刚戏称："胡适大名垂宇宙，小脚太太亦随之。"郭沫若，二十岁那年奉父母之命和张琼华结婚。宾客散尽，郭沫若第一眼看到张琼华，觉得如同"一只猩猩"，又发现张琼华是三寸金莲，他极其失望，怨气冲天地走出洞房，拿一本《庄子》在厢房里度过了花烛之夜。朱先生想到自己的婚姻和他们一样，也是前辈包办；想到那些名人的婚姻虽然不如意，但大都另觅知音，或者再婚，或者结成精神伴侣；再想到五四时期倡导个性解放、追求自由，他可能会心中郁闷，黯然神伤。

但是，李大钊的婚姻经历却给了他别样的感悟。李大钊是遗腹子，三岁丧母，既无兄弟，也无姐妹。爷爷奶奶抚育他成长，早早让他和比他大六岁的邻居女孩赵纫兰定亲，结婚时李大钊年仅十岁。赵纫兰十分贤惠，为让丈夫安心读书，自己担起家庭重担。李大钊考入平府中学后，爷爷奶奶相继亡故，赵纫兰靠典当挪借供他读书，继而支持他去日本留学。李大钊对妻子十分感恩，留学归来，成为社会名流、新文化运动的领导者，却丝毫不因为有一个来自乡下的妻子而自卑。每当家中来了客人，李大钊都是郑重地介绍她，还为她在见客人之前整理衣领，免得出丑；她重病时，李大钊放下工作，回来照看她。他这样评价夫人："她是我生命中最重要的女人，既是我的妻子，又是我的母亲，还是我的姐姐。"朱先生从赵纫兰的身上看到了张凤英的影子。恩人，妻子，姐姐，这三个角色叠加在一起，就成为张凤英在他心目中的形象。他可能会想，李大钊能接受乃至享受包办婚姻，我为何不能？张凤英也像赵纫兰那样勤奋而贤惠，我也决不能负她。因此，他的心态就有了改变：不是自己想要的婚姻，却从内心认可、接受；与妻子没有感情基础，却感激、感恩。于是，在学术探索上勇往直前、胸胆开张的朱先生，在个人生活中却保持着自律与慎独。虽然羡慕那种两情相悦的真挚爱情，但他“临渊羡鱼”，却没有“退而结网”，而是埋头去做学问，将满腔幻想湮灭在稿纸堆里。我在山师大采访期间，问过几位与先生熟悉的人，先生有没有婚外情人，他们纷纷摇头。有人还这么评判：朱先生学术成就上的丰盈与两性情感上的苍白，构成了他的人生二重奏，悲怆意味十分浓重。

王兆胜先生向我讲，朱老师生在蓬莱，浸染了道家文化，有天真的童心，有追求生命自由的强烈愿望。他是庄子笔下的“真人”，保持着相对清洁的内心世界。他在曲阜上大学，也受到儒家文化影响，重名节，善克制。在他身上，儒道互补，作用很大。长久的夫妻分居之苦，通过学术实现了转换与超越。兆胜先生认为，包括朱老师在内的学人，乃至于自由恋爱的婚姻，真正要达到幸福往往是很难的。何以故？人的欲望膨胀，不懂得珍惜，无敬畏之心，必然魂不守舍，呈围城内外之想。朱老师最了不起的是，他没让这个家破裂，而且用善良、仁慈、爱惜与牺牲使其完好。如果没有对包括师母在内的全家人的责任与爱，这是不可能做到的。与那些由自由恋爱始，到毫无德行地猎爱，最后导致家庭破裂的人相比，朱老师更值得赞美，这也是他周身充满正能量的地方。兆胜先生还说，蓬莱人有个特点：有时越是赞成的，说出来越“埋汰”，甚至到了自嘲的地步。师父师母有时发点牢骚，甚至有意“埋汰”自己的婚姻，其实并不是说内心没有爱和不知足。我听了这些，对朱先生的婚姻与情感有了新的理解。

1980 年 8 月，张凤英转为城镇户口之后，搬到济南居住，二人终于结束分居生活。我去郑州采访朱先生的妹妹时，他外甥告诉我，那时舅舅笑着跟他说，你妗子到了济南，就像刘姥姥进大观园一样，花了眼！

张凤英在门楼村不是凡常之人，在农村妇女中是百里挑一，但她毕竟不熟悉城市生活，不熟悉朱先生的工作环境。她进城初期还带着“女队长”的强势，文化低，心气高，不愿轻易示弱，对先生本来是“豆腐心”，却有时表现为“刀子嘴”。夫妻俩因为知识与观念的悬殊，没有多少共同语言：一个倾心于“五四”时期人的解放，聚焦精神美好；一个关注于生活的柴米油盐，重视物质满足。先生的价值观是高级知识分子的，眼光是世界的、历史的，而妻子的价值观是从农村带过来的，习惯于用一位农妇的眼光打量事物，因而无法理解先生的思想境界。我在采访她时，她首先评价先生：“是个好银（人）!”接着又说：“他忙活了一辈子，挣了个大房子!”这话，重复了好几遍。先生的房子确实好，那是学校2003年在第一宿舍区建起的小高层，因朱先生当时是全校少有的老博导，有资格住在这里，他选了2号楼1101。这套房子是复式的，上下两层，面积为234平方米。楼上是最顶层，阳台宽阔，在那里可以看到山师校园和千佛山风光。然而，若将先生的人生意义仅限于挣了一套大房子，就好比把千佛山说成土石堆。

到了济南，进入朱先生的社交圈，张凤英也难以让自己的角色马上定位于“朱夫人”，她不懂知识分子群体中的礼节与规矩，在待人接物方面就不那么周全。我采访中听说了这么一件事：在电话尚未普及的时候，山东大学的孔范今先生有一天登门拜访朱先生，敲开门后，张凤英不认识他，问：“你找谁?”孔先生说：“我找朱教授。”张凤英说：“朱教授不在家。”当时朱老师是在家的，但张凤英只知道不让人打扰先生，却不知道问清楚来人是谁，是否需要变通。孔、朱二人同为山东现代文学研究领域的巨擘，私交甚好。孔先生多次向人笑谈此事：“俺也是教授呀!”朱先生事后听说孔先生吃了闭门羹，一再向他道歉。

朱先生的学生中有好多女性，有时候要到老师家里听课或讨教，张凤英往往与她们谈家长里短，谈农村妇女才感兴趣的话题，并且爱问她们的婚恋情况，这时候先生就不耐烦：“谈学问！谈学问!”女弟子到楼上与先生说话时，她借倒茶送水，屡屡上去察看，这也惹得先生心烦，挥手让她走开。张

1997 年，朱德发教授与家人在一起

凤英有时还会向熟悉的老师抱怨：“你说我家老朱，整天在外面出差、开会，怎么那么多会啊？开就开吧，有时候还带着学生，又是男又是女的！”别人听出了话外之音，意思是朱老师开会，随行者有女学生，就赶紧做些解释，说你不用担心，朱老师不是那样的人。

凡此种种，让朱先生时有不爽，屡有抱怨。他有时向学生也讲：“我没有享受过现代爱情。”有一回，他与几个女弟子在一起闲聊说，真羡慕你们这些新女性。佘小杰说：“可是，老师您也享了旧女性的福呀，师母把家务照顾得这么好。”先生听了，脸上现出苦笑。他的博士生李建国，1996 年结婚，朱老师听说他的对象在老家，马上问道：“你们是不是包办婚姻？”做出这样的联想，可见包办婚姻给先生心中带来的伤痕有多深。他当年在聊城教过的学生、山师大教授王景科女士向我说过，有一年文学院组织研究生复试，结束后别人都走了，他还在那里，王景科问他为什么还不回家，朱老师气哼哼道：“你们回家有爱情，我回家有什么？”王景科当时忍不住发笑，但事后她每次想起这事，都为这老两口伤心。山师大新闻与传媒学院副院长常庆讲，他当年读研时，有一回和几个同学看电影，发现朱老师一个人坐在那里，问他为何没带师母，他说，你师母看不懂。

朱德发与夫人的合影

跟了他二十五年的弟子贾振勇，这样解读先生的内心世界：“他深谙世道人心，看破不说破，不执两端而取乎中。至于世间那些赞扬乃至吹捧，他当然乐于享受，可是内心深处有时肯定是鄙衷的。在他能力和福报所及处，他抵达了自我人生的巅峰。权谋之道、人情练达，经过数十年摸爬滚打，他自然驾轻就熟。但是，背后的宅心仁厚，背后的理想激情，背后的创伤痛苦，何尝不是更为内在的本源动力呢？他是一个极为刚强、隐忍和克制的人，他不愿别人看到他的缺点、虚弱和苍凉。我能深深地感到，他也是一个羡慕现世快乐与享受的人，但他总是发乎情、止乎礼。他把学术当作生命的寄托，何尝不是他一生莫大的悲哀？”

我听几位朱门弟子讲，先生面对改革开放之后的社会，也不是心如止水，也曾尝试学习一些新的甚至是浪漫的生活方式。二十世纪八九十年代，交谊舞盛行，有一回去曲阜开会，时任《作家报》副主编的王光东等人要去跳舞，说，把朱老师也叫上！朱老师果然跟着他们走了。到了一家宾馆的舞厅，王光东让一位年轻的女老师教他，他非常热情，学会了最简单的两种舞步。回到济南，又跳过几次。大约是 1997 年，朱老师跑博士点忙得不可开交，当时他身边只有张清华和张光芒两个学生。这天，张清华对张光芒说，老师忙成这样，能不能让他轻松一下？那时学校有周末舞会，学校工会在山师北街搞了个大舞厅，两个学生就拉着老师去了。那时去舞厅玩的人有不少，大多是山师的师生，连一些退休老教授也经常过去。朱老师到了那里，待一支舞曲响起，随意找个舞伴，就跳了起来。虽然舞步笨拙，但神情很是愉快。过了一段时间，两个学生又让老师去舞厅“轻松”，哪知道刚跳了一会儿，张光芒突然看见师母出现在门口。他急忙跟张清华说了一声，让他陪老师，自己急急忙忙走到门口。原来外面下起了大雨，师母想到外孙女琳琳正在学校补课，就来找朱老师，让他给琳琳送伞。张光芒就说，师母，我陪你去送。先生看见了这一幕，怏怏而归，从此不再跳舞。

往后，先生将自己的娱乐方式一步步减至最简。他不喝酒，不抽烟，忙上一天，到了晚上也就是看看电视剧，看看足球。张清华讲，二十世纪九十年代后期，有一年放暑假的第二天，朱老师要带他们几个学生出去玩。学生们感到意外，说老师还有心思去玩？朱老师说：“人生，就得潇洒一点嘛！”于是，他的三个学生张清华、张光芒、贾振勇喜不自胜，踊跃跟随。朱老师还说，今天必须由他买单。没想到，敬爱的朱老师，声称要潇洒一点的朱老师，只带他们到济南植物园走了一大圈。但老师很开心，边走边说，不放过教育他们的机会，说你们几个以后在学术上都有所作为，我就高兴了。走了一会儿，到旁边一家饭店吃饭。吃完饭又进园去玩，见到蚂蚱菜（马齿苋），朱老师说这是好东西，与学生挖了一些带回来。

有一次去上海开会，到了晚上，时任上海大学文学院院长的王光东说，朱老师，我带你去潇洒潇洒。几个人去了一家酒吧，朱老师进门后这看那看，十分惊讶："你们还来这种地方？"王光东要了一瓶啤酒给朱老师，并让他"放开"。朱先生摇头叹息："唉，我能怎么潇洒，怎么放开？"

进入老年之后，朱先生进一步回归庸常的家庭生活，老夫老妻，亲情深厚。先生对夫人越来越尊重，越来越体贴，他将工资也交给夫人保管，自己只支配一些讲课收入。她曾对女儿朱筱芳说："能在一起过日子，就是缘分。"他多次对儿女讲："你们母亲在咱家最困难的时刻来到咱家，是咱家的大功臣，全家人永远不要忘记。"他每次得奖之后，回家展示奖励证书或奖牌，总是向夫人说上这么一句："老大姐呀，我这个军功章至少有你的一半！"有的朱门弟子向我说，先生如果到海滨城市开会，总要买一些海产品带回来，还乐呵呵地跟人说："我家老张喜欢吃这些玩意儿。"2010 年底，老太太发烧，女儿带她到齐鲁医院就诊，医生当天让老太太住院，但她坚决不住。女儿劝不了，就打电话给父亲。父亲正在学校开会，立马赶到医院说服老太太，让她听医生的话。老太太住了 3 天院，贾振勇的爱人开车把她接回家，先生见她进门，第一句话就是："老大姐，你可回来了，这个家离不开你呀！"2016 年、2017 年，老太太腰部两次骨折。由于病痛折磨，她的脾气变得有些烦躁，常常因为一些小事对先生发火，但先生从不计较，一笑了之。

先生对夫人的态度变化，还可以从他与南京大学许志英教授的交往中看出来。朱先生和许先生同岁，一起在 1983 年"清理精神污染"运动中受到点名批评，属于"难兄难弟"。此后三十多年，二人一直是同道兼好友，交往频繁。2004 年，身为南京大学中文系主任的许先生打电话，邀请朱先生去担任博士论文答辩主席，并且说："我快退了，这可能是我最后一次组织论文答辩了，你一定要来，而且一定要带着家属，让她过来逛逛南京。"朱先生以前外出参加活动，一般不带夫人，这次听到老朋友盛情相邀，就带上了张凤英。这时张光芒已经在南大任教，担任答辩秘书。张光芒向我讲，老师和师母去了之后，第二天举行答辩会，他让爱人陪师母去玩。她们看夫子庙，游秦淮河，品尝南京小吃，师母对什么都感到新鲜，非常高兴。游完回来，便去了南大文学院为答辩专家举办的答谢宴会上。张光芒记得，他爱人扶着老太太走到主桌，想让她坐到朱老师身边，朱老师却挥挥手，让她到别处坐。老太太也没生气，就到另外的位子上坐下了。看到这个情况，坐在主陪位置上的许老师听之任之，没做挽留。

朱、许二位先生，不只是研究方向相同，婚姻状况也相似，都是早早在老家成亲，到了中年才把家属带出来。起初，许先生也对身为农村妇女的配偶很不满意，二位先生相互同情，见面时免不了吐槽。然而许先生老了之后，身体欠佳，夫人在他身边殷勤伺候，让他感受到了难得的亲情与温暖。就在许先生请朱夫人到南京游览了一趟之后，许夫人得了癌症，于 2016 年离世。许先生整天怀念老伴，伤心不已。时间不长，他出现中风前兆，一只胳膊老是颤抖。2017 年 9 月 14 日，许先生自己走上阳台，自挂横梁而终。他留下一份遗书，其中有"生意全无"四字，并详细交代了后事。遗书中提到了三个生前好友，其中一位是朱德发。

许先生与夫人的"黄昏生死恋"，给了朱先生很大刺激。他向人讲这事时，扼腕叹息，老泪纵横。也许他镜鉴此事，对生命、事业、家庭等诸多问题都有了新的体认。此后，他对老伴更加关心，每天嘘寒问暖。朱筱芳说，2017 年冬天，她爸爸病情加重，她想住在家里照顾父母，可是爸爸不愿拖累孩子，婉言拒绝。平时是她为父母准备午餐和晚餐，爸爸坚持要自己做早饭。无论天气有多冷，爸爸都去温度很低的凉台准备早餐。妈妈有时候过意不去，爸爸说："老大姐，我比你身体好，没事！"他们在晚年相濡以沫的情景，常常让子女与孙辈们动容。

朱筱芳还告诉我，她爸爸去世后，妈妈一直把爸爸原来用的枕头、被子整理摆放得和原来一样。她给妈妈整理床铺，觉得整理起来不方便，就放到床头柜上了。妈妈看见后也没说什么，又把爸爸用过的东西放在原处，而且每天整理一遍，天天如此。爸爸的衣柜，妈妈过几天就要整理整理，擦拭得一尘不染。

朱先生与张凤英做了72年的夫妻。72年是何等漫长，甚至超过了许多人的寿数。从12岁起，先生开始他的爱河行舟，途中遇到过风浪，经历过颠簸，后来却是同舟共济，相依为命。这是无奈，也是幸运；是伤痛，也是幸福。这是那一代人的宿命，也是那一代人的特色：集五四文化人格和儒家文化人格于一身，既是现代理性的启蒙者，高度认同现代情爱，又因为人道主义和仁爱思想，对发妻不离不弃，白头偕老。

进入晚年，先生对胡适特别感兴趣，花两千多元自费买了一套《胡适全集》，开始潜心研究。胡适是一位思想家、政治家、文化巨匠，当然值得研究，不过，先生考察了胡适的新潮思想与旧式婚姻之间的巨大落差，想到胡适年轻时反抗包办婚姻，晚年却回归家庭与夫人恩爱相守，是否产生共鸣，感慨万端？

先生在青年时代与中年时代一直在外学习、工作，对儿女照顾得不多，当第三代出生后，他对孩子十分疼爱，“隔代亲”现象在他们祖孙间表现得十分明显。

孙女晶晶，1978年出生，出生时睁着眼睛，朱先生得知此事，为她起名“晶晶”。晶晶跟她妈妈住在济南外婆家里，爸爸在中科院武汉物理所工作。见这母女俩缺人照顾，朱先生就想方设法，在1981年将儿子调到山东科学院自动化研究所。

这时，他的女儿还在老家任民办老师，与姑姑给她介绍的一位军人结婚后，1980年生下女儿琳琳。先生一直惦记着这个外孙女，一次次给她买衣服寄回去。琳琳向我讲，她四五岁时，姥爷买了一件橘黄色小衬衫，她十分喜欢。有时候妈妈洗了这件衣服，正晒在绳子上，她就在下面伸手跳高：“我要穿！我要穿！”姥爷还给她买了一双小皮鞋，号大了一点，她到了五六岁穿上才合适。

1985 年，朱筱芳去了丈夫所在的太原，让女儿跟着姥爷姥姥生活，直到丈夫转业他俩才回到济南。琳琳说，她小时候经常生病，一发烧姥爷姥姥就赶紧抱她去医院。她对姥爷姥姥的感情，比对父母还要深。这时朱先生住在 24 号楼，是位于一楼的两居室，楼前带一个小院。晶晶也经常过来玩，小院里充满了欢乐。院里栽了葡萄，当了奶奶兼外婆的张凤英给葡萄浇水、整枝，晶晶、琳琳和小伙伴们在葡萄架下唱歌、跳皮筋。学校照顾朱先生，在 34 号楼上给他安排了一间工作室。先生从工作室回来，看着孩子们天真烂漫的样子，经常现出沉醉之态。1989 年，学校又让他搬到了第三宿舍区 35 号楼 101，是一套三居室。家里也是三代同堂，其乐融融。

琳琳说，那时候姥爷爱看侦探片，有一部《德里奇探长》，让他看得入迷。她说，姥爷长得像德里奇探长，都是浓眉大眼。姥爷听了特别高兴，说：嗯，我也觉得很像。我要是当探长，会跟他一样智勇双全。

先生当爷爷的时候只有 44 岁。两个孙辈女孩都说，小时候，经常有人把她们误认为是朱老师的女儿，闹出一些笑话。晶晶说，有一回爷爷他不在家，忽然来了一个人，问她："你爸在家吗？"晶晶笑着纠正："那是我爷爷！"这人笑过，在桌子上放下一个荷叶烧鸡。原来他是个体育老师，也不认识爷爷，只是听说在评职称时，爷爷为他说了公道话，让他得以通过，他就来感谢了。

许多年来，先生外出开会、参加活动，只要时间允许，都会给孩子买点礼物回来，或是零食，或是玩具，回来向孩子像玩魔术般一样样展示，惹得孩子雀跃抢夺。这个时候，先生笑逐颜开，也现出天真模样。后来孩子们大了，每到千佛山举行山会的时候，先生和老伴都要去逛一圈，买一些糖葫芦之类的零食拿回来送给孙辈。孙女在中国海洋大学读研时，老两口曾专程去青岛看望。

先生有时还带着孙辈出行。1999 年春天，他去浙江桐乡开茅盾研究会时，带着晶晶。散会后，他把身份证和两三千块钱都塞到孙女包里，祖孙

朱德发教授与孙女晶晶（右）、外孙女琳琳（左）在一起

二人去杭州逛西湖。孙女背包，爷爷甩着双手怡然而行。高高兴兴逛了一圈，晶晶忽然发现包被小偷割了一道口子，钱和身份证都没了。晶晶很生气，爷爷却安慰她："没事，没事，身份证回去可以补办，只是给你的零花钱没了。"

晶晶说，她在爷爷家里，有时趁爷爷睡午觉时去他书房看书。爷爷醒来问她看什么书，然后就跟她讨论起来。有一回，还向孙女讲萨特的存在主义，并找有关的书给她看，将孙女引进哲学大门。先生的儿女没学文科，本来希望孙辈能继承他的事业，但两个女孩也学了别的专业，毕业后都没有从文。对此，先生觉得遗憾，但也能理解年轻人的志向与选择，对她们的爱丝毫未减。外出时，都忘不了给她们买东西，而且很"潮"。琳琳说，姥爷有一回去台湾，给她买了一套雅诗兰黛化妆品，花了三千多元。可是，如果孙辈给他买东西，他却不让，只表扬他们"孝心可嘉"。

他的博士生、青岛大学教授周海波向我讲过先生给孙女买化妆品的经历。那年先生已经八十岁了，一位敬仰先生的企业家邀请他去韩国游玩，先生答应了，周海波作陪。在青岛出发，先生一上路就说，孙女让他捎着买 BB 霜。到了济州岛，他一下飞机就要找地方换韩元。同行者说不着急，咱们休息一晚，明天先去日出峰看日出。第二天，他们早早到了山下，听人说，此山海拔 182 米，先生就非要爬到山顶不可。爬了一半，有些气喘，周海波劝他不要爬了，先生说："不，上！"这个时候的他，又表现出了十足的英雄气概。再往上走了一段，先生喘得更加厉害，那位企业家从后边赶上来劝道："朱老师，咱们别再上了，我来过三次，都没能爬到山顶。"听他这样说，先生才打消主意，吁出几口长气，转身下山。但他没有忘记买 BB 霜，一路念叨，把它当成了大事业。到了首尔，一进商场，就直奔化妆品专区。买到手之后，见了每个同行者都要展示，说这就是 BB 霜，兴奋之情溢于言表。回到青岛机场，一见去接他们的周海波夫人，他就笑眯眯问："小迟，你知道 BB 霜吗?"

对孙辈的那种血脉之情、深沉之爱，让人看到了先生的另一个侧面。他是学术上的英雄豪杰，也是生活中的慈祥长辈。

第十一章
学科建功

山东师范大学有一块响当当、亮闪闪的牌子：中国现当代文学国家重点学科。至今，山东省省属高校文科只有这么一块。这块牌子是教育部于2007年9月授予的，意味着山东师范大学的中国现当代文学研究，已取得全国同学科的领先地位；这个研究团队，光荣地升格为“国家队”。

这块牌子来之不易。山师大的几代学者，历经半个世纪的不懈奋斗才如愿以偿。尤其是朱德发先生，在这个过程中发挥了重大作用。

山师现当代文学的学科奠基人是田仲济先生。他在二十世纪四十年代就是著名作家、文艺理论家，新中国成立后到齐鲁大学任文学系主任，1951年到山东师范学院任教授、副教务长，1962年任山东师范学院副院长（后随学校更名，职务变为副校长），兼任中国作家协会山东分会第一届、第二届理事会副主席，山东省文学艺术界联合会第四届委员会副主席等职，1986年退休。在山师工作的三十多年里，他除了行政工作外，还给中文系学生开设文艺理论课程，并致力于中国现代文学史研究与教学。从1955年起，他就接受当时高等教育部的委托，招收了三届中国现代文学专业研究生，共 15 人。1961 年，山师在中文系成立现代文学研究室，田先生亲自兼任主任，在现代文学研究方面取得了很多成果。

改革开放之后，山师中国现当代文学学科的发展，可以分作五个阶段：

第一阶段：1978 年至 1987 年。

1978 年，由田仲济先生提议，经山东师范学院研究批准，将原来的中国现代文学研究室更名为中国现代文学研究中心，与中文系行政级别相同。这个中心，田先生兼任主任，书新先生担任副主任，成员有蒋心焕等。成立的当年，中心开始招收中国现代文学专业研究生，1981 年，中国现代文学硕士学位授权点被国务院学位委员会批准。这期间，中心陆续从外校调入孔孚、吕家乡、宋遂良、袁忠岳等人。1985 年，书新先生因病去世，宋遂良先生接任主任。在这一阶段，田先生还在全国、全省学界发挥作用，他协助成立中国现代文学研究会，在 1979 年召开的成立大会上当选为副会长。他又倡议并筹建山东省中国现代文学学会，在 1983 年 10 月召开的成立大会上当选为会长（副会长孙昌熙、高兰、许平、吕慧鹃、徐文斗、蒋心焕，秘书长朱德发）。

1988 年 6 月山东师大中国现当代文学专业应届毕业硕士研究生与答辩委员会及有关人员合影
前排左起：朱德发、谷辅林、冯光廉、魏绍馨、刘献彪、冯中一、田仲济、徐文斗、查国华、蒋心焕、刘金镛；二排左起：沈鼐、赵允吉、朱恩斌、宋益乔、吕家乡、宋遂良、袁忠岳、韩之友

田先生在学术上地位很高，在教学上也抓得很严。李掖平教授向我讲，田先生这人非常正直，他带研究生，每一届都要求淘汰一个，不管是谁。1978 年招收的一届是三个人，他毫不犹豫地选了他的女婿杨洪承，让他第二年才拿到学位。1982 年，李掖平与另外两位同学考上田先生的研究生之后，先生为了督促他们读书，让他们每读一篇鲁迅杂文，就要写一篇读书心得，他在每一篇后面亲自盖章，以示验证。“鲁迅研究”这门课考试时，考题是写六个论述题，他们写了整整一天还没写完。田先生让他们必须写完，明天早上送到他家里，结果，李掖平写到半夜一点，其他两位写到天亮。田先生的精神与风格，被山师学人深深敬佩，自觉传承。

这时的山师中文系，主任为崔西璐，副主任为冯光廉、夏之放。从事现当代文学教学与研究的有田仲济、冯中一、孔孚、查国华、书新、吕家乡、蒋心焕、宋遂良、冯光廉、崔西璐、朱德发、刘金镛、袁忠岳、韩之友等（以年龄为序）。

在那个万物生发的历史时期，中国现代文学研究中心与中文系的学者们深受时代精神鼓舞，根据自己的业务专长发奋努力，每个人都是成果累累，形成了以田仲济为首的具有全国影响力的学术团队。像冯光廉等人的鲁迅研究，朱德发的五四文学研究，查国华的茅盾研究，冯中一、吕家乡、袁忠岳的当代诗歌批评，宋遂良的当代小说批评，蒋心焕的现代小说研究，书新和韩之友的文学期刊研究等，都在全国学界产生了影响。

1985 年，中文系也开始招收研究生，研究生导师除冯中一外，增加了冯光廉、朱德发、蒋心焕、查国华、韩之友，加上中国现代文学研究中心的田仲济、吕家乡、宋遂良、袁忠岳 4 位导师，这年一共招收了 19 名硕士研究生。那个年代，研究生比较稀少，山师中国现当代文学硕士研究生专业一下子进来这么多青年才俊，在学界引起广泛瞩目。

至 1988 年，从山师大现当代文学专业毕业的硕士研究生有 60 多人，其中有钱荫愉、杨洪承、李春林、税海模、姜振昌、李掖平、刘新华、郭济访、房福贤、季桂起、万直纯、魏建、谭桂林、吕周聚、耿传明、罗振亚、刘克敌、王兆胜、刘开明、张清华（按入学时间先后、同一年级按年龄排

朱德发教授在写作

序）等。[44]他们毕业后有的留在山师大任教，有的去了其他大学或科研单位，另外还有一些人经过多年历练，陆续走上了领导岗位。

如前文所述，朱德发先生在这几年中爆炸式地释放生命能量，取得骄人的学术成就，在全国同行中成为佼佼者。1981 年，他加入中国现代文学研究会，任理事。同年加入中国鲁迅研究会，任理事。1982 年，他获山东教育厅科研成果二等奖。1983 年，他任山东省中国现代文学学会秘书长，成为田仲济先生的得力助手，负责该会的日常事务。1984 年，获山东省社会科学优秀成果三等奖。1985 年，晋升为副教授，成为硕士研究生导师。1986 年，当选为山东社科联委员，获山东省社会科学优秀成果二等奖、省教育厅一等奖。1987 年，破格晋为升教授。这年山师大评职称，全校只有两个教授名额，分配给文科、理科各一个。中文系上报三人，最终评上的是朱德发。

1986 年，青岛大学成立，崔西璐被调到该校任副校长，冯光廉被调去任中文系主任。1987 年，山师大调整中层班子，中文系暂时没有安排主任，由朱恩彬、朱德发、夏之放担任副主任，被人们戏称为“大副”“二副”“三副”。过了不长时间，“三副”夏之放调入汕头大学，中文系由“二朱”负责。不久，省编制委员会清理全省党政事业单位编制，发现山师大的中国现代文学研究中心成立时未经审批，必须撤销。中国现代文学研究中心的人员，只好合并到中文系，分到现代文学教研室和当代文学研究室。1986 年，田仲济先生退休，崔西璐、冯光廉二人去了青岛，担任中文系副主任、学术成就十分突出的朱德发，就被学校任命为中国现当代文学学科学术带头人。1987 年 6 月，山东省中国现代文学学会换届，朱德发当选为副会长。

我采访过山师大老教授蒋心焕先生。他 1958 年毕业于山师，留校任教至退休。他说，山师的中国现当代文学学科带头人，第一代是田老，第二代是朱德发，这是朱老师的学术成就使然，是大家公认的。

第二阶段：1987 年至 1991 年。

朱先生是个事业心极强的人，他走上中文系的领导岗位，并担任学科带头人，从此将学科建设重担挑在肩上，高瞻远瞩，未雨绸缪，对学科建设极为投入。他瞄准了一个目标：要把山师大的中国现当代文学建设成山东省重点学科。他经常鼓动同仁，要珍惜学术生命，各自制订科研计划，在搞好教学工作的同时刻苦努力。

朱先生身体力行，在繁忙的行政事务和教学工作之余，挤时间从事科研。他在《文学评论》《中国现代文学研究丛刊》《山东社会科学》《山东师范大学学报》等刊物上发表了二十多篇论文，并与人合作出版《中国现代纪游文学英华》《鲁迅选集·杂文卷》《爱河溯舟：中国情爱文学史论》等著作。1988 年，他的专著《中国五四文学史》获山东省社会科学优秀成果一等奖。山东省社会科学优秀成果奖两年评选一次，参评学科门类包括经济学、管理学、哲学社会学、政治学、法学、文学语言学、文化学、教育学、历史学等多个学科，1988 年评出的一等奖只授予 10 件作品，其中省属高校只有朱德发的这一件。这个奖，体现了山东社科界对于朱德发五四文学研究成果的高度认可。也就在这一年，朱德发被评为山东省首届专业技术拔尖人才。

山东省茅盾研究会，是 1986 年 12 月成立的学术组织，田仲济先生担任会长，朱德发是副会长之一。他一直是田先生的得力助手，每次召开会议，举行学术活动，都是他和担任秘书处负责人的翟德耀一起操办。田先生退休后，学会于 1990 年 2 月召开会员大会举行换届选举，朱德发当选为会长。他对茅盾的丰硕研究成果，加上查国华、丁尔纲、翟德耀等先生论著相继出版，有效地带动了研究会的学术热情，推进了茅盾研究的深化，使山东的茅盾研究成为国内重镇之一。在由中国茅盾研究会编选、台湾花木兰文化出版社出版的大型系列丛书《茅盾研究八十年书系》的 60 册论著中，山东茅盾研究会会员作者即达 12 册之多。

为了学科发展，朱先生还十分注意发现人才，将优秀人才吸收进山师中国现当代文学研究团队。在这期间，经他向学校积极推荐，有多位毕业的优秀研究生留校任教，并从外校调进多名优秀青年教师。

魏建原是泰安师专的青年教师，1985年考上山师研究生，导师为蒋心焕。研究生主要是集体上课，朱先生也是授课教师之一。朱先生注意到了魏建的学术气质，对他偏爱，希望他毕业后留校任教。但泰安师专找到魏建，让他毕业后回去，魏建主要考虑家庭需要就答应了。朱先生听说后，立即把他叫去，劈头盖脸就是一句："魏建，你太让我失望了！"接着愤怒地训他，说他目光短浅，缺乏志向，并反复阐明留在山师的种种好处，在学术上发展的有利条件。魏建感受到先生对他的厚望，也明白自己的选择不够明智，遂点头应允，决定留在山师。魏建没让朱先生失望，很快在学界崭露头角，留校不久连续获得两项省社科二等奖，后来三次获得省社科一等奖，被评为国家"万人计划"领军人才。

北京师范大学文学院副院长、著名文学评论家张清华先生，曾向我讲述他被朱德发老师提携的过程。他1984年从山师毕业，分到滨州师专，讲外国文学课程。三年后的一个春日，山大孙昌熙教授和山师朱德发教授一起去那里参加学术活动，晚上吃饭时，朱老师见到张清华，听学校领导一致夸他业务棒，立即鼓动张清华报考他的研究生。张清华对现代文学不感兴趣，说他想考世界文学专业。第二天，学校安排车辆，让张清华去济南送二位教授，朱老师在路上向他讲自己的人生经历，教导张清华要先立业，再成家。张清华被他推心置腹的话语打动，决定考研。朱先生在《境遇与策略》一书的序言中，也谈到了他发现这颗学术新星的过程："我对张清华的发现是在一次偶然的机会。大学阶段我给他所在年级授过课，听说他有点小才气，古典文学修养较深，尤爱诗词歌赋，对新时期文学亦倍感兴趣，但我没有具体辅导过，当面交谈就更少，毕业后他分回他家乡任教毫无联系。记得1987年我应邀去滨州主持编写一部文学史，并在滨州师专做了一次学术报告，当时清华已在滨州师专讲授外国文学近三年了。老师往往忘记学生，而学生对老师的怀念是终生的。清华没料到我能来偏僻的滨州。虽然我对他印象模糊了，但他见到我却又惊喜又热忱，并亲自跟车把我送回济南。就是在返济的路上通过促膝交谈，中外古今、天南地北地闲聊，我察觉到他名不虚传，的确有才气，值得深造。一是他虚心好学，求知心切；二是他悟性过人，触类旁通；三是思维敏捷，求异追新；四是知识面广，中外皆通；五是参与多部书稿撰写，具有较好的研究素质。由于我发现了清华有可能迅速成才的主观条件，便把我想写一部从古至今的中国情爱文学史论的初步构想对他讲了，引起他极为浓厚的兴趣，且对我的设想提出不少‘不谋而合’的学术见解，表示愿意参加这个课题的研究。我求才心急，开诚布公直截了当地动员他报考研究生，次年清华果真以优异的专业成绩考取了我的研究生。”入校后，张清华在朱老师的指导下刻苦努力，圆满完成学业，并成为《爱河溯舟：中国情爱文学史论》的作者之一。他毕业时，先生克服外在困难，想方设法终于把张清华调到了山师，留校任教。张清华留在山师，成为中国现当代文学研究团队的骨干。2005 年初他被调到北京师范大学，现任文学院副院长、北京师范大学国际写作中心执行主任，2019 年被评为教育部“长江学者特聘教授”。

1990 年，山师大新来了一位党委副书记，叫宫志峰，负责联系中文系。有一次到中文系搞调研，朱德发告诉他，学校原有一个中国现代文学研究中心，田老挂帅，很有影响，但因为编制问题于 1987 年撤销。宫志峰当即表态：我去跑编制，一定把此事办妥。他去找有关领导说这件事，果然把编制跑了下来，但这个学术研究机构，不再用原来的名字，改为语言文学研究所。这个研究所于 1991 年成立，为正处级单位，朱德发任所长，韩之友兼任副所长。中文系主任由韩之友担任，朱德发兼任副系主任。所里的研究人员与中文系教师也交叉使用，解决了教师的超编问题。研究所除了使用中国现代文学研究中心的房子和书籍资料，又增加了两间屋。

1991 年，省教委评估山东省重点学科，山师中文系上报两个学科：以朱德发为学术带头人的中国现当代文学、以李衍柱为学术带头人的文艺学。结果是一同获批，山师中文系双喜临门。

第三阶段：1991 年至 1998 年。

山师中国现当代文学学科建成了省级重点学科，以朱德发为首的研究团队没有就此止步，决心以此为新的起点，向更高层次迈进。朱先生呕心沥血，殚精竭虑，制订了学科建设的三个研究方向：

第一，中国新文学思潮与流派研究；

第二，现代作家作品研究；

第三，新时期中国文学研究。

朱先生领衔“中国新文学思潮与流派研究”。他一方面深耕细作，继续在五四文学研究上下功夫；一方面纵横探索，在多个领域有所建树。他与邢富钧主编了《中国新文学六十年》，1996 年 7 月在春风文艺出版社出版。1991 年至 1998 年，他发表了 40 多篇论文，其中在全国顶级刊物《文学评论》上发表的《评判与建构——新文学史研究主体思维的沉思》（1993 年第 3 期）、《新文学流派研究的社会学方法》（1996 年第 4 期）、《中国文学：由古典走向现代》（1997 年第 5 期），蕴含了他的最新思想成果，极具学术分量。因为他的学术成就特别突出，1992 年，被批准享受国务院特殊津贴；1994 年，再次被评为山东省专业技术拔尖人才。

然而，重点学科的建设要提档升级，想让优秀重点学科这块牌子挂得牢固，还应该砸下一颗“金钉子”——博士点。当时在山东省所有省属高校文科中没有一个博士点，山师大也没有，只有几位挂靠在外校的博士研究生导师。1994 年 1 月，周志仁到山师大担任党委书记，上任伊始，就把博士点的申报作为压倒一切的头等大事来抓。有了领导的支持，中文系和语言文学研究所积极行动。这年春天，朱德发出面邀请北京和外省的一些专家过来开会，为山师大中国现当代文学重点学科建设出谋划策。这个会议于 4 月 1 日召开，叫作“全国中国现代文学重点学科研讨会”，北大、南大、北师大、苏大、山大等校诸多著名教授参加，87 岁高龄的田仲济先生也出席了会议。大家对山师现当代文学学科建设提出了好多宝贵建议，譬如多出成果、引进人才、加强当代文学研究方向，等等。

苏州大学教授、博导范伯群先生也应邀赴会。他是朱德发先生的至交好友，非常关心山师现当代文学学科建设，给朱先生想了好多办法。2017 年 12 月 10 日范伯群先生逝世后，朱先生挥泪撰文，其中讲述了范先生助他申报博士点的经过：

山东师范大学与苏州大学的前身江苏师范学院是同类的兄弟大学，虽然早在50年代山东师大现代文学专业培养过研究生、且是“文革”后全国首批招收研究生的硕士点，但是80年代博士授权点尚未光顾山师，即使90年代初山东师大被批准为可以设立博士点的单位也没有一个二级学科取得博士授予权。在这种严峻情势下，山东师大为了获得博士招生单位，便瞄准了文科的中文系与理科的生物系，而中文系的博士点突破又把目标对准中国现当代文学专业。我当时正任山东师大语言文学研究所所长兼中文系副主任，亦是中国现当代文学省级重点学科的学术带头人和行政负责人，因此争取山东师大博士点的零的突破的重任责无旁贷地压在肩上。1994年10月（朱先生此处记忆有误，据《田仲济年谱》记载，时间为4月1日——赵德发注）在学校的全力支持下，邀请北大、北师大、南大、复旦、苏大等校的中国现当代文学专业的博士导师和知名学者，来山东师大开“诸葛亮会”，请他们开诚布公地为山东师大现当代文学专业争取博士授权点献计出策。就是在这次会议上，被邀的范先生与我多次地进行了坦荡真诚的倾情倾心的交谈，即使登泰山到了极顶，我们坐在一块长条石上也没有放弃交谈。通过心心相印地交谈，不仅使我亲身感受到范先生是知识分子群体中罕见的宅心仁厚的大好人，是位平等待人、刚毅正直、与人为善、助人为乐、诚恳谦虚、可以交心的兄长和挚友；而且也使我真切认识到范先生的谈话既有争取博士点的经验智慧又有切实可行的具体措施。一是他劝我彻底放下知识分子的架子，腿要动起来，脚要跑起来，脸要笑起来，嘴要甜起来，博士点固然靠实力，但对我们这样省重点大学来说，博士点不是等来的而是跑来的。二是建议我勤于同南京大学取得联系，叶子铭教授是国务院学位办中文组负责人，丁帆教授是叶先生的秘书，许志英教授是有名的“小诸葛，点子高”，多恳求他们的支持听取他们的意见方为上策。三是如有可能让我先在南大挂

> 个博士导师，提前招收博士生，若南大的博导不易挂，那就到苏大遴选博导，他与我合带博士生，为山东师大现当代文学专业拿到博士点先造势，做好准备。四是建议我要在学术梯队的建设上和博士点申请表的填写上下足功夫，学术梯队不在于教授的数量多少而在于教授是否有“真才实学”和老中青教师是否搭配得当，申请表上填写的几个方向务必具有独特的优势与鲜明的特色。此后的实践证明，范先生给我的每个建议，都是获取博士授予权的“金点子”，我们认认真真将其落到实处，的确收到令人满意的良好效果。[45]

听从范伯群先生的建议，朱德发先是申报南京大学中文系兼职教授，但由于南大没有外校教授来当博导的先例，他便与范先生协商，在苏州大学解决博导的挂靠问题。范先生领他拜见了苏大的相关领导，并如数家珍地把朱德发的情况做了介绍。苏大经过研究，聘朱德发为中文系兼职教授，同意他从1994年开始与范先生在苏大现当代文学博士点合招一名博士生。此后得到国务院学位办的同意，在江苏省学位办通过了严格的评审程序，1995年苏大将他遴选为博士生导师，并颁发了正式的聘书。从此，朱先生与范先生合作，在苏州大学中文系指导了两届两名博士生，一是杨洪承，一是张光芒，二人后来都成为著名学者。

自从朱德发有了博导资格之后，山师大就开始申报中国现当代文学博士点。据时任中文系主任的韩之友先生讲，申报过程一波三折，十分艰难。1995年，他们向国家教委上报了材料，但没有得到批准。国家学位委员会审批时，指出了山师大这个学科的问题：第一，研究方向带头人年龄偏大；第二，导师中具有博士学位的太少，第三，新时期文学研究方向较弱，与现代文学研究方向相比，“头重脚轻”。24年之后，韩先生讲到这里时向我苦笑：“白忙活了一回。”

那时的形势非常严峻。韩之友对朱德发说，如果我们这一代人拿不下来，只能等到下一代人起来了。朱德发不服气，他和韩主任讲，一定要把博士点拿下来。这时他已经六十出头，到了退休年龄。学校支持这个博士点的申报工作，明确表态：在取得博士点之前，不让朱德发教授退休。

为了尽快弥补短板，中文系在学校的大力支持下，开始实施人才引进计划。他们选中了两个人，着手引进：

一位是吴义勤。他是扬州师范学院青年教师，在职攻读博士，导师是苏州大学范伯群先生。朱先生与范先生很熟，就让他动员吴义勤毕业后到山师。但是，按照在职读博的政策，吴义勤毕业后应该继续在扬师工作。因为吴义勤十分优秀，该校听说山师大要把他“挖走”，坚决不放。朱德发与山师大领导几经努力，最后打破常规引进，吴义勤就于1995年秋天到了山师。他来时是讲师身份，当年破格晋升副教授。加入山师的现当代文学研究团队之后，他以优异的学术成果弥补了新时期文学研究这一块短板。1997年，他破格晋升教授，年仅31岁。

再一位是宋益乔。他当时是聊城师范学院教授、中文系主任，在现代作家作品研究方面很有成就。朱德发向学院建议，将宋教授引进。时任山师大校长的谷汉民与学校党委书记周志仁都亲自出马，轮番去聊城做工作，那边才松了口，同意山师以借入的形式聘任宋为山师大教授。

从1995年开始，山师中国现当代文学研究团队在朱先生的带领下意气风发，成果丰硕，三个研究方向都有很大进展。1996年，山师大中国现当代文学被省教委评估为优秀重点学科，授牌表彰。重点学科中的“优秀”，是对这个团队，尤其是对带头人朱德发的极大奖赏。

与此同时，朱先生在学界的地位持续提升。1996年8月，山东省中国现代文学学会召开第四次会员代表大会，田仲济先生因为年龄原因退下，朱德发当选为新一任会长。1998年，中国现代文学研究会换届，他当选为副会长。至此，他在中国现代文学研究领域成为举足轻重的人物。

经过几年的精心谋划与认真准备，山师大中国现当代文学学科兵强马壮，成为学术劲旅，为同行所瞩目。学科带头人朱德发是全国学界响当当的人物，整个团队年龄结构合理，学术实力雄厚。20世纪末至21世纪初，山师现当代文学专业的硕士研究生导师有（以年龄为序）：“30后”的查国华、吕家乡、蒋心焕、宋遂良、朱德发、袁忠岳、韩之友；“40后”的王万森、张桂兴、翟

90 年代的朱德发

德耀、姚健、王景科、宋益乔；“50 后”的姜振昌、杨洪承、姜静楠、房福贤、李掖平、魏建；“60 后”的吕周聚、张清华、吴义勤。

1997 年底，博士点的再次申报开始了。他们起草了报告，上报省教委，省教委再报到教育部。朱德发与同事们分析，我们的实力已经被同行公认，但我们的学校档次稍差，不是部属重点大学，在评选的时候很可能被轻视。我们不能坐等，应该让评委进一步了解我们。他们请示了校领导，领导答复：可以跑跑，但只能送学术成果，不能送礼。韩之友和朱德发笑道：“让我们送也没钱送呀。”于是，山师大的领导、中文系的领导、几位研究方向的带头人，连同宋遂良、袁忠岳等几位老教授，先后到北京、南京等多个城市拜访有关评委。他们带着团队成员的代表性著作，见到评委后恭恭敬敬奉上，接着介绍山师大这个学科的情况。

张光芒讲，朱老师那时带他去南京大学和苏州大学找有关评委。他们坐火车到达南京时，已经是半夜 11 点，没有公交车了。朱老师不打车，师徒二人背着包往南京大学走。老师笑道：“咱俩就像民工一样。”徒弟笑道：“这才显示您的创业魄力！”从火车站到南大是五公里，张光芒走着走着累了，跟不上朱老师，就说：“老师，咱们能不能打车呀？”朱老师说：“这就到了！”二人坚持走到南大。到了南大招待所，那里却没有房间了。朱老师反复央求服务员，服务员告诉他们，有一间房已经订出去了，但订房者还没来。朱老师说：“那你让我们先进去休息一下！”服务员动了恻隐之心，把他们领到那里。师徒二人一进去就躺倒睡下，好在订房者一直没来。张光芒讲，朱老师有个毛病：眼睛走火。过于劳累，或是心情急躁，眼睛就红肿起来，只好去医院就诊，有时候是拿药回来吃，有时候是医生给他往眼里滴注药水。在申报博士点那段时间里，他的眼病又曾犯过，眼睛红红的，他自己难受，别人看了也难受。

朱先生带过的硕士生刘明银讲，那时他在北京大学读博士，朱老师去跑博士点。他陪老师去找博士点评审专家裘锡圭教授。到了裘教授家里，夫人说先生上课去了，朱老师就将自己带来的一些书放下，请她转交，接着告辞，去裘教授讲课的教室门外等。站在那里等了很大一会儿，终于等到下课，他就向裘教授讲山师学科建设情况，为建博士点做了哪些事情，目前已经具备的条件，让裘教授增加了对山师的了解。

1998 年 5 月的一天，国务院学位委员会在京西宾馆开会，朱德发先生出差去北京，得知山师大的博士点申报顺利通过，他不胜欣喜，立即打电话向学校领导报告喜讯。得知消息，整个山师，乃至山东省省属高校，都为这件事情高兴，因为，这是山师大以及山东省属高校文科的第一个博士点呀！

2019 年 3 月 23 日，年过八旬的韩之友先生向我讲罢博士点的申报过程，十分感慨。他说，朱德发太有奉献精神了。在学科的爬坡阶段，从策划活动，到申报成果，事无巨细，都是亲力亲为。虽然也让一些青年教师帮忙，但还是以他为主。他要是光为自己捞名，不为学科付出那么多心血，这事肯定难成。

第四阶段：1998 年到 2009 年。

博士点获批后，就开始了博士生导师的选拔工作。一批三十年代出生的老教授因为年龄原因，办理了退休手续，只剩下有博导资格的朱德发，另外还需再选两位。当时够条件的有多位教授，但大家优先考虑从外面引进的老师，并照顾到各个研究方向，经过投票，宋益乔和吴义勤被选上，并得到学校批准。吴义勤那年 32 岁，当时是全国最年轻的博导。1998 年 11 月，山东省学位委员会批准朱德发教授转为山东师范大学博士研究生指导教师，批准宋益乔教授、吴义勤教授为博士研究生指导教师。1999 年 5 月 7 日，山师大举行首次博士研究生招生考试，录取三人为现当代文学学科第一批博士研究生：贾振勇、佘小杰、王素霞。2002 年 6 月，他们首批获得山东师范大学授予的博士学位。1999 年以后，王万森、姜振昌、杨守森、魏建、张清华、房福贤、李掖平、吕周聚、王景科、李宗刚、贾振勇、周志雄、张丽军、孙桂荣等陆续被遴选为博士研究生导师。

有了博士点的山师大中国现当代文学，将重点学科这块牌子钉得更牢，擦得更亮。2001 年，该学科成为首批山东省强化建设重点学科，可谓“重中之重”。

不只是钉牢、擦亮这块牌子，朱德发、吴义勤他们又将目光瞄向了另一块牌子：国家重点学科。

1985 年 5 月 27 日颁布的《中共中央关于教育体制改革的决定》中提出，“根据同行评议、择优扶植的原则，有计划地建设一批重点学科”。根据这一要求，1987 年 8 月 12 日，国家教委发布了《关于做好评选高等学校重点学科申报工作的通知》，决定开展高等学校重点学科评选工作。通知讲：国家重点学科，是国家根据发展战略与重大需求，择优确定并重点建设的培养创新人才、开展科学研究的重要基地，在高等教育学科体系中居于骨干和引领地位，满足经济建设和社会发展对高层次创新人才的需求，为建设创新型国家提供高层次人才和智力支撑，充分体现全国各高校科学研究和人才培养的实力和水平。通知发布之后，1987 年评选了一次，2002 年评选了一次。可以说，各高校国家重点学科的多少，直接反映这个学校在全国高校的学术地位、科研水平及培养学生的质量。

然而，要拿到这块牌子，并非轻而易举。国家教委规定，国家重点学科应具备的基本条件是：

学科方向：对推动学科发展、科技进步，促进我国经济、社会、文化发展和国防建设具有重要意义；

学术队伍：有在所在学科学术造诣高、有一定国际影响或国内公认的学术带头人，有结构合理的高水平学术梯队；

人才培养：培养博士生的数量和质量于全国同类博士点前列；

科学研究：已形成有较大影响的学术特色，取得一定数量较高水平的研究成果，对经济建设和社会发展做出重大贡献，且承担具有重要理论和现实意义的研究项目；

条件建设：教学、科研条件居全国同类学科先进水平，具有较强的与相关学科相互支撑的能力和获取国内外信息资料的先进手段；

学术气氛浓厚，国际、国内学术交流活跃。

教育部还要求，申请学科须具有博士学位授予权且至少已正式招收一届博士生，并在“国民经济发展五年计划”期间曾获得省部级二等奖（含二等奖）以上教学科研奖励。

山师大中国现当代文学团队经过对照检查，发现他们是基本够条件的，因为已经具有博士学位授予权，并且从1999年开始正式招收博士生。在获奖方面，朱德发已经两次获得教育部人文社科优秀成果二等奖：一是《中国五四文学史》（1995年），二是《二十世纪中国文学流派论纲》（1998年）。然而，这些成果都是过去的，需要在新的国家五年计划时间段里拿出新的成果。更为严峻的情况是，从第二轮国家重点学科公布结果看，出现了明显的两极分化：北京大学、清华大学等极少数著名高校获得了大量的国家重点学科，而绝大部分普通高校只获得寥寥几个甚至没有。这就意味着，今后的国家重点学科，将越来越向少数著名高校聚集。而山师大与著名高校相比，有很多不利条件。

面对这种形势，朱德发毫不气馁，他向整个团队发出倡议，反复鼓动：快出成果，多出成果！抓而不紧，等于不抓！

我听许多人讲，朱先生说的“抓而不紧，等于不抓”，不只是在这个时候说，在其他时候、其他场合也是经常说，这八个字甚至成了他的口头禅。

2002年1月4日，山师中国现当代文学学科第一代学术带头人田仲济先生因病去世，享年95岁。田先生生前一直关心学科建设，他去世后，朱德发在一篇悼念文章中这样写：“田先生2001年夏住进千佛山医院，当我们去探望时他仍然关心着中国现代文学学科的建设，注视着学术发展的动态，不断询问一些学界友人的近况、现代文学研究出了哪些好成果，或者问我写没写文章、参加了什么学术讨论会等。就我的总体感受而言，田先生终其一生，力图把‘现代文学’研究纳入‘为学问而治学’的学术轨道，他有高度的理性自觉和为学术孜孜以求的精神，既无哗众取宠之心又无故弄玄虚之意，始终保持独立思考和求真务实的学术品格，不论逆境或顺境都能在著述中发出历史的真言和个人的真声，扎扎实实地为中国现代文学研究做出自己独特的贡献。”[46]

以朱德发先生为学术带头人的山师大中国现当代文学团队缅怀田老风范，谨记他的教导，定下了学科发展新的目标：奋斗五年，建成国家重点学科！

2003年，学校决定让朱德发等一批老教授退休。但中文系觉得离不开朱先生，又返聘他为教授。吴义勤这时被学校任命为中国现当代文学学科带头人，朱先生将他“扶上马，送一程”，继续为学科建设出谋划策，并在学术研究上起带头作用。

这期间，朱先生出版了4部专著《世界化视野中的现代中国文学》《穿越现代文学多维时空》《20世纪中国文学理性精神》《思维的飞翔》，3部合著《评判与建构：现代中国文学史学》《跨进新世纪的历程：中国文学由古典向现代转换》《现代中国文学英雄叙事论稿》，主编了《中国现代文学史实用教程》《山东新文学大系·现代部分》6卷《中国现当代文学500题解》。他获得的奖励也有很多，其中，2001年，《以教材建设推动中国现代文学史教学改革》荣获国家级教学成果奖二等奖；2000年，《五四文学文体新论》荣获山东省社会科学优秀成果一等奖；2004年，《论四十年代中国文学的世界化与民族化》荣获山东省社会科学优秀成果一等奖。2008年，朱德发先生荣获山东省社会科学突出贡献奖。

吴义勤教授年轻有为，不负众望。他来山师后，先后承担了两个国家社科规划课题：“中国90年代长篇小说艺术问题的反思”（2001），“20世纪90年代以来的中国新生代小说家研究”（2004）；三个山东省社科规划课题：“90年代山东文学的现状与问题”（2000），“新生代作家与21世纪的中国文学”（2001），“文学巨匠与现代文化建设”（2003）；另外还有教育部社科规划课题：“中国新生代作家研究”（2003）。经过几年努力，他出版专著5本：《文学现场》（山东文艺出版社，2001年）、《目击与守望》（山东文艺出版社，2001年）、《告别虚伪的形式》（山东文艺出版社，2004年）、《对话的年代》（明天出版社，2005年）、《长篇小说与艺术问题》（人民文学出版社，2005年）。另外，他发表了大量论文，5年间被《新华文摘》转载的就有5篇。这期间也获得多项奖励，其中《极端的代价》2005年获中国文联文艺评论奖一等奖；《新生代长篇小说论》2005年获山东省社科优秀成果一等奖。尤其是2004年，他的理论文章《难度·长度·速度·限度——关于长篇小说文体问题的思考》荣获“鲁迅文学奖”。2005年，他荣获庄重文文学奖。2006年，他入选教育部“新世纪优秀人才支持计划”。他2001年任文学院副院长，2006年任语言文学研究所所长。2002年，他在山东省作家协会第五次代表大会上当选为副主席，还先后当选中国小说学会副会长、中国当代文学研究会副会长，成为全国学术界、文学界共同瞩目的显赫人物。

除了吴义勤，团队的其他成员也各有斩获。山师大现当代文学研究，每年都是五谷丰登，穰穰满家。

2007年，山师大中国现当代文学学科三个研究方向的学术骨干分别是：

中国当代文学研究：吴义勤、房福贤、周志雄；

现代中国文学思潮流派研究：朱德发、吕周聚、李宗刚；

中国现代作家作品研究：魏建、李掖平、贾振勇。

他们阵容强大，蓄势已久，所以这年年初当国家教育部下发通知，开始第三次国家重点学科评选时，他们立即申报，志在必得。经过半年多的等待，2007年9月4日终于获悉喜讯：在刚刚召开的国家学位委员会会议上，山师大中国现当代文学学科，被批准为国家重点学科。中国现当代文学重点学科共有四所大学获批，另外三所是南京师范大学、福建师范大学和武汉大学。

喜讯传遍校园，许多人奔走相告：山师大实现了学校国家重点学科零的突破。截止到今天，山东省属高校理科有五个国家重点学科，文科只有这一个！

吴义勤与文学院院长周均平去北京参加国家重点学科评选结果公布大会，回来的时候，有好几位学校领导、文学院领导去火车站隆重迎接，几位女学生向他们献上花束。

几天后，学校召开庆功座谈会，大家相聚一堂，热烈发言。朱德发先生也参加了，他抑制不住内心的激动，在发言中回顾学科历史，评价获批国家重点学科的意义，并提醒各位同仁：我们现在已经是“国家队”了，国家队应该有国家队的样子，一定要在全国同行中起到带头与表率作用，力争拿出更多的成果，造成更大的影响。

2009 年 5 月，吴义勤被中国作家协会调去，先后担任中国现代文学馆副馆长、馆长，作家出版社社长，中国作家出版集团管委会主任兼党委书记，中国作协党组成员、书记处书记、主席团委员。他走后，山师大决定让魏建教授担任中国现当代文学国家重点学科学术带头人和负责人。

第五阶段：2009 年之后。

魏建教授担任学科带头人后，以前任为榜样，为本学科争得了一系列“国字号”的荣誉：他设计并主持申请特色国家重点学科重大项目成功，获得了 510 万元的科研经费；主持国家社科基金重点项目获得立项，负责申请国家社科基金重大招标项目也获得成功；主持国家级精品课程和国家精品课程资源共享课均获得立项；先后当选中国郭沫若研究会副会长、国际郭沫若学会执行会长；被评为国家级教学名师、全国模范教师，被聘为教育部教学指导委员会委员；享受国务院特殊津贴；应邀到北京大学、清华大学、复旦大学、北京师范大学、台湾大学等国内名校讲学，还应邀到十几个发达国家的 20 多所外国名校讲学；两次获得教育部科研优秀成果二等奖。他带领团队，为山师中国现当代国家重点学科增添着新的辉煌。

朱德发先生这时已入古稀之年，但他退而不休，依然十分关心学科建设，经常提出一些好的建议，筹划一些活动，起着军师的作用。他继续活跃在学术前沿，新的成果接连不断，尤其是提出了“现代中国文学”的理念，以此为统领，出版专著《现代文学史书写的理论探索》，主编《现代中国文学史精编》，还与魏建合作，一起主编了《现代中国文学通鉴》全三卷。这部具有新理念、新格局、新特色的文学史，引起学界普遍注意，2015 年荣获中国“高等学校科学研究优秀成果奖（人文社会科学）”二等奖、山东省社会科学优秀成果一等奖，为团队再次赢得了重大荣誉。

整个团队生机勃勃，创造力十分旺盛。他们承担了大量国家级、省级科研项目，每年都有许多著作出版，有许多论文发表在重要刊物上并被转载，每年都获得一些重要奖励。从这个专业毕业的博士生、硕士生，成为新生学术力量，渐渐崭露头角。2016年，魏建被评为“国家高层次人才特殊支持计划”（简称“万人计划”）领军人才，魏建、李掖平被评为山东省智库高端人才，贾振勇、张丽军被评为齐鲁文化英才（全校这一批共三位，这个团队就有两位）。2012年山东省社会科学优秀成果奖改革之后，山东师范大学中国现当代文学学科李宗刚、魏建、朱德发、吕周聚、贾振勇、周志雄六人已获得9项一等奖。这在全省文科所有二级学科绝无仅有。

几十年来，朱德发先生为山师现当代文学学科的发展做出了不可磨灭的贡献。“尊贤尚功，奋发有为”这八个字的山师校园精神，他是最好的践行者之一。

第十二章 讲坛风采

教师，是人类最古老的职业之一。他们传道授业解惑，传递文明火炬，让社会不断进步。他们当中的一些佼佼者，学高为师，身正为范，有高尚的道德情操、成熟的教育理念、丰硕的教学成果，被称为“教育家”，赢得了人们的普遍尊敬。朱德发先生就是这样的一位。

从任教时间、教学水平、教学质量、教学成果这四个方面，可以看出朱先生作为教育家的非凡之处。

他任教时间特长。

朱先生在 1951 年，才 17 岁的时候被区里选为小学教师，派到 12 里外的下岚子小学。他站到那里的讲台上时，大概不会想到，他会在讲台上站一辈子。下岚子、虎路线、齐家沟、罗家村、齐家庄子，蓬莱县西南山区的一座座小学，都留下了他的鲜明脚印。他被调到县教育局当教研员，也经常向老师们做示范性授课。他在曲师学习 4 年毕业，到了山师就没再挪地方，给专科生讲，给本科生讲，给硕士生讲，给博士生讲，一直讲到老。他 69 岁时办了退休手续，又被文学院返聘，继续任教。2009 年他 75 岁时，被学校聘为全校第一位资深教授（后改为“山东师范大学国家重点学科资深教授”），意味着他获得了终生从教的资格。他一如既往地讲，不知疲倦地讲，直到2017年年底最后一次为博士生上课，他总共讲了67年！查一查中国当代著名教育家的教龄，真没有几人能与朱先生相比。朱德发，是一位标准的终身教育家。

因为当教师时间太长，他教出了几代学生。最早的学生与他几乎同龄，到山师之后教出的学生有“40后”“50后”“60后”“70后”“80后”直至“90后”。有的学生当了老师，学生的学生又当了老师。他的“徒子徒孙”坐到一起，往往因为“差辈”，相互间不知如何称呼，闹出一些笑话。山东艺术学院副教授王颖，她母亲是朱老师的本科学生，她后来是朱老师带的博士生。母亲嘱咐她，要称呼朱老师夫妇“爷爷、奶奶”，这样她就比同学矮了一辈，往往引得大家发笑。先生最后收的一届博士生是庄爱华和闫晓昀，闫晓昀1982年生，比他的孙女还小；朱先生最早带的博士生是杨洪承，1954年生，博士生中的“开山弟子”与“关门弟子”完全是两代人的差距了，所以闫晓昀说，回忆起朱老师那充满了包容和慈爱的形象，就像在回忆老家的爷爷。她毕业那天，济南已经很热了，朱老师特地穿着衬衣长裤来跟她拍照片，叮嘱闫晓昀一定洗印出来给他，说她是他带的最后一届博士了，后面不会有了，照片要好好保存。先生就用这样隆重的形式，送走了他的最后一届学生。然而，学生已经毕业，老师的授课并没有结束。学生分布在天南地北，还是经常打电话给他，或者回母校找他，向他请教学术上的问题。每当这时，朱先生又会进入授课状态，口若悬河，滔滔不绝。闫晓昀说，老师给她最后一次“上课”是在2018年春节前，她去看望老师和师母，借机请教一个科研课题的可行性，以及报告的提纲架构。老师从楼上下来，脸上已经带着明显的疲惫，说不了几句话便有点虚弱。以前见到她，老师总是热情爽朗地招呼问候，还经常亲手给她剥水果吃，这次也仅仅是示意她吃点东西，别光坐着。问老师的身体情况，老师说最近感冒了，很久没恢复，可能是有点累，接着就讨论闫晓昀准备申报的科研课题，一气讲了半个多小时。闫晓昀感慨：老师在讲学术的时候，总是那么思路开阔，思维敏捷，带着难以掩盖的热情，他真是一个为文艺而生，为文艺而死的人。听完老师讲的最后一课，她回来按照老师的意见将论文改了题目，调整了框架。

1988 年 6 月与汉语助教进修班合影

他教学水平特高。

朱先生的教学水平体现在难度极大的跨类教学。他教大学生，同时也教大学老师。他教的大学老师有三类：一是本教研室老师，二是外校来进修的高校讲师，三是助教进修班的老师。大学生中的类型就更多了，有专科生，有本科生：专科生里有全日制专科生，夜大专科生，函授专科生，自修大学和自学考试的专科生；本科生里有全日制本科生，夜大本科生，函授本科生等；这各类学生，有全日制专科起点，有业余教育专科起点，有自学考试专科起点；有高中起点、有初中起点，有的甚至是小学起点。起点最高的是硕士生、博士生。所有被称为教育家的人，有几人能有朱德发老师这样的水平，给十几种不同层次的学生授课？

我在山师大组织部查阅朱德发档案时，发现他 1984 年晋升副教授的表里，载有他的任课情况。

1978 年来任课情况：

1979：

给 78 级讲现代文学史，每周 4 课，共 64 学时

辅导课，120 人，32 学时

给教师进修班上课（人数与课时空缺）

给 77、78 级联合开选修课，选修人数 52 人，40 学时

1980 年 9 月—1981 年 7 月：

为 80 级讲现代文学史，90 人，56 学时

辅导课，28 学时

指导进修教师 1 名

1981 年 9 月—1982 年 7 月：

给夜大讲中国现代文学史，240 人，64 学时

给另一个夜大讲，56 学时

指导进修教师 1 名

1982 年 9 月—1983 年 7 月：

给 82 级干部专修班讲现代文学史，47 人，76 学时

辅导课，82 学时

给 79 级开五四文学研究选修课，36 人，42 学时

给 82 级讲现代文学选，90 人，12 学时

指导毕业论文 2 篇

1983 年 9 月—1984 年 7 月：

为 82 级讲现代文学史，90 人，44 学时

为 80 级开五四研究选修课，43 人，36 学时

为高师函授班讲现代文学史，130 人，16 小时

指导毕业论文2篇，进修教师1名

1987年，朱德发晋升教授的表上载有他的任课情况：

1984年9月—1985年7月：
为81级讲五四文学研究选修课等其他教学任务，41人，133学时
为84级干部专修班讲现代文学史，96人，288学时

1985年9月—1986年7月：
为85级开现代文学作品欣赏，130人，63学时
为历史系开现代文学专题研究，40人，55学时
为研究生开课：新文学宏观研究，19人，102学时
为干部班讲现代文学欣赏，50人，8学时
其他教学任务，122小时
为84级开设五四文学研究选修课，110人，38学时
为86级研究生开课，2人，54学时

从这些记载可以看出，当时的山师中文系除了本科教育、研究生教育，还开办了夜大班、函授班、干部专修班，学生来自多个方面，构成相当复杂。其中的干部专修班，培养了大批管理人才，有的学生后来成为省部级领导。给这些班级讲课的老师有很多，朱德发一直是主力。

他还把课讲到了中央人民广播电台。张清华先生向我说，1983年他正在山师读大三，一天早晨起来跑步，边跑边听央广的《阅读和欣赏》节目。那期节目内容是欣赏鲁迅的小说《祝福》。播音员对作品的精彩介绍与深入剖析，让他听得入迷。听到最后，播音员讲：撰稿人，朱德发。这让他好一个吃惊，觉得朱老师真厉害。

那时，央广的《阅读和欣赏》节目经常约朱德发撰稿，内容不只是欣赏现代作家作品，也对当代一些作品进行解读。《朱德发文集》第十卷的后

半部，收入了他当年为这个节目撰写的几篇文稿，分别是：《清新俊逸的〈绿〉》《诗情画意的〈雪〉》《〈梁生宝买稻种〉塑造人物的艺术特色》《〈暴风骤雨〉片段“分马”》《〈祝福〉的审美价值》。我读着这些文稿，耳边响起央广播音员的声音，如沐春风，陶然若醉。

自从晋升为教授，朱先生就不再给本科生上课，只带研究生了。这让他的教学进入了一个崭新的阶段。他认为，带研究生，关键是教师必须有研究，教师要是没有学术研究、没有学术成果，就不知道学术研究的门道，指导研究生就带有很大的盲目性。研究生的学术风格、学术思路，甚至他的学术传统往往受老师的影响。所以，他认为凡是带研究生的导师都必须是学术研究的一个能手，或者是个高手。于是，他把研究生带进了治学之门。他的一些研究课题，都让研究生参与，经受学术历练。有一些文章和著作，他会与研究生、博士生联合完成。

曲阜师范大学教授李钧写过一篇文章，题为《人文启蒙：吾道一以贯之》，论述朱德发先生的学术道路和育人思想，其中一节这样讲：

> 朱德发先生是一个教育家，自有一套独成体系的育人方法。如果借用梁启超“熏浸刺提”四字，赋予其新解，大体可以诠释朱先生培养研究生的方法。
>
> 所谓“熏”是指自己以身示范，润物无声。首先，朱先生提倡梁启超的“真学者”标准并做了深入阐释，他一直以此为标准立身行事。其次，他给学生择取一些箴言作为座右铭，让学生牢记“为学必须先立志天下事”（陈宝箴），“为学大病在好名”（王守仁），“为人第一谦虚好，学问茫茫无尽期”（冯梦龙）等，以教人求真，学做真人。更重要的是，他身体力行，让学生领悟学者的尊严和教育者的乐趣。在常人眼中，朱德发的日常生活有些单调，几无世俗之乐，不会吸烟喝酒，不懂得养花莳草，不懂得养生休闲，甚至发型也数十年不变。但弟子们知道：朱先生的最大乐趣就是读书藏书，阅读经典，对话大师。在他的复式公寓中，不仅书房里的书码到了天花板，而且把阁楼变成了

一座小型图书馆，留下的场地则是给博士生上课的地方。弟子们每次到这座书城聆教，都会油然生出一种知识分子特有的“拥书自雄，抱道不屈”的尊严感。——这是“熏”的潜移默化的力量。

所谓“浸”是让学生循序渐进，融入学术。首先，他注重培养学生的问题意识和发现思维。他为学生开列长长的参考书单，要求学生两周交一次读书笔记，每月交一篇学术论文，学位论文开题后要定期报告论文写作进度；他最常问的一句话是“你发现了什么问题？用什么方法去解决?”——“入门”阶段要培养学生的主体意识和问题意识。其次，他注重给学生以方法引领和理论指导。他既让学生注意自身的知识结构，更让学生加强理论修养，督促学生运用发散思维、收敛思维和多维创新思维。——“登堂”阶段旨在拓展学生的研究视野和理论思维。再次，他带领学生发表论文，培养学术自信。先生不时为学术期刊“策划专题”并带领几位学生发表专题论文，有时杂志向先生约稿，允许导师带一篇博士生的论文，先生就会把学生作业中的优秀文章带出去发表。“入室”阶段旨在坚定学生的学术立场和学术兴趣……这是一个渐入佳境的过程，学生们由此提高了研究能力，找到了立身的价值。

所谓“刺”是对学生耳提面命，督促提醒。如果先生发现你有点懒了，到了那个“定期”没见到你或者你的作业，他电话就打来了：“你忙什么呢?”一句话足够让你冷汗涔涔。如果你自以为用功到透支了，但效率却事倍功半，他就会在聊天中“诊断”你的方法问题，提醒你应当注意哪些研究方法，于是你会有醍醐灌顶、茅塞顿开之感。有时你发表了一篇自以为“高质量”的文章，他会为你高兴，更会鼓励你“接着说”，去攀登新的高度。即使学生晋升教授了，小有名气，他还会不时打电话来鼓励你尽快长成参天大树。所以弟子们称朱先生是名副其实的“终身教授”。更重要的是，他不仅“言教”而且“身教”：他保持着旺盛的创造力，70 岁以后仍然平均每年发表五六篇论文，其中包括在《中国社会科学》《文学评论》和《中国现代文学研究丛刊》等顶级期刊上发表的10余篇论文……先生对学生的鞭策，意在使学生戒除“骄娇二气”。

所谓“提”是对学生点拨提携，促其升华。首先，先生会让优秀弟子参与到他主持的课题中去，让他们在科研中完成学业，在学习中做好科研。比如他带领学生完成《爱河溯舟：中国情爱文学史论》《中国山水诗论稿》《跨进新世纪的历程：中国文学由古典向现代的转换》《20世纪中国文学理性精神》《现代中国文学英雄叙事论稿》等课题，弟子们在这个过程中耳濡目染，心领神会，学术功力大幅提升，学术信心极大提振。其次，先生甘为人梯，为学生成长搭建平台。在山东师范大学中国现当代文学学科获得博士学位授权点之前，朱德发曾于1994至1998年担任苏州大学博士生联合培养导师。先生这样做不是为了自己的名声，而是为了给学科发展培养后备力量……[47]

他教学质量特棒。

朱先生虽然早早离开蓬莱家乡，并且读了四年大学，但他一直还持胶东方言，譬如，“政治”与“经济”发同样的音，“思潮”说成“希潮”，“什么”说成“雄么”，“学者”说成“学姐”，上课时让一些学生颇费脑筋。1982级本科生徐萍是黄县人，担任朱老师的课代表，同学们听不懂的，只好请她在课下当“翻译”。几十年来，他的弟子中有来自胶东的，都给朱老师当过“翻译”。但是，“翻译”们不能在课堂上工作，同学们上课还是要直接听朱老师的。若是教学水平低的老师持方言讲课，学生可能会失去兴趣，然而朱先生凭他教学内容中有深刻的思想力量、雄辩的逻辑力量和锐意创新的感召力量，硬是将学生深深吸引，牢牢拴住，让他们终于听懂甚至学会了胶东话，这不能不让人由衷赞叹。

山东政法学院教授赵林云，1990年到山师大读研，导师是袁忠岳先生。但研究生也经常集体听别的导师讲课，其中就包括朱先生的课。赵林云说：“我是从医学转专业过来的，上什么课都觉得格外新鲜，而老师们则各有各的特点：听宋遂良先生的当代小说欣赏课，只记下课程名称和授课老师姓名，接着就听入了迷，一学期下来，整个本子上还是只有那一行字；袁忠岳先生的现代诗歌审美课，是我的研究方向，本子上记的内容自然也就多了一些；唯有上朱德发老师的五四文学思潮课，几个月过后，居然密密麻麻，记了整整一本子。他的课逻辑严密，学理性强，知识点多，不记不行，再加上朱老师的语速又快，单位时间内说出的字数多，学生常常是一开写就停不下来。这还不要紧，对我一个外省人来说，主要的难处还是他那一口胶东话，要想完全听明白，确非易事。我只能一边使劲听，一边快速记，遇到听不懂或没听清的词，只好先空着，有时插空问问身边的同学，有的则标上发音，等到下课后，专门找笔记全的同学核对，有时甚至要和家在胶东的同学推敲和猜测，才能完成听课笔记上的填空。慢慢地，需要对笔记进行补充的地方越来越少，原来，我能听懂的地方越来越多。到学期末，上朱老师的课，我基本上不用再去‘请教’别人了。从那以后，不光是蓬莱话，连胶东其他地区的方言，我也差不多都能听得明明白白。我知道，这一切，都是拜朱老师所赐。”

我在采访中，许多朱门弟子都向我描述了朱先生讲课时的习惯与神态。在文学院教室里，他一登讲台就精神抖擞，二目炯炯，声若洪钟，底气十足。他面孔严肃，在课堂上几乎没有笑过，更没有任何玩笑的话，体现出让人敬畏的师道尊严。他带着水杯，不泡茶叶，只泡几片西洋参，边讲边喝，学生要频繁为他添水。他讲课时经常举起右手，竖起食指一点一点，以做强调和提醒，被学生称为“一指禅”。他记忆力超常，指头点到哪，记忆跟到哪，其精准度让学生无不震惊。

的确，朱先生很像一位古代禅师，或者循循善诱，老婆心切；或者当头棒喝，暗藏机锋。在他门下，有多少学生欻然有得，憬然开悟，继承先生衣钵，储足学术资粮，毕业后成为栋梁之材！

为了保证教学质量，朱先生十分敬业。他备课极其认真，每一堂课都写出详细教案，上课时抱着厚厚的一沓子。可是一旦开讲，他基本不看教案，因为授课内容已经烂熟于心。他虽然讲同一门课程，却对教案不断充实调整，体现出他的最新思想成果。有的新教案，直接用他刚刚写成的论文或专著。

在高校，一直有“水课”这个说法。意思有二：一是课程设置不合理，某些基础课或选修课没有多少价值；二是授课老师水平低，讲不好，或者不用心，瞎糊弄。这些“水课”，课堂里缺乏生气：老师强打精神讲，硬着头皮讲；学生无精打采、心不在焉，甚至玩手机、睡大觉。然而朱先生的课，从来不“水”。他的每堂课都精彩，都让学生听得入迷。教育是一项心灵工程，同一门课程，有良师，有庸师，二者有天壤之别。朱德发，就是一位深受学生欢迎与爱戴的良师。

然而，他也有不受学生欢迎的时候，那是他讲课入迷，出现“拖堂”现象时。中午 12 点了，食堂里已经人头攒动了，学生已经饥肠辘辘了，但先生没有察觉，依然兴致勃勃地讲，讲。这个时候，学生就会坐不安稳，交流着焦急而无奈的眼神。等到先生察觉到学生表情有异，看看手表，才收住话头，宣布下课。

先生成名之后，有许多社会兼职，要经常外出参加一些会议与活动。他的博士生大多有家庭孩子的牵挂，尤其是女生，总想往家跑。曲阜师范大学教授张瑞英当年是听他课的博士生，她说那时总盼望老师出去开会，大家就能放个小假。有一次朱老师上课，有胆大一点的学生在课前问：“朱老师，您下周出去开会不?”同学们都会心地笑了。朱老师严肃地扫他们一眼，看透了他们的小心思，一本正经地说：“我下周不开会，开会也会回来把课补上!”几位学生面面相觑，既失望又惭愧。

从不缺课，诲人不倦，这是他几十年来的习惯与风格。

他教学成果特多。

40 多年来，朱德发先生指导了硕士研究生 60 多名、博士研究生 24 名、博士后 1 名、留学生 1 名，教过的本专科学生 1 万多人。一大批中专生、大专生或非 211 高校的本科生，竟被他培养成名扬四方的学者和批评家。他所教授的一代代青年学子，如今有好多人成长为山东乃至全国各条战线特别是文化教育界的中坚力量、领军人物和栋梁人才。正应了那句俗语：好笋出好竹，好师出好徒。

他的教学成果，先后获得了许多奖励。早年在蓬莱时，他获得了多次

朱德发教授荣获国家级教学名师奖

优秀老师称号。在山师任教的几十年中，他除了获得不可胜数的科研成果奖，也获得许多教学成果奖。他曾7次获得山东师范大学优秀奖、教学优秀成果奖、教书育人先进个人称号，3次获得山东省教学优秀成果一、二等奖。2001年1月，他与魏建、李掖平、张光芒完成的教学成果《以教材建设为龙头全面带动中国现代文学史教学改革的深入》获国家级教学成果奖二等奖。1993年，他被曾宪梓教育基金会授予高等师范院校教师奖二等奖。

朱德发先生作为一名功勋卓著的人民教师，2003年是他的“高光时刻”。这一年，他荣获国家名师称号。

2003年9月9日，第十九个教师节前夕，教育部在人民大会堂隆重举行“第一届高等学校教学名师奖”表彰大会。温家宝总理代表党中央、国务院向获奖教师表示了祝贺。他讲话时要求，让全社会形成尊师重教的风尚。百年大计，教育为本。教育大计，教师为本。“国将兴，必贵师而重傅”。尊师重教是一个国家兴旺发达的标志。要提高教师在社会上的地位，改善教师的工作和生活条件。温总理还讲，让为人师表成为每个老师的行为准则。教师的职业光荣而神圣，希望老师们不仅成为孩子们学习的榜样，而且成为全社会的表率。

教育部部长周济在表彰大会上发表了讲话。他指出，设立“高等学校教学名师奖”，表彰在高等学校人才培养工作中做出突出贡献的教师，是新中国成立以来的第一次，也是中国教育史上的第一次。这是落实科教兴国战略，推进教育创新，提高教育质量的又一重大举措，是坚持人力资源是第一资源的思想，尊重知识、尊重人才、尊重教师劳动的具体体现。这必将进一步激发高等学校广大教师的工作积极性和创造性，必将进一步促进教育教学改革不断深入，必将进一步在全社会形成尊师重教的良好氛围。

还指出，“高等学校教学名师奖”的100名教师，是全国高等学校70多万专任教师的杰出代表。

媒体报道，这次表彰的100名获奖教师，长期奋斗在本科基础课程教学第一线，他们在学术研究取得突出成就的同时，积极主动承担本专科基础课教学任务，并在教学实践中，努力探索教育教学规律，运用现代教育教学思想，改革传统教育教学过程，并做出了突出成绩。获奖教师来自73所高校，其中有62名教师来自教育部直属高校，35名教师来自非教育部直属高校，3名教师来自军队院校。获奖教师的学科背景涵盖了11个学科门类。获奖教师平均年龄58岁，年龄最大的72岁，最小的只有37岁。

山东省到北京接受表彰的一共4人：山东师范大学博士生导师、现代文学理论专家朱德发，中国海洋大学博士生导师、海洋物理化学专家张正斌，烟台大学教授、青年法学专家房绍坤，山东大学博士生导师、解析数论学专家刘建亚。这四位国家名师回到山东，当时的省委副书记王修智、副省长王军民接见了他们，对他们表示热烈祝贺。

我见过朱先生在北京表彰大会上领取的获奖证书，上面写着：

朱德发同志：

为了表彰您在高等学校人才培养工作中做出的突出贡献，特颁发国家级教学名师奖，以资鼓励。

中华人民共和国教育部部长周济
2003年9月

先生领取这个大奖时是69岁，在他人生的暮秋。可谓春种秋收，天道酬勤。

朱先生对于这个奖项，自然十分看重。他的弟子王兆胜回忆说，他那时在《中国社会科学》杂志社工作，得知老师在北京开会并领奖，去宾馆向先生祝贺。到了宾馆，先生从柜子里将他领到的国家名师徽章挂到他的脖子上，将他当作了镜子，上下打量，喜滋滋点头：“真不错，真不错。”

而后，他又将徽章挂到自己的脖子上，手捧获奖证书，站在那里对王兆胜说："你看，真不错哈。"

这件事，在山东师范大学引起轰动，大家都为朱德发教授获得国家名师称号而高兴，认为他为山师大争得了一份崇高荣耀。9 月 25 日，学校召开座谈会，隆重庆祝朱德发先生从教五十周年暨荣获"国家级教学名师"称号。文化楼三楼大会议室里座无虚席，省委副书记王修智来了，省委宣传部副部长王凤胜来了，省教育厅、省社科联、省作协的领导来了，山师大文学院及现当代文学学科团队来了，朱先生的同事、学生也来了好多。朱先生穿一身灰色西装，打着绛色领带，面带微笑步入会场时，会场响起了异常热烈的掌声。

王修智作为省委副书记首先讲话，他强调，自己是山师毕业生，朱德发是他的亲老师。他先给朱先生献上一束鲜花，而后深情回忆当年他与朱老师到南郊八里洼搞开门办学、同睡一个地铺的师生情谊，对先生从教五十年来的师德、人品以及学术成就做了高度评价。看着这位满头白发的 65 级山师学生给老师献花，听着他讲话中表达的对老师的尊敬之情，与会者深受感动。

王修智书记讲完，学校领导、文学院领导以及朱先生的朋友、同事、学生先后发言，大家从不同角度对朱先生给予高度赞誉。这次座谈会，没有邀请省外专家，苏州大学退休教授范伯群却闻听喜讯专程赶来，在会上向老朋友表示祝贺，让朱先生十分感动。他的老同事吕家乡先生送上赞语："朱老师每天都是新的！"当年与朱先生同住五排房集体宿舍的山大老教授郑庆笃先生，则展示了他用遒劲行书写就的一副贺联："朱君施教成材一代名师桃李天下满，德发治学有法卓然大家著作等身高。"朱先生欣然接过，向他致谢，会后让人裱好，一直挂在自家客厅。

下午是师生联谊会，四十多名朱门弟子参加了活动。他们把师母也请来了，张凤英这时已经七十四岁，身体挺好，笑微微地坐到了先生身边。朱先生的博士生弟子，除了当时在山师大工作的张清华、李宗刚、贾振勇等人，在外地的杨洪承、王兆胜、周海波、张光芒、温奉桥等人也都在场。

魏建教授虽然不是朱门弟子，但他是这次庆祝活动的总指挥，还担任了联谊会的主持人。他幽默诙谐，让朱门弟子一一发言，讲述自己与老师之间的故事，回忆老师对他们的恩惠。有的讲完后，朱老师颔首认可；有的讲完后，朱先生立即操着胶东腔说：“不对（déi）！”接着讲他记住的事实真相。整个下午，会场上笑声不断。晚上在一起聚餐，大家按照进入朱门的时间先后，排着队给老师敬酒，尽欢方散。

会后，山东师范大学学报约谭桂林、周海波、张光芒、杨洪承撰写文章，评价朱德发先生的学术成就与学术品格。他们立即动笔，很快交稿，学报在年底的第6期以《朱德发教授与中国现当代文学研究（笔谈）》为总题发了出来，在学界引起了反响，让读者进一步了解了朱德发先生的教学与科研成就。

荣获国家名师称号之后，朱德发先生对自己要求更加严格。他时时处处践行职业道德，让自己更为博学，对弟子更为耐心，加倍努力耕耘，让讲坛前的桃李更加芬芳。

几十年来，他在讲坛上的形象越来越高大，赢得了学生的普遍尊敬。他教过的硕士生、博士生普遍怀有对他的深厚感情，无论他们在哪里工作，哪怕是天涯海角，回母校时一定要拜望老师，再去他的书房坐一坐，再聆听一番老师的教诲。他教过的本科生，也有好多人记得他，以朱先生教过他们为荣。每当举行同学会，大家都是千方百计将朱老师请过去，让他再讲一讲，并畅谈当年听朱先生讲课的感受，向他献上诚挚的祝福。

朱先生也秉持尊师重道的理念，一向对自己的师辈十分尊敬，谨持弟子之礼。他从未忘记在曲师读书时的那些老师，经常与他们联系，一旦听说哪位老师生病住院，他无论多忙，也一定前往医院探望。翟德耀先生说，徐文斗、谷辅林先生都是朱先生的老师，二位先生患病住院时，他曾多次陪朱老师去医院看望。住在千佛山医院的徐先生虽是癌症晚期，但精神尚好，朱老师的嘘寒问暖，让徐先生心情愉悦，二人的话题涉及天南海北，却对病情心照不宣。住在省立医院的谷先生进入重症监护室，已严重昏迷了，朱老师还是去看望，向医生询问病情。张杰先生从教五十年庆祝活动在泰安举行，朱先生带领翟德耀等人专程前去祝贺。

《山东师范大学学报》主编李宗刚先生曾让我看过一封信的照片。那是朱德发先生在他去世的前一年，写给他老师刘献彪先生的。进入21世纪，各种即时交际工具如QQ、微信等兴起，很少有人再写纸质书信。而朱先生以八十三岁高龄，一笔一画，认认真真，整整写了七页稿纸！信的内容更是让人感动，在此录下，以飨读者：

尊敬的刘老师：

欣悉来函，感触万千，敬佩之至！情发灵府，从何说起，难以下笔。咱们是师生关系，你是师我是生。这是半个世纪前在孔子脚下确定的，不可动摇的铁板钉钉的史实；虽然数十年的交往推心置腹真情相见，消解了“师道尊严”的隔膜，但是在我的内心您始终是“师者”，丝毫没有放肆到视您为“兄长”和“同仁”的地步，亦师亦友即您永远是我之师之友。基于这种关系定位，故读了您的手书既感动敬仰不已，又忐忑不安，感觉受之有愧。这些年您的帕金森脑梗死如此严重，甚至威胁到您的生命，尽管有所闻，然而我却做梦也没有想到您是在死神手中挣扎这多年，更没有料到您是忍受着难以忍受的病痛给我写了这么多信，也就是在与死神的抗争中还念念不忘于我，扪心自问，我有何德何能值得老师牵挂？我充其量不过是个只能倾听您的教诲的终日扎进书堆、毫不能助您解除痛苦的“老书生”，老师对我的深情厚谊远远超过我对您的思念之情，因此读着您的信，如同感触到一颗火热之心。越读越感到惭愧不已！

老师的信是用生命之血浇灌而成，是用生命真情孕育而成，是用生命之火淬炼而成，我将永远珍藏它。虽然我也已属耄耋之年，即使自然年龄已逝，我也会把您信中的真情美意至理哲思融解进不朽的学术生命中。孔圣说“老之将至”“朽木不可雕”，我认为这不是至理更不是信条，老师的生命奇迹就是铁证。从您的信中或“四本书稿”的设计中，足可证明您虽“老之将至”，又浑身是病，但并非“朽木”。您越老弥坚，思路敏捷，逻辑清晰，“烈士暮年，壮心不已”，特别是《遗嘱集》以切身体验著成“现代死亡学”，无疑是别开生面的创新之作，乃生命创造潜能的辉煌呈现，这是人类至高境界的生命“雕塑”！老师一生著作等身，为何病榻之上还要耗尽生命之血、才思之慧来编撰“四部书稿”？您的生命活水之源来自何处？您的学术智慧之火燃之何地？以我之主观揣测，无论生命动力或学术智慧大都源于四处。

一是终身献身学术事业的坚定信念。毫不夸饰地说，您是为学术而生、为学术而活、为学术而殉，学术研究不仅是您孜孜追求的终身奋斗目标，也是您人生的价值根基，不论您致力的现代文学或比较文学的研究，都融进了您的生命之血，化入您的生命之行。为了在中国乃至世界普及比较文学，提高学科研究水平，开拓创建中国特色的比较文学学科，您忍辱负重、殚精竭虑、不屈不挠、克难攻坚、鞠躬尽瘁、“南征北战”，前往“城市乡村”“大学中学”，豁上老命拼搏，尽管吃尽酸甜苦辣，甚至看了不少白眼吞下数不清的闭门羹，然而你总是意志坚定、痴心不改，终于实现了您的建构比较文学学科的梦想。本来在比较文学研究的征程上您打头阵、成果多，却老是把荣誉让给别人，将功劳记在他人账上，甘心情愿地做“无名英雄”；策划了那么多比较文学研究课题，而自己总是任主编来提携别人，这种风格，不禁使我想起“待到山花烂漫时，她在丛中笑”的词句。正由于比较文学研究化为您生命的一部分，或者您将学术生命与自然生命融为一体了，所以即使您的自然生命出了症候，而您的学术生命或学术信仰的力量也能战胜病魔，使您的生命活力常在。信仰的力量是无穷的，为了钟爱的比较文学事业，您定会战胜病魔，创造生命奇迹。

二是源于情投意合的爱情力量。“生命诚可贵，爱情价更高”，裴多菲这两句诗道尽了生命与爱情的关系，也许您对它的理解比常人更透彻更独特一些。尽管您在婚恋史上受过挫折，然而您与王黎医生的“黄昏恋”却臻于至真至善至美的境界和无与伦比的美满程度，无怪有人说“刘献彪先生与王黎相悦相爱”是刘氏家族八辈烧了高香达到的“洪福齐天”，此话虽有点夸张，却真切反映出朋友们对您黄昏恋的艳羡，也可从中悟出人生真谛：只有经历过婚恋生活的人方可真正理解爱的奥秘，也只有真正破解了爱情密码的人才有资格获得并享受爱情的甜美，我虽然对王黎医生不了解，但仅从她能冲破成规俗见乃至各种心理障碍，勇敢地无私地与您结成良缘来看，她不是个一般的知识女性，至少具有强烈的个性意识、人文情怀、叛逆心理，远远超越了五四时期的解放女性；至于她为何如此痴情地钟爱您，只有您能体悟出，也许只能意会难以言传。你们结成夫妻至今也有十多年，不论在什么条件下，情境下，王黎医生始终如一地不忘初心坚贞不渝地爱着您，哪怕您重病在床乃至生命垂危，也是她一次次用她的爱挽救了您，是她给了您生存的勇气、生存的希望、生存的权利，也就是说她给了您生命，您的生命是属于她的，我充分相信您在信中反复的倾情诉说。作为您的老学生或忠诚朋友，我发自内心地向王黎医生道谢；请允许我称一声“王师母”，你不愧为刘老师的“福神”和“救命恩人”，你不仅是刘老师的幸福之源，更是其生命之源；我坚定地确信：在你的无微不至的护佑与精心的治疗下，刘老师定能创造生命奇迹。古语说“人生七十古来稀”，今人道“人生百岁不算稀”，刘老师的寿命无疑是后者。

三是您的生命活力亦来自朋友圈的真诚祝祷和您的强烈报恩意识。俗话说“在家靠亲情，在外靠朋友”，这在您的人生实践中充分体现出来。且不说您的晚年以爱妻为轴心形成一个其乐融融足可享人伦之乐的亲眷环绕的和谐家庭，尤其在我们同代人同行人中您擅长交朋友，既有年长者的老人朋友圈，又有同辈学者的朋友圈，更有中青年朋友圈。由于这些朋友圈都是以“学术”为纽带建成的，尽管缺乏血缘纽带的浓度、钱权纽带的功利，但是这种交情淡如水的学术纽带却是坚韧无比，越是在人生的关键时刻，这些以学术为纽带结成的朋友越能为您提供无私无畏的助力和忠诚真挚的祈祷，读《刘献彪与新时期比较文学》一书颇有此感。您在信中和“四本书稿”设想中念念不忘的各类朋友，其中包括对我的怀念，尤其您对乐黛云先生的崇敬，足见朋友们也给您的生命注入了动力。然而并非所有的知识分子都能像您这样重亲情重友情，更不是所有的知识分子都像您这样怀有感恩思想，“文人相轻”“同行是冤家”，自古传下的恶习，在当下知识群中并未绝迹，甚至有变本加厉之兆也；相比之下，您的重情感恩思想显得弥足珍贵。只有懂得感恩的人才有权利享受友人的赐福、祖国的施惠、时代的青睐和改革开放的红利！方能从中汲取力量充实自己的生命，激活自己的生命！

四是性格决定命运，这是您的生命活力的内在之源。以学生、朋友的眼光透视，刘老师并非那种内敛式的保守或守成性格，乃是那种发散开放的洒脱自由的性格，甚至有点“任性”不羁。表现在学术研究上，敢于创新，勇于探索；体现在做人上，落落大方不拘小节，与人为善平等待人，自尊自强永远进击，有种硬汉子骨气，偶尔也流露出自卑情绪；表现在工作上，并不拒斥名权利，却不热衷名权利，甚至淡化名权利，重耕耘亦重收获，为了实现学术理想孜孜以求，不达目标决不罢休，哪怕以生命殉事业也在所不惜；表现在个人追求上，“我就是我”，从不活在他人眼里，尤其在婚恋上“我行我素，自己主宰”。总之，老师是个现代知识分子的圆形式性格，而不是“扁平式”的人。也许我的认识有误判，但是有一点我相信：刘老师这种开放乐观永远追求的性格，即使到了耄耋之年其生命也会充满不息的活力。

上述仅从四个维度对老师的生命活力与学术智慧之源进行了主观而偏激的蠡测，旨在请老师见后批评指正，更是为了促您开口一笑精神一振，祛邪愈病，早复健康，生命永驻，完成您的“四本书稿”的宏愿。

精神疗救是有效的却不是万能的，主观愿望是美好的却不能代替医学治疗，故而最后还希望老师对自身的病情在战略上藐视它，而在战术上重视它，切记要遵医嘱听王黎师母的话，永葆生命活力，向百岁生命高峰一步一步地攀登，作为生、友我充分相信您会达到！

衷心祝您长命百岁！

朱德发草于2017年3月

2000年12月2日，曲师大四十五周年校庆参观教研展留影

刘献彪先生1931年生于江西，当年在曲阜师范学院教中国现代文学，1979年起开始从事外国文学、翻译文学、比较文学研究，成就颇大。后来调到潍坊学院，曾担任中国比较文学教学研究会副会长。从朱先生给他的信中可以看出，刘先生在学术事业上也是一生勤勉，晚年罹患重病还惦记他的书稿。二位先生虽是师生，但亦师亦友，引为同类，相互欣赏，相互激励。读罢此信，让人感慨：经师人师，可敬可亲；杏坛美德，代代传承。

2015年10月17日，朱德发先生作为曲阜师范大学杰出校友，回母校参加建校六十周年庆祝大会。他与当年同住一室的老同学宋法棠执手相见，分外亲热。他在几位弟子的陪同下漫步曲师校园，回忆当年吃着地瓜干读书的四年时光，讲述在孔孟桑梓之地所受到的教育，感慨万千。再谈及自己在曲师毕业后从教半个世纪，学生遍布四方各有成就，他甚感欣慰。

听说母校要筹建中国教师博物馆，朱先生和他培养的博士生、曲阜师范大学文学院教授李钧合写了《中国教师博物馆赞》。这篇赞文共1200字，其中有这样的内容：

……教师者，民族之魂。是以政教相辅，善政民畏，善教民爱。蒙以养正，学后知义，读书既未成名，究竟人高品雅；小成大成，化民易俗，修德不期获报，自然梦稳心安；天地位焉，万物育焉，养其根俟其实，近者悦远者怀。声威教化，琢玉成器；十年树木，百年树人；四有教师，人之模范。是为教师功德之精髓。

教师者，安贫乐道。缘何安贫？达人知命：无财非贫，无学为贫；无位非贱，无耻乃贱；故能“拥书自乐，抱道不屈”。所乐何道？横渠四句：为天地立心，为生民立命，为往圣继绝学，为万世开太平；故谓“师之所存，道之所存”。所乐何事？孟子三乐：父母俱存，兄弟无故，是谓齐家；仰不愧天，俯不怍人，是谓修身；得天下英才而教育之，可抒治国平天下之志；此合内圣外王之旨，因之“王天下不与存焉”。

教师者，何人可为？和而不同者，可以为师：百家争鸣，万物并育；小德川流，大德敦化；道不相悖，多态参差。温故知新者，可以为师：“知古不知今，谓之陆沉；知今不知古，谓之盲瞽”；旧学商量加邃密，新知涵养转深沉。言传身教者，可以为师：学高身正，美德慎行；动人以言，其感不深；动人以行，其应必速。教之以事而喻诸德者，可以为师：行有九思，日有三省；博学于文，行己有耻；德才兼修，立德树人。学而不厌诲人不倦者，可谓人师：学不厌者智，教不倦者仁，仁且智者近乎圣；经师易得，人师难求，传道授业解惑，激励鼓舞唤醒。当今之世，物欲横流，师者更应“抱定宗旨，砥砺德行”，气定神安，高瞻远瞩，为国弘文，与时偕行……

此赞是对教师道德、教师资格的深刻体认，而朱德发先生正是知行合一、德高望重的杏坛名师。

第十三章
泽被朱门

许多年来，我听人讲起朱德发先生，都会听到这样的评价：学问好，做人好，待学生好。为写他的传记，我采访了许多朱门弟子，先生的“三好”形象在我心中进一步确立。尤其是“待学生好”这一条，让我特别敬佩。

我是当过老师的人，深知干这一行的不易。学生形形色色，百人百性，有的天生聪颖，品行优良，让我格外喜欢；有的愚顽难训，调皮捣蛋，让我分外头疼。加之二十世纪七十年代政治运动频繁，改革开放之后升学压力巨大，我对教师这一行越来越不喜欢。所以，我在家乡农村任教十年后转行，对学校没有多少留恋，甚至有跳出苦海的感觉。2011 年，我被曲阜师范大学日照校区的传媒学院聘为硕士研究生导师，因为是兼职，自己仍把主要精力放在文学创作上，对传媒专业不擅长不精进，不能给学生以及时而高效的指导；在生活、就业等方面也不大关心，任由他们自己努力。六年送走十六个，我主动向校方提出，我已到退休年龄，想集中精力读书写作，请不要再给我学生了。十六位弟子毕业后，我很少主动和他们联系，对他们的工作与生活状况知之甚少。与朱先生相比，我实在惭愧。

在我采访过程中，一个个朱门弟子满怀深情甚至是流着眼泪向我讲述朱老师对他们如何如何好，我一次次被感动，想到了八个字：师恩浩荡，泽被朱门。

朱先生对学生的恩泽，主要体现在四个方面：

一、确定人生方向

由于朱德发先生在学术界的地位与影响、人格与口碑，许多学子慕名投考，跻身朱门，从而改变了生命的轨迹。顾广梅讲，她在山师读本科时，如果不是偶然读到朱老师的文章，她不会步入中国现当代文学研究的殿堂。“那时的我，读书杂多，大学四年初步涉猎了古今中外的文学作品和理论书籍，对各种理论话语充满诧异、向往、怀疑……其状像极了一个急急奔跑、四处张望着寻找出口的孩子。幸运的是，这个孩子终于循着那高高举起的真理火炬，一路跋涉来到学术的神圣殿堂门前。1995 年初秋的一个上午，上大学四年级的我，读到朱老师关于现代文学与启蒙理性的长文，颇有当头棒喝的痛感，顿受开悟，急忙找来老师的专著如《五四文学初探》《五四文学新论》潜心阅读，真正召唤我作为现代个体的生命到场和精神到场。临考试还有三个月的时间，我决定报考中国现当代文学的研究生。非常幸运，我如愿以偿投到朱老师门下，从此开辟了一生向着光亮而去的精神道路和学术道路。”顾广梅研究生毕业，留校任教，先生又一次次督促她考博，她因为家务拖累，拖延了多年。后来有一次先生在电话中发火了：“你就当个家庭妇女吧！”顾广梅这才下定决心，于 2003 年考上了先生的博士生。

山师大教授王景科女士，是 1971 年入学的工农兵学员，朱老师的学生，毕业留校后还一直受到他的鼓励与指导。先生任语言文学研究所所长时对她说：“我这里缺一个研究散文的，景科你过来吧。”从此奠定了她的学术方向。王景科评上硕导后，他操着胶东口头语说：“伙计，下次当博导啊！”王景科心想，我连学士、硕士学位都没有，怎么当博导？但朱老师一个劲地鼓励她、指导她，她发奋努力，拿出了许多学术成果，成为散文研究领域的知名专家，在2006年当上了博导，并担任山东省写作学会会长、山东省散文学会副会长。她跟我说，朱老师是她的贵人。

到了朱先生门下，认识到知识分子的使命与担当，确定生命的价值与意义，这是许多朱门弟子最根本的收获。李宗刚是先生的博士生，他说："朱先生给我影响最深刻的是对知识分子的文化使命和文化担当这种意识的培养，是我一生当中使我走向学术的一个关键点。朱先生不只一次向我们强调，'知识分子要为天地立心，为生民立命'，这是作为一个知识分子的自我文化担当和文化使命，要督促自己参与社会，参与中国的文化建设。"李宗刚2011年从文学院调到《山东师范大学学报》（社会科学版）任主编，朱老师告诫他："你不能熬成一个老编辑，你要成为一个真学者！"这话让李宗刚一直记得。有一段时间，李宗刚投入大量时间与精力办刊，学术成果少了，先生就提醒他，办刊与科研应当并行。当李宗刚写出关于李大钊的几篇研究文章，有的被《新华文摘》转载之后，先生说："你让我放心了。"后来，李宗刚投身办刊、科研近乎疯狂，吃住都在单位，焚膏继晷，先生又让他悠着点儿。李宗刚在先生的指引下，双管齐下，双获丰收，近年来有多部专著出版，大量论文发表，曾获教育部高等学校科学研究优秀成果奖（人文社会科学）三等奖1项，山东省社会科学优秀成果奖一等奖3项，二等奖2项，三等奖2项。他主编《山东师范大学学报》（社会科学版），请朱先生担任编委会副主任（后来是顾问），先生付出大量心血给予指导，毫不吝啬地将自己的多篇重头稿件交给学报发表。李宗刚牢记先生教诲，将办好这份刊物作为一项重要的文化担当，奋战七年，让学报于2018年重新进入全国中文核心期刊，2019年3月又入选中国社会科学引文索引（CSSCI）来源期刊（2019—2020），成为山东师范大学2019年一大喜事。

杨庆东自1998年起，就跟着朱先生读研、读博，长达六年。那年老师搬家，杨庆东与同学帮忙，被师父师母留下吃饭。吃饭时，朱先生忽然说："庆东，你以后可以从政。"当时大家都认为这是玩笑话，但杨庆东毕业后，过了若干年，果然当上了枣庄市教育局副局长。这时，先生担心他积累的

“学问”很快被行政事务淡化了，经常提醒他，鞭策他。2008 年，杨庆东出版了博士论文，朱先生欣然作序，其中说道：“事实证明，我这种认识是偏激的，我的担心也是多余的。庆东选择从政既没有荒废所学专业知识又没有切断热爱学问的牢固情结，不仅密切联系自己分管教育工作的实践检验并充实了已掌握的人文知识与研究才能；而且为了进一步深造他又跨入苏州大学文学院博士后流动站，边从事行政管理边致力学术研究，使“官魂”和“学魂”在他身上得到统一，力图做一个既能做学问又能搞行政的现代官员。”[48]

也有几位朱门弟子，因为先生在学术界的巨大影响，反而修正了自己的奋斗目标，“绕道而行”。譬如张清华，他在山师任教时，发现自己无法超越先生，就转向了当代文学研究。先生也支持他的学术方向调整，因为团队需要这方面的人才。张清华很快脱颖而出，成为全国当代文学研究领域的著名学者。另一个是刘明银，他考上朱先生的研究生，听完第一节课之后，就决定今生今世不搞学术，因为他觉得先生太厉害了，他做不到他那么优秀。后来，他虽然又考到北大读博，但毕业后也没走学术道路，而是进入央视做了编导。

二、备足学术资粮

许多朱门弟子谈到，先生在教他们时费尽了心思，用足了办法。他秉持“有教无类”理念，不管学生出身之贵贱，天资之优劣，一视同仁，因材施教，对每一个学生都有一套教育方法。在他眼里，学生没有坏的，于是费尽心思，绞尽脑汁，想让人人成材，期待雏凤清声。他鼓励学生时有句口头禅：“你们每个人都有两把刷子。”意思是各有特长。他能让每个学生都觉得，自己是个人才。有人问过朱先生，你有那么多学生，如何对待他们？先生说：“有偏爱，不偏心。”此言堪称金句。承认对学生“有偏爱”，这反映了朱先生的坦诚，因为这在师生关系中是普遍现象。但能够做到不偏心，就很不容易。因为有了偏爱，往往就有了偏心，就会在教学中忽视甚至疏远了某些学生，给这些学生造成缺憾甚至伤害。在我采访过程中，所有的朱门弟子都说老师待他（她）好，这就足以说明，先生不存在

“偏心”现象。他的教书育人像春风化雨，滋润着每一个学生的心田。

先生的诲人不倦，一直被大家津津乐道。张光芒讲，他 1991 年考上朱先生的研究生，当年中文系中国现当代文学专业一共招收了 4 名研究生，由 4 位导师带。每个周一上午，朱先生在家里给他和另一位研究生讲文艺思潮史。虽然在家中，而且只有两个学生听，但先生却像在课堂上一样庄重、认真。他拿一个大大的笔记本放在面前，一旦开讲，滔滔不绝，中间只休息一次。张光芒说，有的老师在讲课时往往组织学生讨论，但朱先生不是这样，他的教案非常全面而系统，有时就是他的一部专著。他要把一个理论框架展示给你，把一个个论证过程展示给你，让你形成逻辑思维，培养你的学术能力。这一门课只有两个学生，他不准请假，让你找到学术敬畏感。他讲课讲得起劲，往往到了十二点还继续讲，这时师母往往推门看看，意在提醒。先生明白时间到了，遂宣布下课。有时师母走了，他还不下课，坚持把要讲的内容讲完。过一会儿师母又来，说菜凉了，快去吃吧，先生这才点头打住。读研期间，先生让张光芒参与了《中国山水诗论稿》等著作的写作，读研结束，他留校任教。1997 他考上苏州大学博士生，由该校范伯群先生与山师朱德发先生合带，继续接受先生培养。博士毕业，先生把他推荐到南京大学读博士后。此后，张光芒调到南大，成为著名学者，现为教育部人文社会科学重点研究基地南京大学中国新文学研究中心副主任，江苏省当代文学研究会会长，入选教育部“新世纪优秀人才”支持计划。

朱先生是五四精神传人，也把五四精神贯穿到了教学之中。他倡导学术自由，鼓励学生解放思想，勇敢讲话，敢为人先。山师大的刘新华老师是山师中文系 1977 级本科生，毕业后留校任教，朱老师 1985 年第一次招收研究生，她成为朱先生的开门弟子。她说，那时上朱老师的课，中文系几个同级的研究生到老师家里，听完老师讲的，大家都要讨论一番，有时候激烈争论。朱老师给他们讲亚里士多德的名言“吾爱吾师，吾更爱真理”，鼓励学生大胆发表意见。

贾振勇是朱先生带的研究生，1999 年又考上博士生，为朱老师在山师本校带的第一届博士。在朱老师身边的那些经历，对他学术品格的养成及学术方向的凝练，影响深远。他说："朱先生特别注重保护我在学术上的锐气和进取心，要求我做学问一定要扎实、严谨，勿图虚名；学术争鸣，可不让于师，但莫逞一时之快。"贾振勇的率真是出了名的，他非常敬仰先生，但如果与先生在一些学术问题上见解不同，会当面与其争论，甚至吵得脸红脖子粗。有一回，二人上课时又争论起来，开始时是艳阳高照，下课时是夕阳西下，中间俩人没休息一分钟，没喝一口水。争辩到最后，师徒两人都有些筋疲力尽。贾振勇说："朱老师向来以不怒自威著称，可是很多人不知道这'威'的后面，是严格与认真，是宽容和鼓励，是对学生敢于挑战权威、奋力追求真理的启发与引导，是对学生'自由之思想、独立之精神'的塑造与引领。"见小贾这么倔强，先生反而特别喜欢他，有一回开会，带了他和佘小杰两个博士生，路上先生又与贾振勇吵了起来，几乎吵了一路。然而到了会上，听人家说他带了一对"金童玉女"，他又很高兴，回来屡次向人炫耀。读博期间，贾振勇发表学术论文 13 篇，其博士毕业论文被评为山东省优秀学位论文。他毕业后留校，成为中国现当代文学团队的骨干，获山东省社科优秀成果一等奖等多项学术奖励，现任文学院副院长、中国茅盾研究会副会长、山东省茅盾研究会会长。他主持的"郭沫若的《女神》与《屈原》"，被批准为第七批国家精品视频公开课，这是山师大较早获得的国家高等教育教学改革与教学质量工程类国家项目。

先生还把自己的治学理念与方法传授给学生。曾跟着先生读研的上海交通大学符杰祥教授说，有一次在上海开会，先生见了他问正在做什么研究，他回答说，在做鲁迅手稿整理的国家重大项目。先生当即不客气、不满意地说：这是"小学"啊，你怎么做这个？先生其实并不是轻视文献，而是担心他像有清一代的乾嘉学派那样，跑到文献考证里面去躲避什么，忽视了更为重大的思想与现实问题。先生教导学生，做学问要持公允立场，不能意气用事。先生还要求弟子，把学术研究和生命体验融为一体，说这样写出的文章才会有血有肉，有精气神。他要求学生认真阅读文本，注重原始资料，而且要找到第一份。在有些人眼里，这有点偏执，但在先生心中，这是原则。做学问，绝不能偷懒懈怠，不能人云亦云。他要求学生治学要沉稳，慢慢做事，要用大量时间钻书库，泡图书馆，随手记卡片，注意积累。他常常讲，学问有时候是枯坐出来的，功夫与孤独并存，独立与自由共立。朱先生还教给学生人生智慧，让他们学会利用零碎的时间，迅速切换状态，高效做事。因为每个人都有许多角色，都有许多事情，不这样不行。他认为，方法比知识重要，因为知识会过时，方法不会。青岛出版社副总编刘蕾，当年跟着先生读博，学习先生的精神，汲取先生的智慧，在专业领域不停地探索，三年发了三十多篇论文，有的被《人大复印资料》等转载，拿着这些资料去找工作，大获成功。

许多朱门弟子，有硕士，有博士，都向我讲了自己在撰写毕业论文时的经历。让他们感动的是，先生不但在开题时给予重要启发、撰写过程中随时指导，当论文交上去，先生交还给他们时，他们竟然发现先生用钢笔写出的指导意见，都是工工整整的小楷，有几千字、上万字！按照他的意见再做修改，论文水准会获得极大提升。在先生的指导下，有的论文在国家级刊物上发表，有的在出版社出版。曾任青岛大学文学院副院长、青岛市文联副主席的周海波教授向我讲，他考上朱老师的博士生，在报到的第一天晚上，朱老师就到他的宿舍与他长谈，其中谈到他的博士论文，告诉他应该做什么选题。周海波遵循先生指导，博士论文《现代传媒视野中的中国现代文学》在开题时就成功申报国家课题，论文通过后扩展到 40 多万字，2008 年由中华书局出版，获得山东省社科成果一等奖。庄爱华是先生带的博士生，2010 年入校。因为父亲生病，她要伺候；丈夫援疆，她家务繁重，毕业论文迟迟完成不了。先生十分理解她，不再催促。等到 2016 年，庄爱华

2002 年 5 月，在山东大学博士论文答辩现场

才写完论文交上。先生仔细阅读，在论文上写下了密密麻麻的批语和修改意见。庄爱华将论文修改了三四遍，终于定稿。答辩时，先生就在旁边一间办公室里等结果。这时先生已经82岁高龄，庄爱华是他最后一届博士生。当庄爱华过来向他报告论文通过时，先生长吁一口气，说，给你对象打电话报喜吧。她的丈夫李建国，此时还在新疆。庄爱华接受我采访时说到这事，泪如雨下。

但是，先生有时候让弟子将学术放在第一位，也有不近人情的时候。顾广梅讲，她那一届三个博士生都是女的，都有家务拖累。开始写论文时，朱老师对她们讲："你们是不是出来租房子住，住上三个月，写完论文再回家?"三个女生听了面面相觑，一位师姐说："不用三个月，三天就可能离婚!"老师笑了："是吗? 现在的男同志这么不支持家人上进?"

向阳花木早逢春。朱门弟子普遍享受先生的恩泽，但先生并没有门户之见。对其他老师带的学生一视同仁，该指导的指导，该照顾的照顾。刘东方在山师读博期间，虽然导师不是朱先生，但他经常听先生讲课，单独找他求教。毕业前夕到先生家话别，先生嘱咐他要立志高远，潜心学术，并对他日后如何在学术之路稳步前行，提了一些具体的意见。刘东方回到聊城大学后，对聊大现当代文学学科的发展做出了突出贡献，担任了文学院院长，并被评选为山东省有突出贡献的中青年专家、山东省首批"高等学校重点学科首席专家"。2018年，他被青岛大学调去担任文学院院长。山师大新闻与传媒学院副院长常庆教授当年读研，毕业论文是《中国先锋文学文体研究》，写完后交给导师韩之友老师，韩老师看完，提了意见，又让他找朱老师看看。常庆送给朱老师，过几天接到电话让他过去。他拿到论文，发现上面做了好多标记，后面还写出了十分具体的意见，让他进一步查阅资料，修改充实。常庆按照朱老师的意见去做，终于让论文顺利通过。他毕业时，文学院召开院务会议，商量哪一位研究生留校任教，朱老师提出，要留就留常庆。山师大新闻与传媒学院教授王倩说，她的硕士论文，选题为《儿童文学传播障碍研究》，老师们对这个选题有争议，但朱老师却很支持，认为这个选题突破了文学研究的藩篱，让她坚定了信心。论文完成后顺利通过，并被评为校级和省级优秀论文。王倩还说，她考研的时候去请教朱老师，朱老师给她开了必读书目。其中有一本马斯洛的《人的潜能价值》，她觉得那是心理学，就没读。然而先生去世后，她去老师家里看望师母和筱芳大姐，忽然发现书橱里有这本书，是当年朱老师读过的，上面有好多勾勾画画。她这才突然明白，当年朱老师为什么要让她看这本书，因为他就是受到此书启示，开发了自己的潜能，取得巨大成功的。成功之后，朱老师又成了弟子们的人生导师。像这样的情况有好多好多，那些受到朱老师指导与帮助的学生，也把他看作了“亲老师”。

朱先生的学术恩泽，甚至惠及他的徒孙。他的弟子王景科招收了一名研究生，女性，写的开题报告有问题，让朱老师指导。在电话里，朱老师一气讲了一个多小时，这学生一边听，一边哭着做笔记，纸巾用了一堆。顾广梅讲，她独立招收的第一个研究生叫许文丽，为了保证毕业论文过关，写出之后她让许文丽去请教当时已八十高龄的朱老师。朱老师看完，竟然手写了满满七页纸的评语和建议。许文丽拿到后，给导师打电话说这事，激动得哽咽难言。

三、幸遇“精神之父”

不止一位朱门弟子向我讲述朱老师，都谈到了一个感觉：如父。中国社会科学杂志社副总编辑王兆胜，1986 年考上山师中文系研究生，朱老师对他关爱备至。他说，跟着老师去外地开会，就像跟着父亲出远门。有一年他去四川开会，老师带着他中途在郑州住下看望妹妹，王兆胜感觉是跟着父亲走亲戚。看到老师和妹妹的感情特别深，对外甥亲亲热热，他也融入了那种亲情的气氛之中。他刚开始读研，老师给他定下了奋斗目标：“三年时间，第一年打基础，第二年冲出山东，第三年走向全国。”然而，王兆胜因为家贫如洗，就与同学一起做起了小买卖，卖暖瓶，卖馄饨，还迷上了下围棋，又把许多时间放在谈情说爱上。先生批评他“大好时光不要都虚度了”。在先生的督促下，他写出了毕业论文，并发表在《文学评论》上。先生还帮他找到了工作单位，一去就有一套房。但王兆胜因为爱人在北京，在济南工作一段时间后，考到了中国社会科学院读博士。此后，他与先生依然联系密切，好多事情，有些想法，都向先生汇报。先生还十分关心王兆胜的身体状况，说他太瘦，应该长点肉才对，此后每次见面都端详他胖了没有，让他一定好好养生，强筋健骨，还说，当学生的不能走在老师前头。前几年，听王兆胜说喜欢道家，萌生退隐之意，先生劝他："你的'道'可是'悟'得太早了吧？我这一把年纪，快八十了，还一直没有放弃工作，还在努力，何况你正当盛年，是不是太消极了？"王兆胜听了先生的劝导，改变了想法。先生逝世后，王兆胜写了一篇散文《天高地厚筑我庐——恩师朱德发教授侧记》，在结尾处充满深情地说："当年，我们这些乳臭未干的农民之子，走出大山，离开父母，漂泊于大都市，开始了新的人生征程，一切都在希望与渺茫之间，倘若没有老师的指点与呵护，一切都是不可想象的。朱德发教授是我的硕士导师，但他是我学术人生的第一个领路人，是他用心为我搭建了一座高枕无忧的天地之屋……这让我想起家父的肩背和胳膊，那永远都是孩童时做美梦的摇篮。这可能并非我一人的感受，而是朱门弟子和许多人的共同心声。"[54]

贾振勇说，他和朱老师的关系，就像父子差不多，朱老师对他既严厉要求，又关心备至。他考上博士，朱老师上第一堂课，是那天下午两点，他记成了两点半。正在午睡，老师打电话把他叫醒了。他赶到老师家里，老师一边讲课一边骂他，最后骂得他实在受不了，就说自己头疼，需要吃药，起身跑了。然而，后来老师却给了他好多关心与照顾。他毕业后留校，在筒子楼分到宿舍，老师要亲自过去看看。他结婚后，老师把他们小两口叫到家里，亲自下厨做菜，招待他们。老师听说他要买车，主动要借钱给他，他说，谢谢，我已经买了。贾振勇说，朱门弟子有不少人向朱老师借过钱。

刘明银谈起在山师读研时朱老师对他的关照，眼含热泪。他当年在临沂教师进修学校进修时突生一念，想考研究生，请钱勤来老师写了一封推荐信，他拿着去山师找朱老师。朱老师并没有因为他是毕业于临沂供销学校会计专业的一个中专生而轻视他，而是与他交谈，耐心地听他讲出身，讲经历，讲十八九岁谈恋爱，讲他在庄稼地里读英语背单词，讲他读过的

《少年维特之烦恼》等文学书。先生听罢，微微一笑，让他回去好好准备，特别是好好准备外语。考入山师后，刘明银说他不愿搞学术，想当作家，热衷于发表作品，参加文学活动，而先生对他十分宽容，并没有阻止。然而，有一回他随先生去青岛开会，有两位朱门弟子去看望朱老师，刘明银抓住这个机会，想让他们在学报上发表他的论文，受到老师的严厉批评，说你不能这样。读研时，可以用研究生经费买书，刘明银有一回把两本英语书的发票也放在要报销的发票里面，朱老师认真审查，说这两本书不是专业书籍，不能报。先生像父亲那样，不只是关心他的成长，及时给他施肥整枝，还十分关心他的个人情感生活。1991 年暑假里，先生到刘明银的宿舍找他，郑重地说，你二十多了，应该找对象了，我受人之托给你介绍一个，女孩是山师图书馆的工作人员。先生像布置作业一样，对他提出要求：要主动，要讲礼貌，等等，并把教研室的钥匙给了他，方便他与女孩约会。刘明银很感动，痛痛快快接过了钥匙。但与女孩接触过几次之后，他发现二人有文化差异，尤其是在文学上无法沟通，有一回说起舒婷的代表作《致橡树》，女孩说成“橡胶树”，刘明银觉得无法与她像舒婷描述的橡树那样“终生相依”，就悄悄做起了“课外作业”，与一位大三女生谈了起来，并且使用老师给的钥匙去教研室幽会。有一次他在教研室把灯关掉，与女孩亲热，有人突然敲门进来，问谁在里面。刘明银在黑暗中回答：“我是朱德发。”那人便走了。刘明银在朱门庆祝先生八十大寿的聚会上讲了此事，师生哈哈大笑，有人指责他栽赃给朱老师。刘明银后来经常向人谈起这把钥匙的故事，说他念到博士之后，才开始明白那把钥匙的价值，领悟老师的良苦用心：为了疗救一个曾在童年受到伤害的心灵，让他树立起一点自信，宁肯背这样的黑锅，宁可冒这样的风险。刘明银还说，他在考研前因打完篮球用凉水冲澡，得了严重的关节炎，腰疼得厉害，回家治了好长一段时间才缓解。读研三时正准备写毕业论文，这病再次发作。他不敢告诉老师，一边写论文一边去医院就诊，先后去济南四家医院都没确诊。在毕业论文完成答辩后，他去山医大附属医院做手术。手术前要做造影，做完出来，朱老师正在走廊等着，很生气地批评他，说动这样的手术为什么不告诉他。朱老师还安排刘明银的师兄师弟轮流照顾，中间几次去医院了解详情，与大夫商量，同意做这手术。在医院躺了六个星期，刘明银才出了院，拄拐走路，这时他写了一封长信向老师表示感谢。毕业时，老师为他们送行。朱老师给他一些钱，并送他这样的话："你是经历了苦难的人，你在逆境里走得很好，在顺境里可能出问题，你要注意。"从那以后，老师经常打电话给他，了解他的情况，及时点拨。刘明银在济南工作一段时间后，又去了北京，1996 年进入央视，后来在朱老师的鼓励下拿到了北大博士学位。刘明银出版了长篇小说《未名湖的水圈》寄给老师，老师读后，专门召集部分朱门弟子和几位评论家在济南举行了一次研讨会。但刘明银并不知道这事，是别人告诉他的。后来，刘明银每去济南，都要去看望朱老师，与他一起吃饭、交谈。他说，每见老师一次，就进步一次。因此朱老师去世时，刘明银痛哭流涕，在殡仪馆的告别仪式结束后，他留在朱老师身边，与老师的孙辈一起磕了三个头，哭得全身瘫软，工作人员只好将他架了出来。

一些朱门弟子向我讲，朱老师一直言传身教，教给他们如何做人。在他身上，儒家的仁恕之道体现得非常明显。他对朋友、同事十分宽厚，一般不在背后议论别人。张清华说，他有一次与别人说话，臧否一个人，别人告诉了朱老师。朱老师就跟他说，你以后不能这样，像我这个年纪，臧否人还差不多。然而，朱老师有资格臧否人，却很少有人见他这么做。

朱老师具有高标的德行，持重、明达而和善，是心灵、智慧的双重引路人。他对待学生是"厉而温"，宽严相济，对学生的人格塑成，起了重要作用。他是许多学生的精神支柱与人生导师。好几位朱门弟子都说，朱老师对他们有再生之恩，因而每年的父亲节，他们都要打电话，问候老师，祝福老师。弟子将朱先生视为精神之父，在人生的一些重要时刻，都喜欢请他到场，做见证，讲一通。好多学生结婚，都请朱老师当证婚人。朱老师穿戴一新，胸带红花，满怀喜悦地向新人表示祝贺，并对他们的未来表达美好心愿。有时候，他讲话时还是使用学术语言，收到了别致的效果。譬如说，在一个学生的婚礼上他这样讲：这对新人，开启了新的历史篇章！

听到这里，主宾皆笑。有人说，朱老师不愧是搞文学史的，在这里也离不开专业术语。

四、获得无私关爱

我在采访中，听到了好多朱先生关爱学生的故事，十分感人。

王景科教授讲，当年她当助教时，工资只有四十多元。她父亲得了食道癌，急需用钱，朱老师主动借给她一千元，真是雪中送炭。她当了博导之后，带了一位博士生叫颜水生，湖南人，学业优秀。毕业时，朱老师建议让他留校，要帮忙联系，王景科说，不行，他家里太穷，在济南买不起房子。朱老师很理解，就联系贵州民族学院让小颜过去，那里待遇高，光安家费就有 20 万元，给小颜解决了大问题。

朱老师是出了名的“助人为乐”，只要有人求，只要他能办，都会尽力而为。先生的孙女朱晶晶说，她在海洋大学读研时，有一回碰到一个人向她讲，他当年是山师的本科生，毕业时听别人说，要找有名望的人写推荐信才好找工作，他就找了朱老师。朱老师答应了他，给他写了信。这信真的中了用，他毕业后到了青岛。后来，这学生又去感谢朱老师时，老师已经把这事忘得一干二净。

朱先生想方设法让学生发表论文，是好多人向我讲过的事情。曾在山师学报工作多年的翟德耀先生说，朱老师经常向学报推荐包括研究生毕业论文在内的稿子，并郑重其事地写出推荐信，这样的推荐信他保留了不少。他在一篇怀念朱老师的文章中转录了一封信：“德耀您好！杨爱芹是天津师大的老师，2004 年考取我的博士，学习刻苦勤奋，善于思考，治学严谨，文风朴实。《〈益世报〉与现代 30 年代文学建构》是其博士论文选题，她以一年多的时间在图书馆查阅该报的文学副刊，搜集到大量第一手资料，其中不少文学或理论文本是新发现的。其中梁实秋关于自由文学的文章是刚‘出土’的新资料，对此进行系统梳理与论析，既可以看到梁氏文学观的真貌，又可以发现自由主义文学对 30 年代多元文学格局的形成起过主导作用，所以《自由文学理念的强势播扬》是有独特价值的，文章写得扎实、稳健且有新意。请您支持一下，尽量在 2007 年 3、4 月份发出来，以保证其 5 月份能按时答辩。编安！朱德发 2006 年 11 月 21 日”推荐信不仅介绍了作者，而且指出了论文的创新价值，同时还留给编辑足够的编辑时间。该论文发表后，作者还不知道导师向学报推荐论文并写了推荐信。可见，先生的推荐并非出于学生的请求，只是出于对论文水平的考虑。不只杨爱芹，还有一些朱门弟子只知道论文发表了，却不知道老师在背后做的工作，老师也不向他们讲。有人看见过，有一天朱老师一早就守在山师学报编辑部的门口，为某位学生送稿子。朱先生不仅推荐学生的优秀论文，也会在获奖时想着学生。朱老师的博士生张伟忠说，有一年，朱老师的一部书获得山东省委宣传部颁发的刘勰文学评论奖，老师让省委宣传部给每一位合写的作者都发一个证书，他也得到了一份，以后这证书还真是起了作用。他说，处处为学生着想，是朱老师的惯常做法。

朱门弟子出版博士论文，或者是毕业后出版专著，都希望朱老师给他们作序。作序不是一件轻松事儿，要通读全书，有所发现，形成自己的观点才能下笔，这要占用大量时间与精力，但朱老师有求必应，甚至主动许诺。2014 年，十卷本《朱德发文集》出版，朱先生将第八卷编成《序评集》，其中有他给弟子们写的数十篇序评。他将这些序评称为“观星录”，把弟子们视为闪亮的“学术之星”：“我从这些后起之秀的青年学者身上发现了胜于我们一代人的新素质、新思维、新追求、新希望，无疑他们将成为 21 世纪现代中国文学研究领域的新星，在全球化语境下必定能超越我们这一代，把现代中国文学研究水平推进到世界学术前沿。”我随读随记，蒙朱先生作序的他指导的硕士和博士研究生依次为（按书中所录序言排列顺序）张清华、张光芒、周海波、谭贻楚、贾振勇、李宗刚、温奉桥、张伟忠、王寰鹏、顾广梅、王素霞、唐欣、李钧、宋晓英、马春花、杨爱芹、杨庆东、李海燕、符杰祥、王明科、杨新刚、杨洪承、王兆胜、宋彦、王明科、温奉桥、周丽娜等人。先生的这些序、这些评，并不是敷衍之作，而是经过了对学生作品的精读细研而形成的真知灼见，有些篇章，甚至具有独立的学术价值。读这些序评，可以感受到先生对弟子的拳拳爱心。这本书中，有两篇序言是给王明科写的，在第二篇中有这么一段：“使我难以忘记的是：三年读博从不回家，春节特别是除夕之夜与大年初一到初三，一个人关起房门搁了电话，集中精力读书写论文，饿了就吃方便面，累了就去打印复印资料。每年春节时候他的电话老是拔了线，打好几天电话才能找到他。到第三年春节，我有点急事通知他，知道他又搁电话，独自爬楼梯到他宿舍去敲门，他不开，我叫了几声，他一听是我，赶紧开门，我一看有点吃惊，满墙满桌满地是打印复印的资料与手稿或者论文，电脑前面是几包方便面，没有洗脸，乱着头发，披着衣服，憔悴不堪，说是失眠了，感冒了……面对此情此景，我的气也消了，火也灭了，我还能再说什么，即使想责问几句的勇气也没有了，真没料到王明科仅靠着国家每月发给的260元来生活读书！”我读到这里，想象一下那个弟子苦读、先生关爱的场景，心中充满感动。

一些朱门弟子都记得先生关爱他们的日常细节：每次去朱老师家，他一般会首先做个寻找的动作，而寻找的东西，或是糖，或是水果。等到学生把吃的东西妥妥地拿在手里了，他才开始安心说话。有的女生记得，她们在山师校门外品尝小吃，先生经过，在她们身后站下发问：你们的钱够吗？不够我掏！完全是一个父亲的样子，让人备感温暖。赵启鹏讲，她2002年跟朱老师读硕士，有次去恩师家上课，没注意到自己的T恤袖子上破了一个小洞。下课后正要告辞，恩师在自己包里掏啊掏，掏出500块钱来，冲她招招手说：“喏，拿去买件新衣服吧，是不是最近资金紧张啊。年轻人该买新衣服就要买，不要太节俭。”

许多朱门弟子都记得，曾经在老师家里吃过饭。尤其是在一些重要节日，学生如果不能回家，先生知道了，就会让学生去他家吃，有时还亲自下厨操刀。符杰祥回忆说，当年他考上朱老师的研究生，第一个中秋节，先生请他和温凤霞、李建国几位同门师兄妹去家里吃饭。符杰祥是山西人，品尝到先生亲自做的蓬莱特色菜，感受到在异乡第一次过节时那种师生亲情的温暖，十分感动。符杰祥还说，先生八十大寿那一年，山师大为先生举办荣获首届国家名师称号的庆祝会与研讨会，他在会上听宋遂良老师说，有一次看到朱老师去邮局，说是一位还未报到的山西学生寄来了行李，要去帮忙拿一下。符杰祥忽然想到，宋老师说的不就是我吗？他当时不知道先生的年龄，对山东也完全陌生，就提前将行李按原来通信的地址寄去了，现在想来，实在是冒昧与唐突。

更让人感叹的是，先生“一日为师，终生指导”。学生虽然已经毕业，分布在天南地北，但先生与他们一直保持联系，经常打电话垂询，哪个学生学术上有进益或转型了，哪个学生该到晋职称的时段了，他都挂在心上。问明情况，给他们讲出自己的观点，提出一些建议，把该讲的讲完，说一声“就这样吧”，“啪”的一声把电话挂了。而他的观点，他的建议，又不容置疑地成为学生前行的路标与动力。

人生无常，难免遇到挫折或灾难，先生一旦知道哪个学生得了重病，都是牵肠挂肚，忧心如焚。刘聪在一篇回忆先生的文章中谈到，2014 年春天，同为朱门弟子的王颖得了重病，“我俩商量好，先不告诉朱先生，等病情稳定了再说。结果，有一天，朱先生给我打电话，劈面一句就是：王颖生病了为什么不告诉我？我赶紧解释，但无论如何也解释不通了，老先生像以前通电话一样，语流密集不容人置喙，他打来两遍电话，反复强调，他是经历过风风雨雨的人，最能够把正能量传达给王颖，我怎么能够不尽早告诉他。我知道我错了，但心里非常非常感动，他的关爱跟他做人为文一样，浩然峻急，势不可挡，不容置疑，貌似至刚，实则柔极。”王颖谈到这一段，这样写道：“朱老师是间接知道我的事情的。他非常着急，马上打电话给我的好朋友刘聪，询问病情，并表示马上要来看我。我知道以后，决定先下手为强，先去看朱老师。我往朱老师家走的时候，甚至有一点点得意洋洋，我给自己鼓着劲，心里说我要让朱老师看看，我多么厉害，我得了病还这么坚强，我真是好样的。我一路兴冲冲地走进朱老师的家，可是从看见朱老师的第一眼就开始哭，一直哭到离开。就这样，我失去了这个让朱老师为我感到自豪的好机会。”[50]

老师对学生好，这是职业要求，是师德所在，但能做到朱先生这样，很不容易。有的学生说，遇上这样的老师，非常幸福。有的学生说，进入朱门，三生有幸！有许多朱门弟子在先生身边耳濡目染，潜移默化，走上讲坛之后也决心学习、追随先生师德，当一名好老师，真心实意关爱学生，千方百计让学生成才。

当年孔子与弟子的关系，让人传颂千古。他热爱学生，诲人不倦；学生对他尊重景仰，亲密无间。朱德发先生与弟子也是这样，堪称当代典型。朱门弟子，受惠于先生恩泽，共同敬仰老师，并与同门亲如一家。这样的群体，在全国教育界也很罕见。

第十四章
老当益壮

我写这部传记，梳理着传主一生的事迹，经常与他比年龄，比心境。写到某一年，我会想一想在他这年龄，我做了什么，精神状态怎样。朱先生比我早生 21 年，他在某些年龄段的表现，让我望尘莫及。

先生年届花甲，是 1994 年。那一年他再次被评为山东省专业技术拔尖人才，并申报苏州大学博士生导师资格，于第二年获批，同时正忙于山师大中国现当代文学专业博士点的申报，在科研方面也是进取心极强，收获甚丰。而我 60 岁那年的心境就与他大不相同。2015 年年初，《文艺报》联系几个属羊的作家，要在甲午年除夕这天头版推出名家“新春寄语”栏目。我写了一段话发去，其中有这样几句：“大化有四，我今进三。不求老当益壮，应存炳烛之明。”意思是人生最大的变化有四个：婴儿、少壮、老年和死亡。我已经进入老年，不求老当益壮，保持着读书学习的兴趣就可以了。然而，看看朱先生进入老年后的心态，人家依然是朝气蓬勃，生龙活虎。

他的弟子李宗刚目睹先生的姿态与成果，满怀敬意，激情澎湃，写了一篇纪实散文《永远的绿色》在 1996 年第 3 期《山东党史》发表，署名高炜。该文对朱德发教授做了这样的描述：“生命历程中展示着郁郁葱葱的绿色，又盛开出丛丛的鲜花，结出累累硕果。已经步入花甲之年的朱德发教授，仍然没有一丝的人生秋意，在他的身上，我们看到的是那大海般的永不停歇的生命涌动，是那永远勃发着的生命绿色，是那永不满足于一种绽放姿势的生命之花，是那永远力图超越自我的生命之魂。”

也就在1997年6月，山东教育出版社出版他的专著《主体思维与文学史观》，他在引言中写道：“在这十几年间我并没有停下学术追求的脚步，任凭吹什么风，我选择的既定方向从未动摇过，即使跳不起来、跑不起来，甚至带着镣铐，也要向学术研究的深、广、高三度目标挺进，生命不息，追求不止。”看他这劲头，哪像是老年心态？

他并不是天真地认为自己不老，也感受到了“人生秋意”，但他有自己的追求。这在专著《世界化视野中的现代中国文学》一书的《后记》里可以看出：“90年代过半已是20世纪末，我的自然年龄多次警告我不能‘笔耕不辍自奋蹄’了，然而我的心理年龄却有一种‘不知老之将至’的激情，它催促我边教边学边思边写，以缓解生命之焦虑、烦忧和紧迫，并从中获取人生的快意和乐趣。”

最后两句，在我心中引发共鸣。

先生所言极是。人生在世，第一大窘态，第一大尴尬，第一大悲哀，就是生命有限。“高堂明镜悲白发，朝如青丝暮成雪”“记得少年骑竹马，看看已是白头翁”。度过了漫长的学习期，知识变得丰富了，我们也一步步走向衰老；熬过了各种各样的历练，不知谁在我们的DNA里设定的闹钟也“滴答滴答”进入倒计时。所以，那种焦虑、烦忧和紧迫，是人类的共同心境，用我的日照文友夏立君获鲁迅文学奖的书名来表达，就是“时间的压力”。对这种压力，古往今来的人们做出了各种各样的反应，儒家，道家，佛家，各有自己的主张。一部人类史，从某种意义上说，就是与时间的对抗史。通过对抗，“缓解生命之焦虑、烦忧和紧迫，并从中获取人生的快意和乐趣”。

然而，时间不仁，它还是让一个个生命走向衰老，尽管有快有慢。在朱德发先生身上，时光的刻刀显得迟缓而温柔，让他步入花甲之年也不显老态，依然是中年相貌，一副正当盛年的样子。但是，年岁带来的某些细微变化还是提醒了他。

张清华说，他听北大著名学者陈平原先生讲过一件事。陈先生九十年代初参加一次学术会议，朱先生也去了。那时开会，都是两个人住一间屋。报到时陈平原说："我得找个不打呼噜的。"朱老师马上说："我不打，咱俩住一块吧。"于是，他俩就被安排到同一间房。不料晚上睡下之后，朱先生呼噜响亮，让陈先生一夜未眠。早上醒来，朱先生问："陈老师，你休息得怎样?"陈平原说："你还说不打呼噜，你打得很厉害，我一夜没睡着!"朱先生急忙向他道歉。第二天夜间，朱先生却安安静静，一声呼噜也没打。陈先生睡梦香甜，早上醒来见朱先生坐在对面床上，问他昨晚怎么没打呼噜，朱先生说："我一夜没睡。"这件事，让陈平原十分感动，后来多次向人讲过。别人听了觉得好玩，同时也感叹朱先生宅心仁厚。

朱先生打呼噜，大概不是从这时开始，以前就打，但他自己没有察觉，或者察觉到了也以为是状态轻微。也许就从给陈平原造成睡眠障碍的那一夜之后，他才知道自己的呼噜有了高水平，知道自己老态初显。在陈平原卧榻之侧装睡的那一夜，擅长做理性思考的他，肯定对时间、生命以及自己的未来想了许许多多。想到了什么，做出了什么决定，他没有向人讲过。但从他花甲之年的表现看来，他对时间选择了坚定的对抗姿态。"天行健，君子以自强不息"，老祖宗传下的这话，成为他的信条。

中国海洋大学教授温奉桥当年是朱先生的博士生，他向我讲，2001 年的寒假他没回家，大年初一去给老师拜年，没想到老师不在家，师母说，你老师在工作室。温奉桥去了位于另一座楼上的工作室，见朱老师正在写作，书桌上摆满了书籍与卡片。他说，老师，过年了也不休息？朱老师说，没工夫休息呀，我们这一代人耽误得太多了，必须抓紧时间。我一天不到这工作室，心里就不踏实。温奉桥从此记住了老师对时间的态度，经常以此鞭策自己，在学术道路上发奋图强。因为成果突出，他 2009 年入选教育部"新世纪优秀人才"支持计划。

魏建先生曾在一篇文章中对朱先生这一段的状况做了高度概括：

60岁，是中国党政机关和事业单位绝大多数人退休的年龄。一般人到了这个岁数，身体的各个器官迅速老化，难以适应正常的工作。然而，朱德发先生显然是很不“一般”。他在这个年龄不仅没有任何衰老的表现，反而是精力更加充沛，尤其学术生命力越发旺盛。在他60岁前后（20世纪90年代初中期），在同代学人“收官”的年岁，朱德发先生的学术创造能量大大超过他成名的10年以前。这期间他出版的主要著作先后有：《中国现代纪游文学史》《爱河溯舟：中国情爱文学史论》《二十世纪中国文学流派论纲》《中国山水诗论稿》《五四文学新论》《中国新文学六十年》《主体思维与文学史观》等。他还在《文学评论》《中国现代文学研究丛刊》《文史哲》等著名学术期刊发表了大量很有影响的学术论文。

这时期朱德发先生的学术创造力更加旺盛，这不仅表现在他的学术成果更多，还表现在这些成果的学术层次更高，更重要的是他在这一时期的理论修养、学术视野和创造能力都大大超过了他辉煌的20世纪80年代。

如果说20世纪80年代朱德发先生的学术突破更多地来自他追求真理的学术勇气和历史唯物主义的研究方法，那么60岁以后他的学术突破则是靠更多的西方理论学说、更为高远的学术眼光和更具有学理性的学术建构。具体来说，这时期他撰写和主编了6种不同类型的文学史著作，有文体史，还有“断代史、专题史、流派史、通史，打通了近代、现代、当代三种形态文学史的联系，打通了古代中国文学史与现代中国文学史的联系”。然而，我以为这时期朱德发先生的主要贡献在于，探索出中国文学史书写的多种可能。

……

60岁以后的朱德发先生成了大忙人。一是忙于社会工作；二是忙于人才培养；三是忙于学科建设。“忙于社会工作”是指他这时期已经成为学界的领军人物和社会名流。他当选中国现代文学学会常务理事（后来当选副会长）、山东省中国现代文学学会会长、山东省茅盾研究会会长、山东师大中文系副系主任兼语言文学研究所所长、省重点学科学术带头人、博士研究生导师，同时担任系、学校、省各级职称评委，省级多种科研奖和多种项目的评委。“忙于人才培养”既是指他这时期培养了大量的硕士研究生并开始指导博士研究生，还包括他主持了多项省级教学改革项目。这时期他率领的山东师大中国现当代文学教学团队先后获得山东省优秀教学成果一等奖、二等奖。后来获得国家级教学成果二等奖的成果也是在这一时期实施并完成的。“忙于学科建设”，一是因为1991年山东师范大学中国现当代文学学科被评为山东省重点学科，二是1994年山东师范大学中国现当代文学专业开始了准备申报博士点。朱德发先生作为学科带头人做了大量的工作。

在如此繁忙的情况下，这一时期朱德发先生的学术研究成果不仅没有减少，反而大大增加了。社会工作、人才培养和学科建设以及行政工作占去了他大量的业余时间，难得他利用周末和假期进行科学研究。更为难得的是，在已经功成名就之后，他依然进行自我加压，笔耕不辍，使自己的学术创造力再次勃发，实现了学术水平和学术成就的新跨越。[51]

中国作协党组成员、书记处书记吴义勤先生说，他在山师工作时，跟朱德发老师住在同一个小区，几乎每天都会碰见聊几句。在他的印象中，朱老师退休前和退休后的生活几无差别，依然是每天勤奋工作，做研究，写文章，不断地有学术成果。吴义勤说，朱老师吸收新生事物特别快，虽然他主要是研究五四文学，但是对于其他新学术思潮的掌握和运用也特别快。朱老师对学术有一种信仰般的执着，把学术看得比生命都重要，但他不仅勤于学术，也热爱生活。在吴义勤的印象中，朱老师每天都去爬千佛山，锻炼身体。他喜欢茶，但有了好茶又不舍得立刻喝，往往要先把陈茶喝完了再喝新茶。

我听多位朱门弟子讲，朱老师一直注重仪表，衣着时尚，在他开始穿西装穿夹克的时候，别人还是多穿中山装。他经常向弟子展示他的新衣服，说："这是你大姐买的，怎么样?"他女儿朱筱芳在伺候父亲这件事上很用心，一心想把父亲打扮成现代学者。

就这样，先生风风火火，满怀信心，度过了他的花甲之年，收获了与时间对抗的惊人战果。他对时间一直保持着高度敏感，因而在2004年初，他想到自己进入古稀之年，百感交集，写了一篇《现代中国文学研究三十余载有感》，文中像给自己发出新的进军令一样说道："虽然岁月催人老，但我忆起执教50多年从研30余年的峥嵘岁月却心潮澎湃，如果老天保佑我的身体与精神依然充满活力，那我将在学术园地里持续地自由播种、辛勤劳作和怡然收获。"[52]

还是在70岁这年，2004年12月，山东文艺出版社出版了朱先生的专著《穿越现代文学多维时空》，他在《后记》里写道："去年夏天我住进新居'小高层'，当时有人说它是山师眼下最好的楼房，我的老友许志英兄也说我住上全国同代同行教授最好的房子；我听了这些赞语，是疑惑的又是认可的更是心存感激的。同时，也有些亲朋好友颇为关切地对我说：'你该享受了，珍重身体安度晚年比什么都紧要，不然这座新居对你来说来得太迟了!''来得太迟了'一语的确对我的触动极大，莫非我的人生之路不长了，享受的时日也不多了，是应该认认真真对待'老之将至'这条不可抗拒的自然规律了？否则我真的就要亏了'新居'，要辜负那些真诚关心我的人了？不过，如何'抓紧享受晚年'我有自己的想法，除了心情自控好、劳逸安排好、食宿调节好以外；我要读那些我最想读的书，我要作那些我最想作的文，还要尽力把我三十余载在学术园地耕耘残留下的难以忘记的'雪泥鸿爪'拾掇起来，以体验人生的真正乐趣，感受生命的真正充实。"

老当益壮，宁移白首之心？年迈志坚，不坠青云之志。这就是朱先生的老年心态。

十年下去，先生说的"雪泥鸿爪"在他笔下成为一部部著作，一篇篇论文。这些成果，随便拿出一件，就让一些人羡慕不已。朱先生从70岁到80岁的十年，独著有《穿越现代文学多维时空》《朱德发序评集》《思维的飞翔》《现代文学史书写的理论探索》，合著有《现代中国文学英雄叙事论稿》，参编有《中国新文学家与现代文化建设》（上中下三册），主编有《中国现当代文学500题解》《现代中国文学通鉴》（三卷）《现代中国文学史精编》。与此同时，他还在《中国社会科学》《文学评论》等刊物发表了大量论文，光是被中国知网收录的就有85篇！

2004年，朱德发教授与夫人在南京

我去山师学报编辑部采访李宗刚主编，到了他的办公室，忽然发现墙上挂着一个镜框，里面镶嵌的不是书画，而是一张表格，原来是朱先生2008年也就是74岁时填写的成果表。李宗刚介绍说，这是他拍下来放大，挂在墙上勉励自己用的。我仔细看看，表上列出的朱先生年度成果有14项，都是发表的论文，总计14万多字，其中有发在《中国社会科学》上的，有发在《文学评论》上的，有发在《文学评论丛刊》上的。先生在74岁高龄，尚有如此强大的生命力与创造力，委实令人叹服，极具励志作用。

先生老而弥坚，屡创奇迹，魏建教授在《浅析朱德发现象》一文中称，先生在精力与思维方面“逆生长”。他认为，朱老师的这种“逆生长”，除了表现在作品数量上的不可思议，还有学术质量上的创新与突破。朱老师提出了许多新的学术范畴和学术命题。例如，他提出的“现代中国文学的制导性传统”“人本艺术思维”“发现逻辑机制”“群己对立英雄观”“现代中国文学”等，虽然未必大家都能接受，但毕竟都是带有创新性和学术启发性的。他在古稀之年不断刷新自己50多岁和60多岁时的研究对象，实现学术青春的复归。他不断地重新反思自己过往的研究，得出的新结论往往比多数中青年学者更加前卫。随着自己年龄的增长，他不是逐渐收缩自己的学术阵地，反而是不断扩大自己的研究空间。他先是“打通了近代、现代、当代三种形态文学史的联系”，继而“打通了古代中国文学与现代中国文学史的联系”，再后来“打通了中外文学史的联系，并通过对中外古今文学史流变的粗略性的整体把握，从其相通性与差异性的文化特征和美学特征中发掘世界文学建构的共同规律与民族文学发展的特殊轨迹”[53]。

古稀之年的朱先生，顽强抵抗着衰老，依然以读书写作为乐。当学生们劝他该休息一下的时候，他总是乐呵呵地说，不读书干什么，难道让我提笼架鸟、养花下棋去吗？有人问他，你年纪大了，还讲课吗？他说，讲呀，我一讲三个小时，讲完浑身舒服！在先生这里，没有世俗之乐，只有全身心投入学术，投入教学，他才觉得时光美好，觉得幸福愉快，觉得自己的生命有价值有意义。

这十年，先生在学术上始终是勇猛精进，刮摩淬励。他就像一台学术钻探机，每当选定一个矿点，就会钻得很深很透，因而也收获丰硕。他时刻注意学习，不但学习古人，学习同代人，还学习年轻人。他汲取新知识新理念如饥似渴，对西方一些人文学科都有研究，对精神分析、叙事学、结构主义等等都很了解，并将学到的东西用于自己的研究，甚至将生物学、医学、数学、物理学的一些概念引入文学研究领域。2013 年元旦这天，他已经虚岁八十，还独辟蹊径，用“里比多”理论解读莫言的《丰乳肥臀》，写了一篇一万三千字的论文《“里比多”释放的悲歌与欢歌》，发表在当年第 4 期《中国现代文学研究丛刊》上，让人觉得别开生面。所以说，他的学术研究从不落伍，甚至保持着超前的姿态。贾振勇讲，有一回，他陪年近八十的朱老师去重庆开会，别人讲得泛泛，没有亮点，朱老师一开口就把

朱德发在学术会议上发言

他们震住了。在许多会议上，只要朱老师出席，他往往是会议的亮点。在一些饭局上，大家也觉得先生似乎最年轻，因为他思想前卫、谈锋强劲，没有一点老气横秋的样子。

先生一直关心着某些宏大的话题，经常与一些弟子谈论国家大事、世界局势。有时候和北京的弟子通电话，往往问上一句："北京有什么消息？"他带过的博士生李建国前几年在莱芜市政府任职，2013 年去援疆，时间长达四年。他每次回来去见朱老师，朱老师都与他讨论新疆态势。他的博士生、济南大学教授宋晓英说，有一回和朱老师一起吃饭，她丈夫也去了，朱老师向她丈夫问这问那，还因为一个问题与几个年轻人争论起来。她丈夫回家说，你老师是个老"愤青"。朱老师还经常做一些终极思考，譬如，他曾和弟子讨论，未来的人性是比现在更好呢，还是比现在更差？他一直保持着旺盛的好奇心和求知欲，对一些感兴趣的事物和问题都想弄个清楚。有时遇到自己不懂的，还不耻下问，向学生请教。等到学生给他讲明白了，他点头笑笑："是吗？真有意思。"

不过，先生也终于遭遇了时间的"反对抗"，他的身体出毛病了。朱晶晶说，她爷爷七十岁之后脚疼，影响走路，到医院检查，查出尿酸过高。尿酸高的原因，是他的饮食习惯。他长年吃鱼，咸鱼、虾酱是他的最爱，还喜欢吃蟹黄、鱼子、炸鱼。每天的饭桌上都要有鱼有虾，偶尔没有，他就拍着桌子发火：难道咱们连鱼都吃不起了吗？他认为，鱼可补脑，自己脑子好使，与吃鱼有关。他不爱吃猪肉，但可以吃蒜茸红肠。他喜欢吃甜的，尤其是沙琪玛之类的糕点；不爱吃苹果，喜欢吃更甜的荔枝、柑橘。

既然尿酸过高，导致痛风，应该遵照医嘱不吃鱼的，但他还是忍不住，只是吃得少了一点。随着尿酸沉积物在他脚趾关节里的悄然增加，他的痛风病时常发作，脚就慢慢变形了，本来穿 41 码的鞋，后来逐渐增大，42 码，43 码，有时还穿 44 码的。原先出门的时候西装革履，后来很少再穿皮鞋，喜欢穿一种"懒洋洋"牌子的轻底鞋，这能减轻双脚疼痛。六十来岁时，他曾对一位弟子风趣地说："学者不能坐以待毙！"每天下午都要穿过山师校园去爬千佛山，过一两个小时回来。然而七十多岁就不行了，只能下楼到前面山师附中的操场上转一圈。但他每当去山师校园，还是步行，只是走得慢了一点。

在对一些新生事物的学习中，他也有跟不上的情况，最突出的一条是有了电脑，却学不会打字。他的外孙女叶灵君（小名琳琳）就是学计算机的，她教会了姥爷电脑的基本操作方法，教他打字却没有成功。因为姥爷用拼音输入法，方言与拼音字母对不上号；用书写，他的连笔又让电脑认不好。姥爷烦了，将手一挥，“算啦”，我行我素，依然用手工方式写作。写出稿子，外孙女或孙女给他打印出来，给他用电子邮箱发走。后来，孙辈参加了工作，建立了家庭，先生不愿给她们增加麻烦，就自己到外面街上的打印店付费打印。打印出来，他或是当场校对、定稿；或是拿回家去，校对完毕再去店里打印出定稿。他常去的一家打印店叫“小杨印务”，与打字员小杨熟了，就让小杨代他将稿子发走。所以，有些报刊的编辑收到朱先生的稿子，经常来自一个名为“小杨印务”的电子信箱。

先生与外面联系，原来都是用固定电话，手机普及之后，他也拥有了一部。但他的一位弟子讲，有一回他给先生打电话，让他和某人联系一件事，先生说，他在外面，用的是手机，不能打座机，回去再打。那位弟子这才知道，先生竟然认为，手机只能给手机打，座机只能给座机打。他给先生讲明白了，先生才恍然大悟。

张清华向我讲，他曾向朱老师提建议，年纪大了，是否不写大文章了，而是写一些回忆录之类。像许志英老师，晚年写了好多这类的文章，挺好的。没想到朱老师断然拒绝：“我写那些玩意儿干什么?”我听到这里对张清华说：“如果先生能接受您的建议，自己写出回忆录，也就用不着我下笨力气写这部传记了，他写出来的肯定是详尽而精彩。”

多年来，每年除夕这天，朱先生都要坐到电话机前，找出号码本，给老朋友拜年。除夕拜不完，初一接着拜。但是到了后来，他每年这个时候再打电话时，发现一些同龄人号码还在，人已作古。譬如，与他同岁的几个好朋友，南京大学教授叶子铭、许志英，比他大三岁的扬州大学教授曾华鹏等等。这时，他免不了伤感，坐在那里发呆。

眼看先生已近耄耋之年，著作等身，他的弟子和友人多次建议他编选一套文集。尤其是山师大中国现当代文学国家重点学科负责人魏建教授，更是多次劝说，向先生讲出版《朱德发文集》对于重点学科建设的重要意义，对于中国现当代文学研究的学术贡献。朱先生被他们说动，就从2012年开始，用一年多的时间重读旧作，翻捡文稿，复印剪贴，编定十卷，并撰写了文集的编选设想及其内容提要。

先生2013年3月18日撰写《“文集”编选设想及其内容提要》，给“文集”编选制订了三个“务必切实做到”：“一是凡编入“文集”的著作或论文，除了错别字可改正外，绝对不要修改原著原文，尊重第一次出版或第一次发表，哪怕某些观点与当下认识相左或者某些注释格式不符合当下要求也必须尊重历史，总之最大限度地保持原著原文的历史面貌。二是以专著为单位来编辑文集，每卷文集控制在35万字上下，若专著35万字以上那本身就是一卷，若专著不足35万字那可选取同时期发表的论文作为补遗，若有的专著前后重复那就删除或存目，共编选10卷文集，平均每卷35万字左右。三是严格按照著作出版时间的先后顺序，来排列十卷文集的前后次序，忠于历史地呈示研究主体的学术思想的演变与研究对象的转换。”[54]

读这“朱三条”，让人更加敬佩先生。“不悔少作”，是一份难能可贵的勇气。

先生根据自己规定的这三条，编选的十卷“文集”分别是：

第一卷：收入1982年出版的专著《五四文学初探》和1983年出版的专著《茅盾前期文学思想散论》的大部分论文，并补遗了同时期公开发表的3篇论文。

第二卷：收入1986年出版的专著《中国五四文学史》。

第三卷：收入1992年出版的专著《二十世纪中国文学流派论纲》。

第四卷：收入1995年出版的著作《五四文学新论》，并补遗了发表于国内重要期刊的5篇论文。

第五卷：收入1997年出版的著作《主体思维与文学史观》，又补遗了发表于期刊杂志上的与该书内容相关的论文3篇。

第六卷：收入2003年出版的著作《世界化视野中的现代中国文学》，并在该书的下编“主体与文体”增补了三章作家的作品论，合成一集。

第七卷：收入2004年出版的著作《穿越现代文学多维时空》。

第八卷：收入2006年出版的著作《朱德发序评集》，并增补了该书出版后所写的序评。

第九卷：收入2010年出版的著作《现代文学史书写理论探索》，除去“思维篇”和“学科篇”首章，只存目录，其他篇章都保留；并新增“补遗篇”计6章。

第十卷：依据已发表的论文或者已出版著作的文章，重新设计而选编，名之曰《古今文学通识》，尚未正式出版。

这套共350万字的书稿编定后，交给了山东人民出版社。该社将其当作重点出版项目，安排编辑部主任李怀德负责，经过紧张的编审与校对工作，于2014年1月隆重推出。“文集”的设计、装帧素雅而大气，在米黄色的下半部封面上，朱先生露出了面容的三分之二。他表情庄重，眼镜片后面的目光直盯着读者，仿佛要与你交流、对话，让人看了怦然心动。

《朱德发文集》的出版，让先生十分满意，他分送有关领导、同事、弟子与亲友，还郑重签名，送给孙女与外孙女各一套，希望后辈珍藏。收到先生的赠书，大家纷纷向先生表示祝贺，在马年的春天里，朱家的电话响得格外频繁。

在这个春天里，先生经常在楼顶的阳台上遥望东方，那里是他八百里之外的故乡。他想回去给父母扫墓，与家乡做个告别，就打电话与妹妹商量，清明节回老家给父母上坟。妹妹说：“好呀哥哥，我早就想回去看看了。”于是，清明节前，朱德玉和老伴坐火车到了济南，休息一天，然后与哥哥、嫂子一起坐上了去烟台的火车，随行者有朱筱芳、朱志成姐弟俩以及朱晶晶。下车后，朱先生的姨家表妹夫李树海带了两辆车去接他们。张凤英老人觉得身体不适，在烟台亲戚家住下，其他人去了蓬莱市大柳行镇门楼村。

多年没有回来，这里已经大变了模样。村外是开发了多年的金矿，到处堆满渣石；村里建起了一座座小楼，或两层或三层。街道两边停满车辆，其中有不少豪车。

朱家的老房子没了。当年的两排平房，在张凤英 1983 年到了济南、朱筱芳 1985 年随军之后，就无人居住。张凤英的一个外甥女婿要买这房子，就低价卖给了他，要了不到两千块钱。朱先生打电话给妹妹说了这事，要分一些钱给她，妹妹说："哥，你的恩情我一辈子也还不上，我可不要这钱！"于是，哥哥嫂子就没再坚持给她。他们家当时看的是黑白电视机，用这钱买了一部彩电，卖房款不够，又添了一些。

现在，朱先生与妹妹等人走到老房旧址，只见一座二层小楼立在那里，门户紧闭。兄妹二人摇头叹息，朱筱芳眼泪汪汪。向邻居打听了一下，村里原来熟悉的老人大多去世，当年与先生十分要好、每到大年初一就一起拜年的三位老伙计，竟然都已作古。

伤感一会儿，他们走到只有几步远的小河边，见里面有好多垃圾，水也不那么清澈了。朱先生回忆起当年，说这里当年风景多么优美，他小的时候白天在河里摸鱼抓虾，夏天的晚上在桥上睡觉，一不小心就会翻身掉到河里。说罢这些，他眺望南山，目光悠远。八十岁的他，肯定想起了自己十八岁时翻越那座大山，虎虎生风地行走，去虎路线小学任教的情景。

接着，他们去西面岭坡上扫墓。那里枯草遍地，荆棘丛生。到了父母坟前，朱先生哽咽着说："爸爸妈妈，我和德玉一起回来了……"朱德玉这时放声大哭，其他人也纷纷落泪。亲戚去村里借来铁锨，将坟边的枯草荆棘清理了一下，然后烧纸祭奠一番，依依不舍地离开这里。兄妹俩都明白，这是他俩最后一次回门楼村了，所以在车子开动后忍不住回头打量，将故乡再一次摄入眼中、心中。

已入暮年的朱先生，这时也没忘记自己的另一个身份：大柳行村张家的女婿。他又去那里，给岳父岳母上坟，鞠躬行礼。回到烟台，他们住下逛了两天，然后回到济南。朱德玉和老伴歇息一天，坐火车回了郑州。分别时兄妹俩牵手告辞，互道珍重。

在这个春天里，与先生有关的一次重要活动正在紧锣密鼓筹备。在前一年的春天，就有一些朱门弟子打算组织一次聚会，祝贺老师的八十寿辰。他们找到魏建教授，希望与山师中国现当代文学学科联合举办，魏建教授当即答应。但在请示朱先生时，却遭到他的断然拒绝，坚决不让为他庆寿。后来，大家想了一个变通的方法：举办一场朱德发先生的学术研讨会，朱先生马上质疑："我有什么可研究的?"因为他的反对，此事就搁置了下来。到了2014年初，《朱德发文集》出版，山师现当代文学学科和校内外许多人都呼吁举办一场学术研讨会，山东师范大学中国现当代文学重点学科召开年度工作会议，会上通过决议：下半年围绕《朱德发文集》举办一场学术研讨会。这时，朱先生才做出让步，但还是坚持不让为他个人开会，研讨的对象，应是包括他在内的山师中国现当代文学学术团队。于是，研讨会的筹办就以山师现当代文学学科为主了。

鉴于要来参会的有关人员很多，活动的规模必须扩大，筹备组制订了一个方案，将活动名称叫作"中国现当代文学国家重点学科第一届学术周"，届时将举办系列活动。然而，他们向学校有关领导汇报时，领导表示，支持召开这次学术活动，但根据省里出台的落实中央"八项规定"和节俭办会的文件，建议把"学术周"压缩成一次研讨会，并且要限制人数。

2014年9月24日，在山师校园氤氲着桂花清香的时候，由中国现代文学研究会、中国现代文学馆、山东师范大学、山东省中国现代文学学会联合举办的"朱德发及山师学术团队与现代中国文学研究学术研讨会"在翰林大酒店隆重开幕。朱德发先生早早到了会场，迎接着一位位嘉宾：中国作协名誉副主席、中国社科院荣誉学部委员张炯，吉林大学原校长刘中树，南京大学原副校长董健，中国现代文学研究会会长温儒敏，中国现代文学馆馆长吴义勤，中国

1998年5月31日，朱德发与蒋心焕一起在岩辅林小厅中

社科院研究员、《文学评论》原常务副主编王保生，省委宣传部副部长王红勇，等等。山师中国现当代文学学术团队的老一代成员吕家乡、蒋心焕、宋遂良、李继曾、袁忠岳、韩之友等人，团队在职成员，山师文学院的领导与部分老师，以及部分朱门弟子，接踵而来，相见甚欢。

开幕式由山东师范大学副校长唐波主持。校党委书记商志晓致辞并简要介绍了学校办学情况，回顾了朱德发的学术历程。他说，朱德发及山师学术团队，是山东师大学者群体和学术研究团队中的优秀代表。几十年来，朱德发勤奋耕耘、默默奉献，奖掖后学、严谨笃学，以高尚师德、人格魅力、学识风范教育感染学生，为社会培养了一批又一批杰出人才。他们中大都已成长为山东乃至全国各条战线特别是文化教育界的中坚力量、领军人物和栋梁之材。无论是学术研究，还是教书育人，这些非凡成就的取得，既是朱德发本人的光荣，也是山东师大的自豪与骄傲。商志晓衷心希望与会专家学者一如既往地给予山东师大文学院及中国现代文学学科更多支持和帮助，并祝愿朱德发及山师学术团队惕厉奋发、再攀高峰。

温儒敏先生代表中国现代文学研究会，对朱德发先生表示祝贺——祝贺他从教 60 年，也祝贺山师的团队取得丰硕的教学科研成果。他说，山师学校团队兢兢业业几十年，现在已成为全国现当代文学研究的一个重镇，也培养出很多在学术界有影响力的学者。朱德发先生可以说是这个团队的一个代表，或者说是核心。

曾经担任山师中国现当代文学国家重点学科学术带头人和学科负责人的吴义勤先生，在致辞时格外动情。他向朱德发老师表示祝贺和感谢，接着说："朱德发老师是我们学界公认的'学术劳模'，学术典范，他确实是著作等身，在学术研究特别是文学史研究方面，做出了非常多的开拓性的贡献。同时我们从朱德发老师身上还学到了一种持续不断的创新精神。朱老师这么多年来一直保持着非常旺盛的创造活力，有的时候我们和他在一起，自己都很紧张，压力非常大，因为他每年都要写很多文章，要出书，所以我们学科的人经常会感到巨大的压力。他的这种创新、创造的激情和活力，一直是我很敬佩的。""他为什么能把山师大的中国现当代文学学科打造得这么强大、这么团结，为什么会培养出那么一支强大的学术力量空前的‘朱家军’，这与他个人的情怀和人格魅力有很大关系，他真的是对任何人包容性都很强。我在山师十五年，觉得跟朱老师一起工作、交谈的时光，是最值得珍惜的，是最美好的回忆。同时他对山东师大整个现当代文学学科的贡献，可以说在今天是没有人能媲美的。他就是学科的精神支柱，我们很难想象学科发展到今天，没有朱德发老师的话会是什么样子。朱老师刚刚出版的10卷本的《朱德发文集》，也是代表了他的学术研究的一个高度。”他最后说，“祝朱老师健康长寿，学术之树常青。朱老师每天都有新的思想，新的活力，我也希望不断读到朱老师的令我们振奋的学术成果。”

王红勇副部长是山师历史系1979级的学生，他代表中共山东省委宣传部，也在会上做了热情洋溢的致辞。他充分肯定了朱德发先生的教学科研成果，对他的文集的出版表示热烈祝贺。他特别强调，朱德发教授的文学史研究和文艺评论实践坚持了马克思主义文艺观，体现了实事求是的精神，他自觉把创新作为自己学术生涯的重要价值追求，从20世纪80年代初，对五四文学开拓性的研究到后来努力突出重围，纵横探索，致力于更加宏大的学术构建，无不体现着他强烈的使命感和清醒的超越意识。

接下来，朱德发先生向中国现代文学馆和山东师大图书馆赠送了刚刚出版的十卷本《朱德发文集》。吴义勤和山东师大图书馆党委书记宫少波分别上台接受捐赠，并为朱先生颁发收藏证书。

进入学术研讨阶段，朱德发先生的老朋友、83岁的苏州大学教授范伯群先生率先发言。范先生此前染恙，尚未完全恢复，却带病赶来，让朱先生和几个知情的人感动至极。范先生发言的题目是：《脑力劳模“体大思精”的结晶——读〈朱德发文集〉有感》。他讲的第一句话就是：“十卷本《朱德发文集》的问世，是我们中国现代文学史研究界的一套可以传世的文稿。”在论述了《朱德发文集》的传世性之后，他说：“他这数十年来研究现代中国文学以来的‘精气神’，就精选和凝聚在这十本厚重的文集中。他代表了我们中国现代文学研究界第二代学人群体说出了我们应该去共同努力完成的历史使命。可以说，在这个突围与求索的一支队伍中，朱德发是走在最前列的，他刻苦地耕耘与开拓着，他配得上做这批学人中的一位劳动模范。”他最后讲：“在问题还多多地需要我们去解决的过程中，他已经做出了榜样，他在学术激情的燃烧中锻炼出这十部体大思精的经得起推敲的文集，他从‘五四’指导思想的质疑中起步，然后从大量原始史料中得出具有创新性的结论，顶着某些质疑，继续驱动，提出自己的‘新概念’，力图拨正我们这个学科所存在的偏差，他为‘拨正’而向古今中外的优秀文学取经，提出了自己认定的评价标准，应该说他一路前行，雄图大略地正在铺出一条具有实际意义的体系性的思路；而另一方面，他作为‘名师’，作为一位诲人不倦的教育家，他又以言传身教在薪火相传，以他的十卷文集，屹立文坛，传之久远。”看着满头白发的范先生对朱先生做出如此高度评价，在场的人纷纷颔首认可，对他们老一辈学人表示钦敬。

中国作家协会名誉副主席、中国社科院荣誉学部委员张炯先生对朱先生致以诚挚的祝贺，他说：“在几十年的学术生涯中，朱先生的学术研究在多个领域都取得了丰硕的成果。他既注重学术资料的占有，讲究论据的充分，同时又致力于理论的探索，着意文学史理论的建构，积极运用马克思主义世界观和方法论研究中国现当代文学。他有世界文学的视野，能将文学与文化，中国作家与外国作家，中国现代文学与中国古代文学、中国当代文学在研究领域中打通，富于比较的眼光，因而往往能够得出实事求是的恰当的见解，且见他人所未见。这跟他勇于开拓，敢于打破权威的定见，富有学术创新的勇气也分不开。”他还对山师现当代文学学科取得的成就做了充分肯定。

曾任山东大学党委书记、校长的曾繁仁教授指出，朱德发教授的学术贡献以及学术突破，第一个突破就是五四文学指导思想的突破。第二个突破是提出整体论，用比较智慧的论证解决了对毛泽东《新民主主义论》的理解问题。第三个突破是对 20 世纪 50 年代、60 年代一直到 70 年代这一段英雄人物观的突破，主要颠覆了苏联的社会主义现实主义的英雄人物观，“大跃进”文学的英雄人物观，“文革”文学的英雄人物观。“三个突破”，奠定了朱德发的学术贡献。

曾任山东大学中文系主任的孔范今教授说，朱德发是山东师大现当代文学团队名副其实的领军人物。山东师大这个学科，由田仲济先生打下了基础，不管是团队的培养，还是资料的积累和大量收集方面，为这个学科奠定了历史基础。但是这30年来，真正名副其实的领军人物是朱德发教授，而且他在这么长的时间内，以一种蓬勃向上的精神引导这个学科积极发展，很了不起。山东师大的这个学科团队结构好，年龄结构好，中青年都有，发展态势非常好，而且是持续发展，所有成员相互包容，很和谐。这个团队的成员都有自己的学术追求和学术个性，和而不同，既和谐，又有积极的蓬勃向上的精神状态。

随后，其他专家踊跃发言，各有侧重。会后，魏建、李宗刚、刘子凌主编了一本这次研讨会的论文集，书名为《拓展现代中国文学研究的新格局》，2016年1月由山东人民出版社出版。其中收录了周海波、闫晓昀整理的会议综述《金声玉振显品格　弥高弥坚成高远》，对会上发言情况这样归纳："在提交会议论文并到会发言的学者中，既有德高望重的学术前辈，如张炯、范伯群、董健、刘中树、温儒敏、王保生、吕进、曾繁仁、孔范今、刘增人等，也有近年来学术界成绩卓著的外单位中青年学者代表，如吴义勤、张中良、刘勇、李怡、谭好哲、谭桂林、郑春、张学军、张全之、季桂起、刘东方等，还有山师学术团队历代成员代表和朱老师指导过的历届硕士、博士研究生代表。因种种原因未能亲自赴会的部分学者如丁帆、张福贵、李继凯、方忠等也发来贺信、贺词和书面发言。"这本书，后面还附了一份《本书作者名录》（以作者在书中的文章出现先后为序），收录了在"朱德发及山师学术团队与现代中国文学研究学术研讨会"上做口头发言和书面发言者名单，我略去他们的身份介绍，抄录如下：商志晓、温儒敏、吴义勤、王红勇、范伯群、周海波、贾振勇、李海燕、颜水生、闫晓昀、刘中树、张丛皞、王保生、季桂起、刘开明、温奉桥、温凤霞、陈夫龙、曾繁仁、刘勇、谭桂林、张全之、程亚丽、马立新、周丽娜、杨新刚、韩琛、王晓文、赵启鹏、谭好哲、房福贤、魏建、王兆胜、张清华、张光芒、刘东方、刘明银、李钧、隋爱国、杨爱芹、顾广梅、张炯、吕进、孔范今、刘增人、杨洪承、张忠良、宋晓英、罗振亚、吴井泉、李宗刚、赵佃强、吕家乡、张瑞英、王素霞、王颖、刘聪。

《拓展现代中国文学研究的新格局》一书，还在前面影印了几副贺联：

德发德馨方正坦诚为人师表
亦凡非凡开拓创新卓然成家
——翟德耀撰文，姚健书

德化霄壤润桃李
道发古今忧轩辕
——刘明银撰并书

捌拾年龄 陆拾形象 叁拾思想
——魏建撰文，李继凯书

杏坛生涯数十年心系学科多贡献
道义文心雕巨龙大师领军笔犹健
——李继凯撰并书

学贯中西树千株桃李
德被齐鲁发万朵芳华
——济南大学文学院恭贺，黄斌书

书中收录了17封贺信，其中上海师范大学当代上海文学研究中心主任杨剑龙的贺信中有一首七律，概括了朱德发先生的学术人生：

惊涛拍岸蓬莱人，风雨如晦礁石梦。

鲁县苦读孔府月，泉城谢客斗室灯。
人学探源求真理，爱河溯舟为启蒙。
最是桃李满天下，天高地厚谢师恩。

《中国现代文学研究丛刊》十分关注这次研讨会，将会上的专家论文选了五篇，在2015年第4期“学人研究”专栏刊发。这组文章包括范伯群《〈朱德发文集〉：脑力劳模“体大思精”的结晶》，刘中树等《反思·重建·拓展——朱德发先生的“五四”文学研究》，谭桂林《思维·识地·体验——评朱德发新文学史学建构中的主体性研究》，刘勇《浅论朱德发先生的文学史思想》，魏建《试析“朱德发现象”》。《中国现代文学研究丛刊》以往也曾开辟过介绍学界历史人物的研究专栏，但对当代著名学者设专栏进行专门研究和专门介绍，尚属首次。

这次研讨会的召开，让朱德发先生经历了人生的又一次“高光时刻”。放在一般人那里，辉煌若此，夫复何求？可以为学术生涯画上句号，优哉游哉颐养天年了。但他没有这样做，而是继续像以前那样朝乾夕惕，拼搏不休。

请看他80岁之后的学术成果：

81岁（2015年），与魏建主编的三卷本、200万字《现代中国文学通鉴》先是获得山东省社会科学优秀成果一等奖，继而又获得教育部颁发的“高等学校科学研究优秀成果奖（人文社会科学）”二等奖。2016年，山师大中国语言文学学科获批山东省一流学科，这一奖项发挥了决定性的支撑作用。

82岁（2016年），朱德发先生独著的31万字《“为大中华，造新文学”——胡适与现代文化暨白话文学》由人民出版社出版；论文集《现代中国文学新探》由山东人民出版社出版，收录了他近三年发表的关于现代中国文学史学、文学思潮研究和文学评论的24篇文章，其中多篇被《新华文摘》《人大复印资料》转载。

83岁（2017年），在《中国现代文学研究丛刊》《山东师范大学学报》

（人文社会科学版）等刊物上发表论文 4 篇。

84 岁（2018 年，先生仙逝之年），在《中国现代文学研究丛刊》《山东师范大学学报》（人文社会科学版）《百家评论》等发表论文、访谈等 4 篇。

一个 80 多岁的老人，还能够著述不断，佳作迭出，并且一直站在学术前沿，这是朱德发先生创造的奇迹！

一首歌里唱道，“最美不过夕阳红”，在朱先生这里，表现为一种极致美景：60 多岁如日中天，70 多岁热量不减，80 多岁余晖壮丽。目睹这样一颗“夕阳”，让人由衷感叹：生命可以如此充盈，老境可以这般辉煌！

第十五章
鲸落沧溟

八旬已过，九秩行开，朱德发先生给人的印象还是宝刀不老，充满活力。他依然勤奋写作，硕果累累；依然带博士生，金针度人；依然出席有关学术会议，铿锵有力做重头发言。

朱先生的弟子顾广梅曾在一篇文章中写道：“他在 80 岁高龄时曾有言：‘学术是我的宗教。’几十年如一日在学术研究上的殚精竭虑，使他的自我认知如此强烈而明确。从某种意义上说，视学术为宗教的朱德发先生，如同一位学术的圣徒，高举着真理的火炬，为后人照亮道路。”[60]

2018 年 6 月 16 日，朱德发教授在“鲁迅与新文化”国际学术研讨会上

那几年，山师现当代文学学科每年招收了博士生，都请朱先生讲“文学史研究与实践”这门课。2017 年下半年他已是 83 周岁，又给新入校的博士生讲了整整一个学期的学位课程。我听

过朱先生一次演讲的录音，他言之谆谆，意之殷殷，教导学生要做真学者，要勇于创新。

2018 年 6 月 16 日，朱德发教授与参加“鲁迅与新文化”国际学术研讨会的专家合影

这时，先生的身体也没显出多少衰老迹象，他的相貌看上去比实际年龄要年轻许多。翟德耀讲：“有一年我们一起去济宁学院参加一个项目的评审活动，对方第一次见面的院长热情有加，竟以为我是长者，入席时提出让长者上座，待被说破，惊愕不已。这让我颇为尴尬，先生却笑而不语。我俩都属狗，但先生比我年长整整 12 岁！”朱先生也一直以身体健康自许，相信自己会长寿。有一回别人夸他身体好，会活到很大年纪，他以开玩笑的口吻说：“嗯，活到六世同堂不敢说，五世同堂没问题！”

八十岁左右，先生的身体真的是很健壮。除了痛风发作时行走不便，那股“风”过去后还是能走好长的路，让一些中青年自愧不如。贾振勇说，有一次他陪朱老师去重庆开会，会后游览玉龙天坑，主办方为几位老先生准备了滑竿，但别人坐，朱老师却不坐，一气走了四五个小时。

2011 年，女儿家买了私家车，几乎每个周末，女儿女婿都要陪二老外出游玩。春夏秋冬，接连几年，将济南市区和周边的大小景点都玩了个遍，大明湖、趵突泉、千佛山、森林公园这些景区更是去了许多次。每逢五一、国庆长假，就去青岛、威海、淄博、泰安、枣庄、聊城、济宁等稍远的地方。除了省内，他们还多次去省外旅游。朱先生的外孙女叶灵君说，那几年，她和父母、姥爷姥姥出去玩了好几次，一次去了婺源、三清山、厦门、武夷山，都是山清水秀的地方。他们游山玩水，还坐竹排漂流，姥爷姥姥都很开心。但是，姥姥更爱看高楼，所以他们还去上海、杭州玩了一次。到了杭州，去西湖旁边的"楼外楼"吃了一顿，又去网红店"外婆家"吃了一顿，把杭州美食吃了个遍。2016 年，姥爷想去云南玩，但旅行社见他年龄大，不肯带他，要求家人陪同，她就和她老公陪姥爷去了。昆明、大理、丽江、香格里拉、西双版纳，高高兴兴玩了一圈。在海拔 3800 米的普达错森林公园，她和老公都觉得呼吸困难，吸了氧气，但姥爷没吸，好几公里路一直走下来。但姥爷说，这个公园不是他想象中的样子，让他失望。不过到了虎跳峡，江水奔腾的气势让他很震撼。姥爷还一直想去夏威夷看看，问外孙女能不能带他去，但她一直没空，后来姥爷身体衰弱，最终没有去成。

朱先生除了痛风，八十岁前后还出现异常情况：尿急尿频，起夜次数增多。他去医院做例行保健查体，查出前列腺增生。医生告诉他，这是一种老化现象，好多老年男性都这样，让他吃"哈乐"胶囊治疗，并嘱咐不能久坐，坐一会儿就起来活动活动。然而先生没忘了吃药，但记不住经常起来活动这一条，还是和以前那样一坐就是半天。家人、友人与弟子都劝他别写了，他摇头道："不写没意思。"

他的学生王颖在山东艺术学院教电影欣赏，有时请老师去看。朱老师看电影，多是让贾振勇陪同，但那一回贾振勇有事没去，老师进厕所后好长时间没有出来，王颖只好让别人进去看。朱老师终于出来之后，脸色很差。看完电影与王颖一起吃饭，他叹气道："人这一辈子，就这么短促，唉……"在王颖的印象中，老师一直很乐观，从没见过他这样的神态，她当时差点儿掉下泪来。王颖记得，她最后一次陪老师看电影，是 2017 年 12 月看《芳华》，此后老师再没进过电影院。

也就在这一年，朱先生的论文集《现代中国文学新探》出版，他在

“自序”中写下了这样一段结语：“我想，这也许是封笔之作；然而若学术生命之火还不熄，咋办？或学术生命之火与自然生命之火同时熄灭，或在学术追求之途上突然跌倒，再无他求，这就是学者的宿命！”看得出，先生对自己的身体状况已有预感，并且做好了思想准备。然而他的笔并没“封”住，依然在写，此书出版后还有论文陆续完成。

他的日常生活一如既往，按部就班。每天六点起床，到前边山师附中的操场走一走，七点半吃饭，八点上楼工作，直到十二点。中午边吃饭边看午间新闻，然后睡午觉，躺下几分钟就能进入深度睡眠，鼾声响亮。睡醒了，再到楼上工作，吃晚饭时再下来。然而，有时候到了吃饭时间还不下来，要老伴上去叫好几次，他投入工作时太专注太忘我。晚饭后，他都是看新闻联播，雷打不动。之后可能看足球，看电视剧。他对那几年热播的几部电视剧都很熟，还与同事、弟子一起讨论，探讨其艺术上的优缺点。

先生病情的发展，最终打破了他正常的工作与生活节奏。魏建教授说，2016 年 11 月底有一天，他有事给朱老师打电话，却没有人接。他觉得反常，因为平时这个时候朱老师是在家里的，就马上去了他家。筱芳大姐说，她爸不在家，让她爱人叶展带着去医院了。魏建问她，去医院做什么，大姐不说。魏建说，你一定要告诉我。大姐这才讲了父亲的病情，说他这一段时间尿频，有时候一夜起来九次，医生怀疑是前列腺癌，但没确诊，今天又去复查。魏建听了心情非常沉重，等到朱老师回来，他又去看望。朱老师说，没事没事！还埋怨女儿不该告诉魏建。魏建说：“朱老师，我认识齐鲁医院一个人，是我的发小，泌尿科专家，我带你去看。”朱老师同意了，第二天就让魏建带着去齐鲁医院。那位医生看看他们带去的检查结果，当着他们的面说，不用怀疑，就是前列腺癌，因为癌症指数已经超过很多。但这不要紧，第一，这种病死亡率很低；第二，有药可治，有一种从德国的进口药，每三个月注射一次，临床结果表明，百分之七十有效；第三，朱老师已经八十多了，癌细胞长得很慢。所以，建议你不要做穿刺，也不要开刀，就用保守治疗。魏建就与朱老师商量，采取哪种治疗方案，朱老师说，我不愿开刀，就采取保守治疗，打针吧。先生还特地嘱咐魏建和家里人，不要向别人讲他的病。

不知接受了哪位医生的安排，也可能他自己也想知道到底是不是癌症，先生在 2017 年 1 月由家人陪同去住院，接受了穿刺手术，让医生取活体组织检查。魏建说他事先不知道，去看望时朱老师已经做完手术出来了。朱老师得意地说，在他前面，一个四十多岁的男的，做穿刺的时候四个人按不住，疼得嗷嗷叫，可我没事。在场的护士也夸他，说这个爷爷很坚强，没叫唤。然而，他孙女晶晶却在接受我的采访时说，爷爷做完手术后打电话给她，说穿刺的时候真疼，但他能坚持得住。

过了几天。结果出来了，朱先生确诊为前列腺癌。但他告诉魏建，结果查清楚了，良性的。魏建信以为真，回来向同事宣布了这个结果，大家都很庆幸。

就这样，先生隐瞒着病情，每三个月注射一剂实验针，继续做他的事情。他依旧读书写作，撰写了一篇又一篇高水准的学术长文。他出席了多次学术会议，每次都是认真发言，讲得深刻而精彩。2017 年 7 月 21 日至 22 日，由山东省中国现代文学学会、山东师范大学文学院、哈尔滨工业大学（威海）语言文学学院、山东省鲁迅研究会联合举办的“五四百年论坛·2017 年会”在威海召开，朱德发先生参加了会议并做主旨发言。他还是有那种“舍我其谁”的气概，侃侃而谈，对五四文学及五四文学研究谈了许多真知灼见。报道中，他的头衔是“山东师范大学资深教授”。看合影照片，他那时面色红润，腰杆挺得笔直，根本看不出是个癌症病人。行走时，有的弟子想搀扶他，他坚持不让。在体力上，先生也还没有多少衰减。2017 年的一个周末，家里停电停水，先生从 11 楼上走下来，到传达室打水，到外面买吃的，再爬楼梯上去。女儿知道后埋怨父亲，父亲说：“没事，我还能行。”

进入 2017 年的秋冬季节，朱先生着手做一件事情：整理自己的图书。这年，山东师范大学图书馆在长清湖校区图书馆建起了“师大文库”，省委书记刘家义 9 月 9 日到山师大主持召开教师节座谈会时，对文库做了视察并做了充分肯定。9 月 14 日，“师大文库”举行揭牌仪式暨师大文库建设座谈会，朱德发先生也参加了。山师大党委书记商志晓对师大文库建设提出新要求，希望图书馆在师大文库取得初步成果的基础上，认真做好文献资料的再征集、充实和收藏工作，进一步丰富师大文库藏品和藏书内容，着力挖掘能够体现山师大学人学术水平和有价值的学术成果及纪念品，为传承师大文化、弘扬师大精神做出贡献。安作璋、陈龙飞、朱德发、张怿慈、李衍柱、王志民、李法曾、李继曾、王化洁、冯恩大等人先后发言，一致认为学校支持图书馆建设师大文库很有必要也非常及时，在学校发展史上具有开拓性和历史性的意义。他们表示，只要文库有需要，自己珍藏的文献资料都可以无私地贡献出来。会后，朱先生便与家人商量，鉴于儿孙两代都没有人从文，他打算将图书捐赠给"师大文库"，得到了家人的理解与支持。此后的日子里，一旦有空，先生便着手整理，就连他珍藏的报刊，也分门别类并按年份排列起来，分别打捆。

做完这件事情，他又开始修订《朱德发文集》。因为出版后，他发现书中还有一些错别字，有一些注释上的不准确，便一页页仔细审视，将错误之处一一改正，做出标记。有的弟子过去发现了这事，先生说，万一这套文集还能再版，希望能杜绝错误。直到先生离世，他桌上还摆着一套《朱德发文集》，每本书中都夹着批注的纸条，其中一本打开，上面有先生用笔标示的勘误。

2017 年 12 月 10 日，别人告诉他，苏州大学退休教授范伯群先生逝世。朱先生与范先生是多年的老朋友，相互支持，感情甚笃。朱先生闻听噩耗，如雷轰顶。忍着悲痛速发唁电："惊悉范伯群教授仙逝，学界失大师吾失挚友，悲痛已极，欲泣无泪！范兄治学有方，纵横开拓，创新趋优，硕果累累，著述等身，通俗文学研究，独树丰碑，彪炳史册，泽被后世；执教大学，殚精竭虑，呕心沥血，学高身正，美德慎行，育材成栋，薪火相传，师教典范，誉满神州，与兄相交，四十余载，情深意切，肝胆相见，切磋学术，虚怀若谷，助吾建'点'，先遴博导，屡次答辩，大家风范，功德感人，永世难忘！为悼为念，范兄永活吾心！"发走唁电，他终日戚戚，又在范先生"五七"之日写了一篇《宅心仁厚的范先生——悼范伯群教授》，发在2019年第2期《现代中文学刊》上。在这篇文章中，朱先生历数范先生对他的恩情，对山师大建博士点的帮助，深切表达对范先生的感恩之心、缅怀之意，情真意切，催人泪下。

年末岁尾，也就是在他写这篇悼亡文章的前前后后，朱先生觉得胸痛，去齐鲁医院做了骨穿检查，发现癌细胞已扩散到肝、肺、脊椎。这就意味着，先生注射了整整一年的进口试验药剂是无效的，他属于30%不耐受人群。即使到了这个地步，先生仍然要求齐鲁医院主任医师郭洪志（长篇小说《大刀记》作者郭澄清之子）保密，不对他人讲。女儿跟他商量，是不是到北京治疗，先生先表露出要去的意思，但稍加思索又摇头道："算了，去了还要麻烦学生。"

拖着癌细胞已扩散的身躯回家，马上就到了除夕。往年这个时候，先生都是与家人吃完年夜饭之后看央视春晚，边看边做评论，兴致勃勃，一直看到晚会结束。但是，2018年的春晚他没有看成，因为家里停电，一片漆黑。打电话问小区物业公司，得知山师东路某一个变压器烧坏了，导致这一片停电。家里虽然点了蜡烛，但过年的气氛已被破坏。先生呆坐在那里，很少说话，坐一会儿上床躺下，却没像以前那样马上传来鼾声。在这个除夕夜，他都想了些什么，谁也无从知晓。

春节过后，先生的身体状况大不如从前。正月初七，他得了一场重感冒，吃了二十多天的药才好。病好之后，又开始写作。家人说，你怎么又写？先生说，试试脑子还行不行。写完一篇论文，他欣慰地拍着脑袋告诉家人："还没坏!"

他的脑子果然还好使。那篇论文，题为《重探郭沫若诗集〈女神〉的人类性审美特征》，将自己近年来对《女神》这部诗集的新的认知写成论文，长达两万多字。这篇论文，2018年5月发表在山师学报上，8月即被人大复印报刊资料《中国现代、当代文学研究》全文转载，10月又被《中国社会科学文摘》论点摘要。此文，是先生的绝笔。

我听友谊出版社原总编、山东省散文学会会长丁建元先生说，2018年4月10日，山师中文系1977级学生组织了入学四十年聚会。晚上聚餐，把当年中文系的几位老师也请去了，包括朱德发先生、李衍柱先生、蒋心焕先生、夏之放先生。朱先生精神头十足，讲话慷慨激昂，让在场者深受感染。

周海波教授向我讲，2018 年 4 月份，青岛大学文学院准备为他承担的国家社科基金重大招标项目《中国现代文体理论、文献资料整理与汇编研究》召开开题会，他打电话邀请朱老师，师母在电话里说，你老师不在家，去医院了。他问老师怎么了，师母吞吞吐吐道：没事。过一会儿，朱老师打电话回来，周海波问老师为何去医院，老师说，没事，就是有一个指标高一点。周海波以为还是尿酸高，就没在意。

13 号这天，朱老师由魏建陪同，到了青岛。来参加开题会的专家还有汪文顶、程金城、王兆胜、张清华等。吃晚饭时，先生还是饭局上的主角，谈天说地。大家一起与先生愉快交流，谁也不知道先生的身体已经发生了恶性质变。

吃了晚饭，先生想要看望老领导、老同事崔西璐、冯光廉先生，周海波就陪同他去。从住处到那片住宅区要爬一个大坡，先生一步步走上去，先去崔府，再去冯府。二位老先生见了他也很高兴，与他回忆当年在山师的那些岁月，并相互问询身体状况。问到朱先生，朱先生说他骨头疼。周海波认为他是老年关节病，刚才上坡累着了。等到告辞二位老先生，他陪朱老师回去，走下大坡，先生知道周海波的家就在附近，说你回家吧，我很快就到，你不用陪了。见他态度坚决，周海波只好与他分手。看着老师的背影，周海波丝毫没怀疑先生的身体出了大问题。后来才知道，前列腺癌转移，是先往骨头上走的。

第二天，朱先生由几个弟子陪同，去青岛青啤集团参观。他饶有兴趣，边看边问，好奇之心依旧。第三天开题，青岛大学的有关领导讲完，朱先生第一个发言，他称赞青岛大学实力强大，汉语言文学学科突飞猛进，接着对周海波的科研课题做了充分肯定，并提出一些改进意见。看得出，他对周海波的开题报告做了精心研读。

曲师大文学院李钧教授讲，曲阜师范大学在那年 4 月 14 日召开“中国教师博物馆”研讨会，拟请著名朗诵艺术家瞿弦和先生在启动仪式上朗诵朱先生与他合写的《中国教师博物馆赞》，并欲安排文章作者与瞿弦和同台朗诵。但由于朱先生已经答应出席青岛大学的活动，就没能参加曲师的活动，深以为憾。我们可以想象一下，如果不是时间冲突，朱先生能在毕业五十四年之后回到母校，登台朗诵那篇赞文，会是一个多么生动感人的场面！

李钧说，他4月22日与朱先生通电话，先生得知他岳父陈信泰病重，便略叙当年在曲阜聆听陈先生上课时的情境，安慰他："老人老去，是自然现象，人人都要经历，所幸我们这一代人都无愧于自己的事业。"李钧当时并没有想到，朱老师此言是夫子自道，在讲他的生死观。当陈先生病逝后，先生又与李钧通话，让他节哀顺变，走出悲痛做事业。

先生在理性上参透了生死，但在情感上却放不下亲人。他外孙女这时怀孕临产，先生为孩子起名"明珠"，其中有一个"珠"字，暗含了为朱家传宗接代的意思。孩子出生后，他兴高采烈打电话给妹妹："德玉呀，我当老姥爷啦！我四世同堂啦！"朱德玉听哥哥报喜讯，连声祝贺。朱筱芳讲，5月29日上午，她和爱人陪爸爸去省中医院看完病，爸爸要去看望刚出生一个多月的重外孙女。外孙女家住六楼，没有电梯，她劝爸爸不要去，说过几天她和琳琳抱着孩子去给他看。但爸爸执意要去，就去了琳琳住的地方，拖着病躯，一步步爬上六楼，终于见到了孩子。他站到重外孙女跟前看了又看，脸上满是慈爱，说："明珠什么时候能跑呀？她能跑了，我带她去玩！"他还对女儿和外孙女说："但愿我能多活几年，帮你们培养教育孩子。你们两代人没有搞文的，我希望这孩子能学文，上北大！"母女俩听着这话，含泪点头。

也就在5月份，山师大中国现当代文学学科人员搞了一次聚会，在千佛山下面防空洞里的威龙国际大酒窖吃饭。朱先生高谈阔论，对于学科发展，对于学术研究，提了许多精辟意见并给大家鼓劲。讲着讲着，他还站起身来，用他特有的"一指禅"动作强调自己的观点。在场的宋遂良教授笑道："朱老师，你是不是还想活上三辈子？"

进入6月，先生的身体状况急转直下。2018年6月16日，由中国鲁迅研究会、山东师范大学文学院、山东省鲁迅研究会联合举办，山东师范大学中国现当代文学学科承办的“鲁迅与新文化”国际学术研讨会在济南翰林泉盈大酒店报告厅举行，朱德发先生当然是最重要的参会学者之一。他那天早上起床时即感觉头晕、胸闷，去接他的李宗刚说：“老师，你如果觉得不舒服，就不要去了。”先生说：“已答应的事，就一定要履约。”到了会上，一些细心的人发现先生脸色较差，大不如从前。朱先生作了题为《关于鲁迅研究的一点思考》的大会报告，深刻反思既往鲁迅研究存在的问题及突围的路径，言简意赅。讲完之后，他感到身体难以支撑，便起身离会。李宗刚因为要发言，就派两个学生把他送回家去。这时先生走路脚步不稳，要由人扶着才行了。回到家后他大便失禁，全拉到裤子里了。

参加这次研讨会并发言，是朱先生学术人生的最后绝唱。

贾振勇说，朱老师在那一段时间经常给他打电话，有点婆婆妈妈，说一些琐碎事，问长问短。老师原来从不这样，有事说事。后来他才明白，老师是知道自己将不久于人世，想和他多说会儿话。在老师住院前一周，他去送了一袋大米。师母开门后，老师一反常态，坐在沙发上没有起来。他和老师说了一会儿话，起身告辞，老师也没站起来。他出门后，一股不祥之感萦绕心头。

李钧说，6 月 22 日上午，朱老师与他通话，说自己气息短促艰难，大概是注射试验针的副作用显现了，现在浑身乏力，不能看书，更无法运动。李钧听了，十分难过。

6 月 23 日，朱先生因为胸痛厉害，让家人陪着住进了齐鲁医院，但没告诉别人。入院后检查发现，先生的癌症进一步扩散，骨头上增加了许多斑点。他胸痛严重，其实是肺部感染、衰竭的表征。

顾广梅说，那几天她害牙疼，疼得厉害，入夜难眠。他们家有个近乎魔咒似的经验：后辈害牙疼，老人可能出事。她以为要在父亲身上应验，吓得要死。25 号这天，她实在疼得受不了，去医院拔牙，拔完后刚走出手术室，就发现李宗刚等几位学兄都发了短信给她，说老师住院了。原来，郭洪志此时才向几位朱门弟子透露消息。他说，朱老师坚决不让告诉你们。

但是，我现在如果不告诉你们，怕你们将来会怪罪我。

魏建教授当时在莱芜评奖，手机上缴。等到28号中午评奖结束，拿到手机，发现上面全是朱老师病重的消息。他忧心似焚，回到济南，直接提着行李去了医院。这时他听李宗刚和贾振勇他们说，遵先生嘱，依然不惊动大家，只有四五位弟子知道先生病情。先生不允许弟子们来探看，是他不想给任何人“添麻烦”。

这时，先生的妹妹朱德玉突然来了。她在我采访时说，哥哥一直关心着她，去年夏天给她打电话，说天热了，你家房子小，可以找个地方避暑去。妹妹也牵挂着哥哥，这天看到电视上播新闻，济南下大雨，就打电话给哥哥，想嘱咐他不要出门。可是，电话那头没有哥哥，是嫂子接的。嫂子告诉她，你哥住院了。她一听急得不得了，立即决定去看望，让女儿陪着。她们坐高铁于晚上到达济南站，济南此时还是大雨倾盆，到医院已是晚上9点，哥哥已经睡了。朱德玉说，她那时怕哥哥知道她来了，夜间休息不好，就坐在走廊上默默流泪。过了一会儿，哥哥在屋里醒了，问陪床的儿子：“是不是有人来呀？”儿子说：“没有。”哥哥就又睡了。她坐了一会儿走了，第二天早上再去，哥哥还在睡着。她就坐到床边，轻轻握着哥哥的手，觉得那手还挺热。这时哥哥突然醒了，睁眼一看：“妹妹，你怎么来了？”妹妹光流泪说不出话来。哥哥说：“我这病，让我自己耽误了。我没当回事，用了保守疗法。原来是前列腺炎，没治彻底，后来演变了……”她哽咽着说：“哥，你好好治疗，不要急着回家。不行，咱们就转大医院。”哥哥说：“你放心吧，没事。”兄妹俩说了好多好多，直到下午，她才依依不舍，含泪离开病房，回了郑州。

山师大校方得知先生病情，党委书记商志晓等领导去医院看望朱先生，问询病情。医院高度重视，组织专家会诊，制订了医疗方案，曾让先生的肺炎症状一度消失。

先生病重住院的消息不胫而走，许多人前去探视。尤其是他的一些弟子，更是殷勤看望，轮班值守。先生只要醒着，都像平时一样说话，甚至谈论学术。他也知道自己病情危重，有时表现出诀别的言行。贾振勇与两个博士生去看他，他说："我不能再帮你们了，对不起……"

那几天，李宗刚紧张地与出版社联系，想让先生看到一本书的出版。那本书叫《第三次国内革命战争时期解放区文艺运动资料汇编》，是朱德发先生与蒋心焕先生在四十年前搜集整理的，当时跑了好多图书馆，但编定后没能出版。几年前朱先生家中漏雨，整理东西时发现了，打算出版。2016年夏天，李宗刚安排人录入电脑，请朱、蒋二位编者审定，又增加了一些内容。出版社正在编辑中，朱先生就住院了。李宗刚和出版社说，想抓紧出书以告慰朱先生。出版社做应急处理，很快申请到书号，赶印了两套。拿到病房，先生看了十分满意。

7 月 5 日，先生与陪床的女婿叶展做了一次长谈。他竟然谈起了自己的最新思想成果：理性与非理性统一，文艺理性与生命理性相结合。他说，生病之后才考虑这个问题，如果不是生病，可以写成文章的。他还说，他是为文艺而生，为文艺而死，为文学研究终其一生，可惜，还有学术计划没有完成。谈一会儿，歇一会儿，到了凌晨两点半，他又和女婿谈自己的善后事宜，要求丧事从简。

那天是阴历五月二十二。仲夏之夜，子夜时分，可以从南窗看见千佛山顶的一弯残月。先生面对爱婿，谈论心得，总结一生，交代后事。此情此景，堪比高僧圆寂时的留偈。

到了白天，先生的状态越来越差，睡着的时候出现"点头呼"现象，每呼吸一次就要将头点一下。7 月 7 日上午，朱筱芳看到父亲病情危重，就给几位朱门弟子打电话说："大家如果想看看先生的话，就来吧。昨晚烧到 38 度，今晨体温 39 度多……"于是，远远近近的弟子们立即赶赴济南齐鲁医院。大家看见，先生完全不是过去的模样了，身体瘦得脱形，鼻孔插了输氧管，呼吸艰难，且有啰音。医院决定，将先生转入重症监护室。下午两点半，三十多位与先生亲近的人，帮助医护人员将先生送入挂有"ICU"牌子的病房。等到那扇门关上，门外泪光闪闪……

听说了这个消息，前去看望的人就更多了。7 月 9 日，中国作协书记处书记吴义勤来看望朱先生。进去后喊朱老师，问他是否还认识自己，已经不能说话的朱老师点点头，几次与之握手。吴义勤事后回忆，当时感到朱老师的手还很有劲。吴义勤说，朱老师在学术研究上永远像年轻人一样，但这次握手却让他十分感伤，他依然记得第一次与朱老师握手的情景。1994年，在苏州大学的校园里，即将博士毕业的吴义勤从宿舍里出来打水，碰到了前来开会和引进人才的朱德发老师。在旁边导师范伯群先生的介绍下，年轻的吴义勤与朱老师握手相识，第二年，他便从苏州来到了济南。没想到，这次是与朱老师最后一次握手。

山师大副校长王洪禹先生告诉我，在先生去世的前一天，他和校办王兴盛主任一起去看望。先生拉着他的手，虽然说话不清楚，但能听得出，他在说学科发展的事，对自己的事情一句没提。

朱门弟子正从四面八方赶来。刘蕾当时正在加拿大陪孩子读书，听说老师病危，急忙回来。大家都想再见先生一面，但是，重症监护室只允许在规定的时间内进去几个人，多数人只能留在门外。他们站在走廊里，或悄声交流关于先生的信息，或默默流泪，默默为先生祈祷。从里面出来的人说，先生处于昏迷状态，只能靠呼吸机大口喘气，弟子们更是难过。有的多方寻医问药，有的甚至联系到国内顶尖权威专家看片诊断，然而这一切都为时太晚，回天乏术。

入院第20天，进入重症监护室的第7天，7月12日下午6点50分，先生终于停止了呼吸。医院开具的死亡证明书上，死因第一条是肺栓塞。

得知噩耗，张凤英老人号啕大哭，说朱老师临去医院的时候跟她说："老张，我就是去住几天，马上回来！"结果他一去没回。老人伤心地说："让我等着他，你看，我就没等到……"

朱门内外一片伤悲，无数条短信，无数条微博，无数个微信朋友圈，都在传播着这个不幸的消息，合十与流泪的表情触目惊心。山东大学特聘人文社科一级教授、曾任北京大学中文系主任的温儒敏先生得悉朱德发先生去世的消息，连发两条微博表示哀悼。

张清华在北京得知消息，当即买票，13号一早赶高铁去济南。在北京南站，他流泪赋诗一首：

海内聚灵韵，蓬莱着仙山。
岂有少年郎，不与诗书伴。
半世行孤路，一生独盘桓。
寻灯望五四，举火照人间。
自由诚宝贵，厚德传诸远。
著述百万言，弟子越三千。
此晚吾师去，定居在桃源。
永享安宁地，功德无量还。

温奉桥在先生住院时去看望过，他本来偕夫人于12日启程去法国，但这天晚上从青岛经停上海再次登机时，突然接到李宗刚的四字短信“老师走了”，温奉桥立即泪如泉涌。他与夫人商定，让她自己去，他要留下为老师送行。他刚走下飞机，舱门就关上了。他蹲在那里放声大哭，机场工作人员过来问他怎么回事，得知他改变行程，帮他购买了机票，他在第二天早上就去了济南。在波兰孔子学院任教的王丽，本来要去香港，这时也从上海飞到了济南。像他们这样，放下手头的事情到济南的有很多很多，就连一些不是朱门弟子却爱戴朱先生的人也都到了。朱先生教过的本科生王海兰，在日本不能回来，寄了一千块钱表达心意。

山师文学院与现当代国家重点学科在朱门弟子的协助下，紧张匆忙地为先生治丧。家人则联系民政部门的朋友，在位于长清的山东福寿园购买了一块墓地。家中布置的灵堂里，烛光摇曳，前来吊唁的人络绎不绝。许多人到先生遗像前三鞠躬之后，握着朱夫人的手泣不成声。有的朱门弟子放轻脚步上楼，到先生的书房站下，看见先生的座椅空空荡荡，看见书桌上先生用了多年的台灯与各种文具，不由得悲从中来，泪流满面。

这期间，90多家单位、100多封个人的唁电唁函从国内四面八方发来，还有从日本来的、加拿大来的、澳大利亚来的……一些人含泪写出了悼念朱先生的文章、诗词与挽联。

2018年7月16日13时30分，朱德发先生遗体告别仪式在济南栗山殡仪馆举行，先生的亲属，学校领导、老师和学生，省市各有关单位的领导和友人，以及来自北京、上海、天津、重庆、南京、广州、深圳、武汉、长沙、西安、大连、海口、合肥等地的朱门弟子以及社会各界人士纷纷赶来，为先生送行。人群中有一些白发长者，那是他的老同事、老朋友，就连九十岁的山师工会原主席王嘉芳先生颤颤巍巍，也来送先生最后一程。先生的妹妹朱德玉老人也从郑州赶来了，她回到郑州后一直牵挂着哥哥的病情，几次要再来，但侄女侄子婉言劝阻，说姑姑你年纪大了，要多保重自己，再说，你来了也进不去重症监护室。现在她到了济南的殡仪馆，看着哥哥的遗像痛哭不已。

大厅内外摆满花圈，先生在大厅躺在鲜花丛中，面容安详。墙上挂着先生的大幅照片，他穿西装打领带，用一双睿智的眼睛看着他的亲人、友人与弟子们。上方是“沉痛悼念朱德发先生”的横幅，两侧为翟德耀撰文、李宗玮书写的巨幅挽联：“胸怀天下融会中西开拓创新纵横驰骋四十年著作等身彪炳学界 襟抱海内贯通古今宅心仁厚传道授业六十载桃李芬芳誉满杏坛”。

遗体告别仪式由山东师范大学文学院院长杨存昌教授主持。学界代表、中国现代文学研究会常务副会长刘勇教授首先沉痛致辞。他说：“作为人文社科领域的杰出学者，朱德发先生的离去，是中国现代文学研究界难以估量的损失，也是文学界、教育界的重大损失。”他在概述了朱德发先生的学术成就之后指出：“作为山东师范大学文学院的老一代学者，朱德发先生为学科的发展和壮大，不辞辛苦，呕心沥血，几十年如一日，奉献了自己的毕生精力。作为现代文学研究界的元老，几十年来，由朱先生牵头主持或操办的全国性和国际学术会议，也有数十场之多。朱先生为推动中国现代文学研究的繁荣发展，为山东师范大学的学科建设，积极奔波，无私奉献，做出了不可磨灭的贡献。朱德发先生深耕杏坛，恩泽学界，桃李满园，一直到晚年，仍然笔耕不辍，为他深深热爱着的学术事业奋斗到生命的最后一刻。先生的道德文章，堪称学界楷模。”

学科代表、山东师范大学中国现当代文学国家重点学科带头人魏建教授致辞，起句平淡："今天，我们在这里与一个教师告别，与一个学者告别。"但他马上将话锋一转，"他是一个教师，但他不是一个普通的教师。……他是一个学者，但他不是一个普通的学者。"他在讲述了先生在教学与科研的辉煌成就之后，眼含热泪，满怀深情地讲：

他创造了学术和生命的奇迹。奇迹背后是他超出常人的透支。他帮助山东师范大学中国现当代文学学科获得了所能获得的最高声誉。当我们在他种下的参天大树下享受的时候，他走了。我们学科同仁都为他痛哭，不只是为他，也是哭我们自己。他为我们做得太多！我们为他做得太少了！他的奇迹我们无法复制，但他的学术精神必将化为我们不竭的精神资源，转化成我们学术创造的永恒动力。

他就是山东师范大学中国现当代文学学科的朱德发先生。

朱德发老师精神不死！朱德发先生学术永生！

弟子代表、北京师范大学文学院副院长张清华教授满脸悲怆，道出了朱门弟子的心声：

今天，我们眼含泪水，怀着悲痛的心情，来悼念这位杰出的人，他是朋友、导师、先辈、父亲。我们多么不希望这一天的到来，但是，时间和命运就是这样无情，这一时刻终于与我们迎面相遇，猝不及防。千言万语，难以表述我们此刻的心情。作为先生的弟子，我们每一个人都受惠于他的教养、呵护、指引和携领。一句一字，含英咀华；一文一意，吐哺以释。但先生之意义，又何止在于教书育人。作为一代学人之翘楚，他以思想解放为契机，以五四精神为引领，以倾注毕生心血的研究，实践着启蒙主义与人文主义的崇高理念，以仁者爱人的胸襟气度，援持提携着同行、同道、同仁以及后进。他宽广的心怀和渊博的学识，为学界、为我们标立着品格与风范，也引领和塑造着新文学研究的路径、高度与格局。缅怀他的业绩和文字，我们尚不具备资质。这里，我只能引用雨果在悼念巴尔扎克时的话语：“他所有的作品仅仅形成了一部书，一部有生命的、光亮的、深刻的书。”是的，他的有生命质地的、有精神光亮的、深刻而温暖的书，在今后的岁月里，仍将是照耀我们精神前行的灯。这是我们对一个真正的学者，对我们所有人共同珍爱的师友，所有学子们精神的父亲，最贴切的称颂和最具意义的纪念。

敬爱的老师，在这个世界上，我们再也没有您的关爱，您的鼓励，您的批评和您的鞭策，再也没有您的父爱，再也看不到您的笑容，聆听您睿智和温暖的话语……

虽然我们知道，眼泪和哭泣，并不能唤回您远行的步履，也很难证明您难以估量的学术造诣，但此刻，我们只能哭泣！亲爱的老师，现在我们才知道，您在患病之际，还在关注着学生的成长，心系国家的前途和命运，还在探究着学术研究的诸多难题，还在意味深长地与我们谈到您的诸多担忧和疑虑，与我们感慨着人生的诸般况味……而现在，您能不能再给我们一次机会，再与我们紧握和相拥，畅谈和品味？

鸣呼，其心厚于仁者也，其思远于智者也，其行胜于勇者也！

吾师功德，光耀朋辈；吾师人格，彪炳当世；吾师思想，传诸后继；吾师文章，可以铭碑。吾等学子，长歌当哭，应效法之，担其道义，传其精神，修其智慧，弘其勇毅，虽不能得其万一，但须不懈砥砺，方不负吾师在天之灵！

吾师已去，精神长存，化为灯烛，照我前行。愿您永享天国的和煦和安宁！

哀乐声起，人潮涌动。大家排起长队，向先生献上鲜花，默哀鞠躬。许多人悲痛难已，洒泪与先生告别；许多人往外走时还一步三回头，想再看一眼先生遗容……

当天下午，先生的家人与弟子们护送他的骨灰，前往七十公里之外的墓地，将他隆重安葬。随他下葬的，是十卷《朱德发文集》。

一年之后，我参加了朱先生逝世周年系列纪念活动，并拜谒了先生之墓。

纪念活动的第一场，是2019年7月6日由山东师范大学文学院、山东省中国现代文学学会主办的“朱德发教育教学思想研讨会”。山东师范大学党委书记商志晓在致辞中指出，朱德发先生是山东师范大学杰出学者和优秀教师的代表。他正确处理教学与科研的关系，“以科研带教学，以教学促科研”，教学、科研两不误；他完美融合经师与人师两种角色，既教学生做学问，更教学生做人；他言传身授“安贫乐道”和“拥书自乐”的人生宗旨，实践做一名真学者、真老师的人生志愿。北京师范大学文学院副院长张清华教授以《爱人者人恒爱之》为题致辞，他回忆自己在山东师范大学与朱德发先生共处20载的时光，指出：朱先生具有高迈的精神情怀，是坚持将育人、立人的理想与新文化中的启蒙主义精神水乳交融的一代宗师，是一个现代智者的形象，是一个自觉践行新文化精神的教育家。魏建教授作为教师代表发言，他认为朱德发先生堪称一位国宝级的教育家：自1951年至2017年，朱先生授课67个年头，他以深刻的思想力量、雄辩的逻辑力量和锐意创新的感召力量征服了不同层次的学生；他教学成果丰硕，主编和参编的教材和教学用书22种，教学观念不断更新，教学内容不断刷新。文学院院长孙书文高度评价朱德发先生作为全国著名中国现代文学史家的地位与价值，认为朱老师的文章是有着大视野、大格局、大境界的大文章，他以执拗的精神打下了一口又一口学术深井，他倾心奖掖后学，体现了“学术乃天下之公器”的学术信念。

接下来，会议进入研讨阶段，先播放一部纪录片，让大家又看到了先生的音容笑貌，一些朱门弟子看得热泪涔涔。在周海波教授的主持下，与会学者回忆与先生交往的经历与感悟，研讨朱先生的教育教学思想。大家满怀深情讲述的一个个故事、一个个细节，让我写作这部传记的素材进一步丰富。

第二天上午，朱先生的家人与部分弟子去给先生扫墓，我随同前往。车子出城后，向西南方向行驶了一个小时才到达福寿园。那是济南市最大的墓园，山清水秀。先生的陵墓位于一个向阳山坡上，周围是苍松翠柏。儿女率孙辈敬立的玄色石碑上，并排镌刻着朱德发、张凤英两个名字，只是朱白张红，昭示着生死之殊。

我来到碑前，献上一枝鲜花，献上满腔敬意。

接着，大家乘车去山师大长清校区，参加“朱德发藏书室”启用仪式。在朱先生逝世后，家人将他所藏书刊7000余册悉数捐赠给学校图书馆。图书馆在“师大文库”布置了一间“朱德发藏书室”，将他的书桌与书橱也搬来，复原了先生的书房。曾庆良校长和我共同为这间藏书室揭彩，当红绸揭开的那一刻，我恍惚看见朱先生正从书桌前站起，向我们微笑。

大家进去参观时，看到三面书橱和中间的书桌，一些朱门弟子又找到了从前步入先生书房的感觉。一架书橱中，陈列了部分附有先生详细审阅意见的代表性学位论文。顾广梅教授找到她毕业时的论文，看到先生在上面密密麻麻写下的意见，泪流不止。

山师大副校长万光侠在致辞中回顾了朱德发先生带领山东师范大学中国现当代文学学科所取得的巨大成就，高度评价朱德发先生在该学科建设、发展中所起的不可替代的、旗帜性的重要作用。他指出，朱先生的藏书彰显了先生勤奋认真、严谨扎实、以学术为生命的敬业精神和治学态度，以及着眼问题之大、成就学术之大的学术抱负；彰显了先生敢于领风气之先、不断超越他人和自己学术的开拓精神；彰显了先生诲人不倦、奖掖后学、扶持新人的育人精神。他指出，文脉流传，泽被后世，朱德发先生藏书和其为人风范与治学精神是先生留给我们的宝贵遗产，将激励我们做一名真学人、真教师。

朱德发先生弟子、南京大学教授张光芒高度评价“朱德发藏书室”启用的独特内涵、巨大价值和深远意义。他说，朱先生将一生藏书捐给学校，就等于是将毕生所有献给一众后学，藏书室凝结的是先生永恒的情愫、无私的情义、博大的情怀和崇高的情操。“师大有大师，薪火传后人”，藏书室的设立体现了母校高屋建瓴的教育愿景、大气超前的办学理念和对于大师无与伦比的尊崇以及对于学术传统的呵护与弘扬。他认为，对于身在外地的朱先生的学生们来说，“朱德发藏书室”的设立让大家有了一个魂牵梦绕的精神家园，一个“来路更是归路”的心灵圣地。

山师大文学院院长孙书文教授在致辞时，代表文学院感谢朱老师的家人、图书馆工作人员、文学院现当代学科各位老师玉成此事，并透露：“朱老师曾经写有一张字条：‘有幸一家人来到山师现代型图书馆感受到现代图书馆的优越性，享尽图书馆提供的人性化的服务，不仅精神获得现代性的充实，而且品着美食和咖啡，想到改革开放带来的富裕以及中国梦实现，给中国人创造的无限幸福。’2017 年 9 月 14 日，师大文库启用仪式上，朱老师坐在前排左数第三把椅子上。2018 年 9、10 月份，朱老师的家人开始捐出了全部藏书。”他说，“朱德发藏书室”的启用，“是守护文化精神血脉、推进学术薪火相传之举”。

仪式结束，书文院长将我送到济南西站，请我吃饭时又谈论了一番朱先生，对他的学问、人品以及在学界的影响钦佩不已。我坐上高铁，在穿过济南市区向东而行的路上想了好多好多。

我想，人类社会，熙熙攘攘，千年万载，方死方生。然而，人与人相比大不一样。有的人死了就死了，除了基因在后代身上存续，除了一些容易耗散的物质财富，别的没留下什么东西。有的人去世后，却留下了难能可贵的精神财富，有许多人记得他，纪念他，继续享受他的恩泽。

朱德发先生就是后者。他一生中出版了 40 多部学术著作，发表了 300 多篇论文。他编写的文学史，现在依然是一些高校使用的教材；他的著作与论文，有人继续在读，并在研究时借鉴和引用。我听魏建教授说，近 30 年来，在他所读过的五四文学研究专著和五四文学研究博士论文的《参考文献》中，朱德发的《中国五四文学史》一书是出现频率最高的著作之一。李掖平教授在先生葬礼上接受记者采访，称朱德发为“中国现当代文学学科的领袖级人物”，“朱教授学术视野开阔，研究思路严谨，研究方法灵活多元，学术成果丰硕，堪称一代楷模”。1931 年担任清华大学校长的梅贻琦先生说：“所谓大学者，非谓有大楼之谓也，有大师之谓也。”朱德发先生作为学界大师，为山东高校增了光，添了彩。

朱先生教书育人，鞠躬尽瘁。“学高为师，身正为范”，这话放在他身上恰如其分。他去世后，有多少人在怀念他呀。张光芒教授讲：“弟子们之间常常交流说，哪天自己拿起电话拨出了先生的号码，哪天把自己的新书封装好写上先生的地址，哪天在梦中与先生交流了一个有意思的话题，哪天无意识地走到山师北街要去拜会先生，可是突然发现……”几位朱门弟子跟我说，朱老师不在了，觉得自己的精神依靠坍塌了。我从《南方周末》《黄河文学》《山东师范大学校报》《山东教育》《大众日报》《齐鲁晚报》《济南时报》《曲阜师大报》等报刊及媒体客户端、自媒体上读到了很多悼念他的文章，有张清华的《寻灯五四，举火人间——缅怀恩师朱德发先生》、王兆胜的《天高地厚筑我庐》《没有告别的“告别”》、魏建的《一个教师的能量》、刘增人的《朱德发先生二三事》、贾振勇的《逝者长已矣，生者如斯夫——不是应景的应景纪念》、李钧的《恩师朱德发先生最后的日子》、顾广梅的《“五四”赤子永恒》、符杰祥的《“五四”百年忆恩师：纪念朱德发先生》、山师学报编辑部的《朱德发先生，山师学报编辑部同仁怀念您》、逄春阶的《他点亮了多少学生的心灯》、倪自放的《终身教育家·真学者·可爱的老头儿》等等。王兆胜在文章中说：“在今后的日子里，我一直都不会忘记：那英俊的面庞、聪慧的眼神、浓重的乡音、忙碌的身影，还有永远年轻而激扬的奋斗精神。”这话大概会得到众多朱门学子的一致认同。

就连我这个朱门之外的人，2019 年春天在山师采访时听了那么多人对于朱先生的回忆与怀念，几次走在“紫叶李之路”上，目睹落英缤纷，也企盼着朱先生能突然出现，我与他一起踱步，与他倾心交谈，近距离感受他的灵魂。

2019 年 4 月 13 日至 14 日，“纪念五四运动一百周年国际学术研讨会”在山东泰安举行，来自中国艺术研究院、北京师范大学、中国人民大学、四川大学、南开大学、中国传媒大学、厦门大学、华中师范大学、苏州大学、南京师范大学、西南大学、首都师范大学、湖北大学、杭州师范大学、山西师范大学、上海师范大学、海南师范大学、北京社会科学院等省外高校、科研机构以及日本、俄罗斯、韩国的外国学者与省内专家学者一起出席了会议，共同纪念具有伟大历史意义的五四运动一百周年。研讨会闭幕式上，为了弘扬五四精神，同时也为了传承著名的五四研究学者朱德发先生的学术品格，有关单位发起设立“朱德发五四青年学术奖”，用以奖励在五四研究方面有突出贡献的青年学者。该奖评奖范围为山东省内 45 岁以下的青年学者的五四文化、文学研究的相关学术成果，每年在 5 月 4 日前夕颁奖。

发潜德之幽光，启后学之通道。朱先生的恩泽将会让一代代青年学人受益。

缅怀朱先生，我思绪纷飞。高铁继续东行，东面是大海。

我突然想起了海洋中的“鲸落”现象。

鲸鱼作为海洋中的顶级生灵，其死法也不同凡响：它那庞大的身躯悠悠沉落，喂养着许许多多的海洋生物。沉到海底之后，会将所有的养分奉献给芸芸众生，甚至包括一些可以分解鲸骨的细菌，形成一个生态系统。20 世纪末，夏威夷大学的科学家发现，在北太平洋深海中，至少有 43 个种类的生物体依靠鲸落生存，直到所有的营养消耗干净。这个过程，可能长达百年。当有机物质被耗尽，鲸鱼骨头会作为一处礁岩，成为生物们的聚居地与保护所。这个过程叫作“鲸落”，英文叫作 Whale Fall。那是鲸鱼献给大海的最后一次温柔。有的诗人这样写：“世间最美不过鲸落。”

我觉得，如果把学界比作学海，朱德发先生就是学海之鲸。生前，他在学海中汲取，探索，壮大了自己，也影响了学界生态。他的自然生命终结后，依然用他的道德文章滋养后学，催生着像他那样的“真学者”不断出现。

沧海浩瀚，学海深广。我们追慕前贤，继往开来。

2020 年 1 月 24 日（戊戌年腊月三十）完成初稿

2020 年 2 月 5 日完成二稿

2020 年 3 月 16 日完成三稿

2020 年 4 月 1 日完成四稿

《学海之鲸》引文出处

[1][2][3][5][41]朱德发、张丽军:《“学术的根本就是追求真理”——朱德发教授访谈实录》,《百家评论》,2018 年第 4 期。

[4] 徐宝庆:《武静安、于勋忱两位书记在我校的二三事》,《曲阜师大报》,2014 年 1 月 9 日。

[6]《山东师范大学校史(1950—1995)》,青岛海洋大学出版社 1995 年版。

[7] 翟德耀:《亦师亦友半世情——怀念朱德发先生》,山东师范大学学报公众号,2019 年 7 月 4 日。

[8]《朱德发文集》第一卷,山东人民出版社 2014 年版,第 1 页。

[9][10] 杨洪承、曹然:《田仲济年谱(1970—2002)》(上),《海南师范大学学报》,2018 年第 2 期。

[11] 刘若凌:《筚路蓝缕　以启山林——论田仲济文学史著述对中国现代文学史的学术贡献》,湖南师范大学硕士论文。

[12][46]朱德发:《求真务实的学人风范》,《中国现代文学研究丛刊》,2002 年第 2 期。

［13］《朱德发文集》第一卷，山东人民出版社 2014 年版，第 5 页。

［14］《朱德发文集》第一卷，山东人民出版社 2014 年版，第 31 页。

［15］张学军：《茅盾研究的新收获》，《齐鲁学刊》，1986 年第 3 期。

［16］韩日新：《五四文学研究的新成果——评〈中国五四文学史〉》，《山东师大学报》（社会科学版），1988 年第 2 期。

［17］谭桂林等：《朱德发教授与中国现当代文学研究（笔谈）》，《山东师范大学学报》（人文社会科学版），2003 年第 6 期。

［18］房福贤：《“立在核心”重在建设——朱德发教授的学术理性及其意义》，《拓展现代中国文学研究的新格局》，山东人民出版社 2016 年版，第 239 页。

［19］温奉桥、温凤霞：《执心弘毅　终成高远——朱德发先生与中国五四文学研究》，《拓展现代中国文学研究的新格局》，山东人民出版社 2016 年版，第 106 页。

［20］杨洪承：《学术承传与重构——以朱德发先生修订〈中国抗战文艺史〉为例》，《玉林师范学院学报》，2015 年第 1 期。

［21］《朱德发文集》第九卷，山东人民出版社 2014 年版，第 290 页。

［22］朱德发、顾广梅：《“现代中国文学史”学科建构的设想与思考——朱德发教授访谈》，《新文学评论》，2013 年第 2 期。

［23］张光芒：《朱德发教授学术思想探微》，《拓展现代中国文学研究的新格局》，山东人民出版社 2016 年版，第 283 页。

［24］朱德发：《主体思维与文学史观》，山东教育出版社 1997 年版，第 194 页。

［25］《朱德发文集》第九卷，山东人民出版社 2014 年版，第 103 页。

［26］郭晓平：《文学史书写实践的“当下性”及“盛世心态”的再思索——以〈现代中国文学通鉴〉为例》，《现代中国文化与文学》，2014 年第 2 期。

［27］朱德发：《穿越现代文学多维时空》，山东文艺出版社 2004 年版，第 117 页。

［28］张炯：《在朱德发及山师学术团队与现代中国文学研究学术研讨会

的发言》,《拓展现代中国文学研究的新格局》,山东人民出版社 2016 年版,第 358 页。

[29]《朱德发文集》第五卷,山东人民出版社 2004 年版,第 4 页。

[30] 谭桂林:《思维·识地·体验——评朱德发新文学史学建构中的主体性研究》,《拓展现代中国文学研究的新格局》,山东人民出版社 2016 年版,第 143 页。

[31] 周海波:《阅读〈朱德发文集〉的一个角度》,《拓展现代中国文学研究的新格局》,山东人民出版社 2016 年版,第 42 页。

[32] 李钧:《建构"文学史学"三维评判坐标——读〈世界化视野中的现代中国文学〉》,《东方论坛》,2003 年第 5 期。

[33] 闫奇男:《建构"现代中国文学"的大学科新体系——论朱德发的创新力作〈世界化视野中的现代中国文学〉》,《贺州学院学报》,2010 年第 2 期。

[34] 曾繁仁:《朱德发教授在现代文学研究中的突破与创新》,《拓展现代中国文学研究的新格局》,山东人民出版社 2016 年版,第 132 - 133 页。

[35] 范伯群:《脑力劳模"体大思精"的结晶》,《拓展现代中国文学研究的新格局》,山东人民出版社 2016 年版,第 36 页。

[36] 韩琛:《评〈为大中华　造新文学〉——胡适与现代文化暨白话文学》,《东方论坛》,2017 年第 3 期。

[37] 张清华:《整合·还原·沉潜·思变——评朱德发〈二十世纪中国文学流派论纲〉》,《中国现代文学研究丛刊》,1993 年第 4 期。

[38] 臧恩钰、李春林:《研究客体、研究方式和研究主体的和谐统一——由〈二十世纪中国文学流派论纲〉而及朱德发的学术个性》,《辽宁教育学院学报》,1994 年第 2 期。

[39] 刘聪:《我认识的朱德发先生》,《拓展现代中国文学研究的新格局》,山东人民出版社 2016 年版,第 431 - 434 页。

[40] 魏建:《试析"朱德发现象"》,《拓展现代中国文学研究的新格局》,山东人民出版社 2016 年版,第 252 页。

[42] 祝鲁:《爱与美的探索》,《文艺报》,1991 年 11 月 23 日。

［43］《朱德发文集》第一卷，山东人民出版社 2014 年版，第 9 页。

［44］李宗刚、赵佃强：《大学的学术传承与学者群落的崛起——基于山东师范大学现当代文学学者群落的解读》，《拓展现代中国文学研究的新格局》，山东人民出版社 2016 年版，第 405 页。

［45］朱德发：《宅心仁厚的范先生——悼范伯群教授》，《现代中文学刊》，2018 年第 2 期。

［47］李钧：《人文启蒙：吾道一以贯之》，《拓展现代中国文学研究的新格局》，山东人民出版社 2016 年版，第 322－324 页。

［48］《“官魂”与“学魂”在他身上得到统一——序〈20 世纪中国文学叙事伦理精神〉》，《朱德发文集》第八卷，山东人民出版社 2014 年版，第 221 页。

［49］王兆胜：《天高地厚筑我庐——恩师朱德发教授侧记》，《中国散文年选 2011》，江苏文艺出版社 2012 年版。

［50］刘聪、王颖二人文章收入《拓展现代中国文学研究的新格局》，山东人民出版社 2016 年版，第 434、430 页。

［51］魏建：《试析“朱德发现象”》，《拓展现代中国文学研究的新格局》，山东人民出版社 2016 年版，第 253－255 页。

［52］《朱德发文集》第一卷，山东人民出版社 2014 年版，第 16 页。

［53］魏建：《试析“朱德发现象”》，《拓展现代中国文学研究的新格局》，山东人民出版社 2016 年版，第 257 页。

［54］《朱德发文集》第一卷，山东人民出版社 2014 年版，第 1 页。

［55］顾广梅：《五四赤子永恒》，《山东师大报》，2018 年 9 月 12 日。

跋

本书写了一个人命运反转的故事，是对普通人更有启发的故事。

低位何以逆袭？

如果有人抱怨自己出于底层社会、没有家学渊源、没有接受良好的基础教育、没有“211”“985”的大学文凭……你让他读读这本书。一般学者创造学术奇迹往往仰仗优越的先天条件，或是学术背景“根正苗红”，而本书传主却是来自平民之家，还是一个过早辍学之人，所有能帮助成功的“学术根底”，本书传主都不具备，然而，他逆袭造就了学术奇迹。

后来何以居上？

如果有人遗憾自己学术起步太晚，遗憾一步赶不上、步步赶不上……你就让他读读这本书。本书传主几乎是同辈学者中学术起步最晚的。他30岁大学毕业，比他的同龄人平均晚了6年，他45岁独立发表学术论文，比“出道”早的同辈学者晚了约20年。别人50岁已经是教授了，他还是讲师，但他不鸣则已一鸣惊人，创造了后来居上的奇迹。

无师何以自通？

如果有人坚信“名师出高徒”，失望于自己的老师没有名气、缺乏影响，或是责怪导师对自己指导和帮助不够……你让他读读这本书。本书传主没有学业上的导师，没有给任何老师当过助教，没有给任何专家做过科研助手，也没有哪位前辈专门指导过他，他也没有自觉继承哪位前辈的学术传统……但他自学成才，创造了“无师自通”的奇迹。

综上，多数学人借助家学渊源创造了奇迹，本书传主没有，所以更难得；多数学人的奇迹来自捷足先登，本书传主反之，所以更可贵；多数学人的奇迹有名师相助，本书传主没有，所以更了不起；别人各领风骚三五年已是奇迹，本书传主八十多岁不仅超越了前辈、同辈，甚至能超越晚辈，所以更是奇迹……其他学术奇迹的答案，在本书传主这里都无效。本书传主的成功几乎是无所依傍，只靠自己努力创造的奇迹！

所以，我们希望更多人读一读这本书。

向创造了这一学术奇迹的朱德发先生致敬！

感谢本书作者赵德发先生！为写这本书，他花费了一年多的时间，跨越三省市，采访了近百人，付出了很多，得到的却很少。

感谢山东师范大学文学院领导把这本书作为省一流学科建设资助项目和对本书出版的大力支持！

感谢所有为本书付出心血的师长和朋友们！

魏　建

2020 年 9 月 5 日

附录：首届朱德发五四青年学术奖揭晓，年轻学者的“五四”研究受关注

齐鲁晚报·齐鲁壹点官方账号 2020 年 5 月 4 日发布　近日，由山东师范大学文学院等单位发起、山东省中国现代文学学会负责组织的首届“朱德发五四青年学术奖”评出，一批山东青年学者的“五四”文化/文学研究成果受到学界关注。业内专家称，首届朱德发五四青年学术奖是学术评奖史上的创举，也是对五四精神的最好诠释。

朱德发五四青年学术奖是五四精神的载体

首届“朱德发五四青年学术奖”评选结果中，获著作奖的是山东大学国家玮的《启蒙与自赎——鲁迅〈呐喊〉〈彷徨〉的思想与艺术》，获论文奖的是山东大学史建国的《新文化运动视阈下的“鲁迅与中国文化复兴”》和山东师范大学刘子凌的《20 世纪 20 年代北京人艺戏剧专门学校成立过程的再考察》。

而该奖评选出的提名奖作品同样是在五四文化/文学研究领域角度独特、思想深厚的研究成果，获著作提名奖的有山东师范大学彭冠龙的《托

洛茨基与中国现代革命文学思潮》、山东大学钟诚的《进化、革命与复仇：“政治鲁迅”的诞生》；而山东大学马兵的《1910—1917：胡适留学日记中的文学生活》、中国海洋大学张治的《钱锺书对二十世纪中国文学的反思》和济南大学鲁毅的《由〈小说季报〉看民国初年鸳鸯蝴蝶派小说的嬗变》获得论文提名奖。

首届“朱德发五四青年学术奖”的评选原则是公平、公开、公正，以保证获奖作品的学术水平和群众基础。

在初评阶段，在专家提名的基础上遴选出5部著作、14篇论文作为初评的候选作品，把这些作品提交给山东省中国现代文学学会微信群，由100多位学会会员在审阅作品后通过电子实名投票的形式，评选出3部著作和5篇论文作为终评候选作品。终评委员会由中国现代文学研究会会长丁帆担任主席，中国现代文学研究会常务副会长刘勇以及何锡章、田建民、汪文顶、张中良、张福贵、赵学勇六位副会长担任评审委员，以网络投票的方式产生了获奖著作和论文。这些终评专家都是现代文学研究界的权威学者，评选过程非常认真、严谨。

朱德发五四青年学术奖的设立，主要是为了传承五四精神，纪念朱德发教授在五四文学研究领域做出的巨大贡献，激励青年学术人才成长、推动山东及全国五四文化/文学研究和中国现代文化/文学研究的发展与繁荣。这一奖项的倡议者和主要组织者魏建教授说：“‘五四’过去100年了。从2015年纪念《新青年》创刊100周年开始，一直持续到2019年，连续5年时间里学术界一直在宣传五四精神。但许多学人也有一种预感，百周年纪念活动后‘五四’可能要淡出了。设立这个奖项以及连续评选下去的意义，就在于让大家不忘‘五四’，不断受到五四精神的感召。这个奖是青年学术奖，重在鼓励年轻人研究‘五四’、传承五四精神。希望这一奖项成为传承五四精神的载体。”

初评专家刘增人教授发表了感言：朱德发五四青年学术奖是学术评奖史上的创举，也是对五四精神的最好诠释。终评委都是中国现代文学研究界公认的顶尖“大咖”，但却“屈尊”为山东一省的青年学者做“护花使者”，诸位对青年学人的殷殷期待，岂不格外令人感动！

在传承与激励下激活更多青年人的五四研究

“五四”文化/文学的研究，在学界早已硕果累累，但仍有源源不断的青年学者聚焦这段历史，不断地拓展议题，拓展时空之维，创新研究思路，拿出扎实的研究成果。

谈及获奖论文，山大文学院副教授史建国对记者说，近年来“全面复兴传统文化”已经成为一项重大国策，而众所周知的是，一个世纪以来，对中国文化发展走向产生过重要影响的五四新文化运动却是以“反传统”著称的，鲁迅就有许多对传统文化进行激烈批判的言论，那么鲁迅所代表的五四新文化传统与“全面复兴传统文化”是否相左就成了必须要回答的问题。他认为，批判文化糟粕、复兴优秀传统文化并在此基础上建设新文化，为现代民族国家重建提供支撑，是新文化运动的题中应有之义，也是鲁迅等人投身新文化运动的“初心”，对传统文化持激烈批判态度的表象只不过是胡适、鲁迅们认识到文化的折中惰性后所采取的一种策略化的表达，五四新文化运动与“全面复兴传统文化”的国策其实有着共同的指向。

山师大文学院副教授刘子凌的获奖论文是《20世纪20年代北京人艺戏剧专门学校成立过程的再考察》。他告诉记者，写这篇文章是想在五四的思想背景里讨论一所戏剧学校成立所蕴含的诸多学术问题。“戏剧学校，是个具体话题，是个切入角度。五四的思想背景才是我更想关注的东西，也构成了那个时期许多具体实践的普遍底色。我有一个感觉，就是‘五四’时代的不少制度设计，一方面因应着外部的社会结构，另一方面又想去改变它。总之，经常隐含了一种文化的张力。”

山东大学文学院副教授国家玮则在很难有出新的鲁迅研究领域拿出引人关注的著作《启蒙与自赎——鲁迅〈呐喊〉〈彷徨〉的思想与艺术》。在创作这部作品时，国家玮沿着鲁迅的阅读时间线，进入鲁迅的世界，阅读了鲁迅读过的三四千本著作，从“思想与艺术”这个复杂的视角去重新激活鲁迅研究。“鲁迅一方面讲要现代，但他本身并不拒斥传统，他长在那样一个传统文化之内，然后在这里面破壳而出传递出现代精神。我认为鲁迅的生命结构中是高度关联着中国的土俗世界的。鲁迅的所谓深刻，不仅在于他批判，更在于他发掘出了这些运行在民间的一些自在的逻辑。鲁迅认为这些逻辑不破掉的话，我们的国家是没有未来的。”

谈及此次获奖，国家玮说朱德发老师的研究一直走在学术的前沿，而且他一直无私地鼓励年轻人做研究，这很让他受触动：“朱老师愿意在学术上与年轻人互相成全，他不断地让自己的研究取得更好成绩，总是有最新的研究动向和能量；另一方面则愿意给予年轻人合理的帮助。在学术研究中共同沉潜，大家形成一个跨越年龄代际的学术共同体，让彼此形成精神上的互动，大家对于生命生存的认知都得到进化。这才是朱老师让人尊重的地方。因此，我也很重视能获得这个奖项。”

此次评奖活动的主要组织者之一李宗刚教授这样回答本次评奖的价值和意义：“在学术评价日趋功利化的当下，评选出真正优秀的成果，切实发挥学术共同体的引领作用，正是对朱德发先生和青春五四的最好纪念。”

朱德发五四青年学术奖在山东省 45 岁以下青年学者的与五四有关的研究成果中评选产生，首届获奖的三位年轻学者都是“80 后”新锐，而其他参评作品都得到了学界专家的不少肯定。部分初评专家为进入终评的作品归纳了三个优点。首先是作者做学问扎实，他们都受到非常好的学术训练；其次这些年轻人做的都是有思想的学问，读他们的作品会大受启发；第三则是这一批成果都有很强的学术创新性，在各自研究领域刷新了前人的研究。

（齐鲁晚报·齐鲁壹点　记者　师文静）